本专著由中央民族大学资助出版

完善技术创新市场导向机制研究

Research on Improving the Market-oriented Mechanism for Technological Innovation

刘 红◎著

中国经济出版社
CHINA ECONOMIC PUBLISHING HOUSE
·北 京·

图书在版编目（CIP）数据

完善技术创新市场导向机制研究 / 刘红著. -- 北京：中国经济出版社，2025. 6. -- ISBN 978-7-5136-8210-7

Ⅰ. F273. 1

中国国家版本馆 CIP 数据核字第 2025FM7455 号

责任编辑　杨元丽
责任印制　李　伟
封面设计　任燕飞

出版发行　中国经济出版社
印 刷 者　北京艾普海德印刷有限公司
经 销 者　各地新华书店
开　　本　710mm×1000mm　1/16
印　　张　18
字　　数　232 千字
版　　次　2025 年 6 月第 1 版
印　　次　2025 年 6 月第 1 次
定　　价　79. 00 元
广告经营许可证　京西工商广字第 8179 号

中国经济出版社 **网址** http://epc. sinopec. com/epc/ **社址** 北京市东城区安定门外大街 58 号 **邮编** 100011
本版图书如存在印装质量问题，请与本社销售中心联系调换（联系电话：010-57512564）

序言
Preface

健全的技术创新市场导向机制是实施创新驱动发展战略和建设中国式现代化的重要内容。当前，我国创新发展战略面临着更为复杂的国际国内形势。一方面，国际的技术创新竞争越来越激烈，各国都出台激励技术创新的政策，试图在技术创新竞争中占据领先优势；另一方面，我国创新能力越来越强、国际地位越来越高。中国目前已经成为科研大国和创新大国。随着我国技术创新能力逐渐增强，我国需要调整创新发展战略和创新机制，以适应现代技术变革的需求和方向，适应自身地位和实力的变化。我国要面对国际、国内创新环境的变化，以需求为导向，真正实现创新驱动发展。

北京是全国经济、科技发展的领先地区，科技资源极为丰富，科研力量雄厚，高科技产业基础好。北京自身面临着创新驱动发展，释放科技创新能量的迫切现实需求。北京拥有国家第一个高新技术产业开发区——中关村，聚焦了一批科技产业，聚集了一大批科技人才，聚合了丰富的政策资源，创新创业非常活跃，创新成果大量涌现，成为全国创新发展的一面旗帜。北京的特殊地位迫切需要探索建立适应新的国际国内科技发展形势的科技创新的市场导向机制，推动北京成为具有全球影响力的科技创新中心，在全国创新发展中发挥好策动和引领作用。

本书对技术创新市场导向机制进行全面的分析，针对北京市技术创新市场导向机制中存在的问题进行理论分析，并提出相应的对策建议。

第 1 章主要通过对现有文献的梳理，从理论角度分析技术创新模式和创新机制，分析市场导向机制的内涵和实质，并从技术创新市场导向机制建设角度出发提出相应的对策建议。第 1 章的理论分析将为后续完善北京市技术创新市场导向机制对策建议提供理论基础。

第 2 章全面分析了美国、瑞士、日本、芬兰和德国这五个创新大国的创新系统。从创新支持政策、创新战略、创新机构、创新文化因素、资本市场等方面阐述了五个主要创新大国创新系统的特点。第 2 章还详尽分析了我国创新政策、政策战略、创新文化因素的作用，并讨论了中国创新系统与国外创新系统之间的差异，以及中国创新系统存在的不足。

第 3 章全面分析了北京市技术创新系统。全面梳理了北京市技术创新发展战略和各类创新扶持政策，包括资金扶持政策、税收优惠政策、促进科技成果转化和产业化政策、鼓励产学研合作政策、科技人才引进和培养政策等。从创新资源投入、创新能力和创新效率三个角度分析了北京市技术创新的现状。结合数据分析和文献整理，指出北京市技术创新系统存在的主要问题是：企业创新主体地位相对薄弱、领军企业研发投入偏低、产学研机制不够完善。

第 4 章提出了完善北京市技术创新市场导向机制的对策建议。北京市技术创新系统存在的三个主要问题是表象，究其根源就在于技术创新市场导向机制不完善。为此，从创新政策体系、科技创新成果转化机制、创新资源共享机制、人才激励机制四个方面分析了北京市技术创新市场导向机制的不足，并提出了相应的对策建议。

第5章、第6章和第7章是专题研究。其中，第5章在借鉴其他学者和机构对于区域创新能力评价指标体系的研究基础上，提出了分析北京市创新能力和创新效率的指标体系。本书所构建的指标体系与其他指标体系的主要区别在于：一是与现有其他指标体系不同，本书关注的重点是创新能力和创新效率，因此在创新能力指标体系中不含创新资源投入指标，如研发经费投入量和研发科技人员数，但在创新效率计算中需要用到这两个指标。二是在描述创新产出时，全面考察了知识产权的影响。以往研究主要是使用专利数据，而我们的指标体系除了专利数据外，还包括集成电路布图设计专有权、植物新品种权、软件著作权等知识产权。

第6章通过国际专利横向比较来衡量中国研发投入的效率。我们比较了中国与西方发达国家（包括美国以外的西方工业七国和韩国）在专利数量和专利质量方面的差异。研究发现，尽管中国在美国获得的发明授权专利数量增长很快，但数量和质量与西方发达国家仍存在很大的差距，此外，中国研发投入效率显著低于西方发达国家，因此，当前工作重点应是如何提高研发效率，而不是增加研发投入。

第7章以京津冀区域为例探讨构建市场导向型的区域创新生态系统。首先总结和提炼区域创新生态系统的主要特征和国外区域创新生态系统发展经验。在分析京津冀区域创新生态系统运行现状的基础上，指出其存在的问题。研究发现，2004—2022年京津冀区域创新生态系统的耦合协调度整体处于轻度耦合状态，表明区域创新投入、创新环境和创新产出三者之间具有较小的相互影响。据此，从科技创新能力区域均衡发展、区域创新链与产业链深度融合、充分发挥企业区域创新主体作用以及健全科技成果区域培育和转化体系等方面，提出构建京津冀市场导向型区域创新生态系统的建议。

目录 Contents

0 绪 论

0.1 研究意义

21 世纪是知识经济时代。相对于资本、劳动力等生产要素，科学技术知识作为一种特殊的生产要素，对生产力的贡献将数倍于前者，并逐步成为拉动经济增长的核心动力。早在 20 世纪 50 年代，索洛（1956）就已经指出，人均产出的增长率最终取决于技术进步率。邓小平同志也指出，科学技术是第一生产力。进入 21 世纪，技术创新的步伐加速，中国只有在未来一段时间内，加快技术创新发展速度，夺取技术创新的制高点，才能成功进入中等发达国家行列。

党的十八大提出实施创新驱动发展战略，强调科技创新是提高社会生产力和综合国力的战略支撑，必须摆在国家发展全局的核心位置。党的十八届三中全会在深化科技体制改革的论述中提出，要建立健全鼓励原始创新、集成创新、引进消化吸收再创新的体制机制，健全技术创新市场导向机制，发挥市场对技术研发方向、路线选择、要素价格及各类创新要素配置的导向作用。落实好创新驱动发展战略亟须加强顶层设计，加强科技创新的市场导向机制，为我国经济社会发展提供重要支撑。党的二十大提出，坚持科技是第一生产力、人才是第一资源、创新是第一动力，深入实施科教兴国战略、人才强国战略、创新驱动发展战略，开辟发展新领域新赛道，不断塑造发展新动能新优势。党的二十届三中全会审议通过的《中共中央关于进一步全面深化改革、推进中国式现代化的决定》提出，构建支持全面创新体制机制，统筹推进教育科技人才体制机制一体改革，健全新型举国体制，提升国家创新体系整体效能。

目前，我国创新发展战略面临着更为复杂的国际国内形势。一方面，国际的技术创新竞争越来越激烈，各国都出台激励技术创新的政策，都试图在技术创新竞争中占据领先优势；另一方面，我国创新能力和国际地位越来越高。2023 年全国共投入研究与试验发展（R&D）经费（以下简称“研发经费”）33357.1 亿元（人民币，下同），投入强度持续提升。数据显示，2023 年全国共投入研发经费比上年增加 2574.2 亿元，增长 8.4%；研发经费投入强度（与国内生产总值之比）为 2.65%，比上年提高 0.09 个百分点。按研发人员全时工作量计算的人均经费为 46.1 万元①。中国科学技术信息研究所 2024 年 9 月发布的《2024 年中国科技论文统计报告》显示，我国热点论文数量世界占比持续增长，占世界总量的 48.4%，世界排名保持第一位；高被引论文数量保持世界第二位，世界总量占比提升了 3 个百分点②。从投入规模看，我国研发经费投入持续加大，为我国加快实现高水平科技自立自强提供了有力保障。我国研发经费总量于 2012 年突破 1 万亿元，2019 年突破 2 万亿元，2022 年突破 3 万亿元，目前位居世界第二。根据财政部公布

① 国家统计局. 2023 年全国科技经费投入统计公报[EB/OL].（2024-10-02）[2025-02-01]. https://www.sohu.com/a/813419333_313745.

② 光明日报. 2024 年中国科技论文统计报告我国热点论文数量世界占比超 48%[EB/OL].（2024-09-21）[2025-02-01]. https://baijiahao.baidu.com/s?id=1810757179428929442&wfr=spider&for=pc.

的2024年上半年中国财政政策执行情况报告，2024年中央本级科技支出预算安排3708.28亿元，较上年增长10%。其中，基础研究支出979.8亿元，较上年增长13.1%。从投入强度来看，2023年我国研发经费投入强度提升幅度快于“十三五”规划以来年均水平0.02个百分点，延续较快提升态势，在全球位列第十二，接近经济合作与发展组织国家平均水平①。中国目前已经成为科研大国和创新大国。当前，我们创新资源投入已经居世界领先水平，但创新产出效率不高，特别是创新产出的质量与国际主要发达国家之间还存在一定的差距。面临新的形势，我国需要调整创新发展战略和创新机制，适应现代技术变革的需求和方向，适应自身地位和实力的变化。面对国际国内创新环境的变化，我国应以需求为导向，完善技术创新的市场导向机制，真正实现创新驱动。

0.2 国内外研究发展现状、趋势

新一轮科技革命和产业变革正在全球孕育兴起，新科学理论突破、新产业产品、新投资热点、新生产生活方式都在加快成熟和积累中，科技和经济全球化呈现新特点。

一是科技创新对产业发展的作用更加关键。创新要素向哪里聚集，哪里就可能成为新的产业和经济制高点。二是市场成为引导创新要素流动的关键力量，金融资本、商业模式等市场要素助推创新资源在全球范围内加快流动和配置。产业竞争前移到对创新能力和人才等创新要素的争夺。三是企业成为配置创新要素的核心载体。企业特别是跨国企业在全球配置研发链、生产链和供应链，创新资源整合能力成为企业核心竞争力所在。

① 人民日报.2023年我国研发经费投入超3.3万亿元[EB/OL].(2024-11-13)[2025-02-01].https://baijiahao.baidu.com/s?id=1815557559850172173&wfr=spider&for=pc.

经过多年改革发展，我国已经走出了一条中国特色自主创新道路，初步形成了市场导向的科技创新格局。技术创新支撑产业发展的体制机制逐步完善，党的十八大以来，高技术产业营业收入从2012年的9.95万亿元，增长到2021年的19.91万亿元，规模翻了一番①。市场配置科技资源的基础性作用不断增强。2022年中国研发经费投入破3万亿元②。政策与法治环境不断优化，《中华人民共和国科学技术进步法》《中华人民共和国促进科技成果转化法》等形成了支持创新的基础法律环境。全社会知识产权意识普遍加强，技术市场交易持续升温，2012年全国技术市场交易超过6400亿元，科技部预计到2025年全国技术交易市场规模持续扩大，技术合同成交额将达到5万亿元③。

但是，目前相关研究成果比较分散，缺乏对技术创新市场导向机制的专门研究，我国市场导向的科技创新机制仍然存在突出的问题和矛盾：一是科技创新与经济运行结合的机制不完善，科技创新与经济运行在规划、政策等方面协调不够，企业技术创新主体地位尚未完全形成，产学研用结合不紧。二是科技成果转化机制不畅，科技成果在转化过程中还存在很多问题。高校、科研机构科技成果转化动力不足，企业对科技成果转化重视不够，与高校、科研机构之间的交流合作较少。三是科技创新资源配置分散封闭、重复低效的问题突出，统筹协调和开放共享薄弱。四是科技项目和经费使用问题比较突出，存在多头部署、重复支持、相互封闭、重立项轻管理等现象。五是创新政策和环境还不健全，

① 中国电子报．十年来我国高技术企业营收规模翻一番[EB/OL]．(2022－07－01)．[2025－02－01]．http://www.ce.cn/cysc/tech/gd2012/202207/01/t20220701_37823249.shtml.

② 新华网．保持两位数增长 2022年中国研发经费投入破3万亿元[EB/OL]．(2023－01－28)[2025－02－01]．http://education.news.cn/20230128/d1ff67e2277f4c11b94f4a8bf7ca9c37/c.html.

③ 证券时报．科技部：到2025年全国技术交易市场规模持续扩大　技术合同成交额达到5万亿元[EB/OL]．(2022－10－25)[2025－02－01]．https://finance.sina.com.cn/china/2022-10-25/doc-imqmmthc2058507.shtml.

科技人员的积极性、创造性没有得到充分发挥等。

北京市技术创新的研究同样比较分散，缺乏系统的研究。已有的研究指出，目前北京市知识创造能力比较强，但企业创新能力相对较差。对于如何加强企业创新能力、如何加强科技成果转化方面的对策研究相对薄弱，主要根源在于对策研究缺乏理论支撑，造成对策较为空泛，有针对性的对策建议较为缺乏。

0.3 主要研究内容

本书从理论的角度分析技术创新市场导向机制的内涵和实质，总结市场导向技术创新机制的规律和特点，研究技术创新市场导向机制中市场与政府的作用。

全面分析国外主要发达国家创新机制的新趋势，找到我国创新机制、创新政策等方面与国外主要发达国家的异同，发现导致我国创新能力不强的主要症结所在。

同时，从北京市科技创新的需求和目标出发，在创新驱动发展战略指导下，以提高北京市科技创新能力为重点，明确市场导向科技创新机制的方向、目标、重点和具体措施，主要开展几个重点环节的研究：一是创新政策、产业政策和经济政策如何更好地衔接协调，发挥政策协同合力，促进科技创新发展；二是如何加快科技成果转化机制的形成，如何充分发挥市场配置资源的决定性作用，加快企业、高校、研究机构之间的合作和交流；三是加强科技基础制度建设，建立公开、透明、高效的创新资源共享平台，规范科研项目管理，提高经费使用效率，推动科研成果全社会共享；四是加快改革和完善人才发展机制，深化评价和奖励改革，激发科研人员创造活力，统筹加强各方面人才队伍建设。

本书在定性分析的基础之上，通过数据挖掘，总结前人研究成果，根据北京市技术创新特点，从北京市科技创新的需求和目标出发，设计能反映市场导向的北京市创新能力指标体系及北京市创新效率指标的衡量方法。并对北京市创新能力、创新效率进行横向比较。

0.4 主要研究方法

本书的主要研究方法：一是文献分析法，通过广泛阅读相关文献，分析影响技术创新市场导向机制的主要因素。分析国外主要国家技术创新体系的优势，以及我国与国外技术创新系统的差异。二是统计分析法，通过分析公开出版的统计数据，横向比较我国与其他发达国家在研发投入、研发产出和研发效率上的差异，找到其主要问题；构建北京市创新能力和创新效率指标体系，并通过横向比较来分析北京市目前技术创新能力和效率的特点，与其他地区相比，其优势和劣势所在。三是田野调查法，通过对创新企业、创业者的调查，挖掘目前北京市技术创新市场导向机制存在的问题。

1　技术创新的模式和机制

技术创新的模式和机制是我们理解技术创新的起点，也是我们研究技术创新市场导向机制的起点。只有明确技术创新的特点、创新的模式、路径依赖、扩散机制等，才能准确地理解何为技术创新的市场导向，才能准确地完善技术创新的市场导向机制。

1.1　技术创新的相关概念

1.1.1　创新的概念

创新的概念是由熊彼特（Schumpeter）于1912年在《经济发展理论》一书中首次提出的。熊彼特使用“创新”一词来表达发明和创新之间的不同，他认为发明是为新的或改进的产品、工艺或制度而建立的新思想、图纸或模型，而创新则是指将新产品、工艺或制度引入经济体系中的第一次尝试。将发明与创新区别开来，具有重要的意义，因为发明到创新之间是一个越来越复杂的过程，有时甚至会经历长达上百年的时间。

熊彼特（1990：73）将“创新”定义为生产要素的“新组合”，这种新组合包括以下内容：①引进新产品；②使用新技术；③开辟新的市场；④控制原材料新的供应来源；⑤实现工业的新组织。熊彼特的创新概念是相当广泛的，包括各种可提高资源配置效率的新活动，其后的学者所考虑的创新基本上都没有超出熊彼特所界定的范围，只是对创新的内涵做进一步的细分。

1.1.2　技术创新的概念

在本书中，我们对创新的理解依然是遵循熊彼特的思想，但我们的研究对象是技术创新，学者们一般把产品创新和工艺创新都统称为技术创新（柳卸林，1993；傅家骥，1998）。我们的研究对象是两种类型的创新：一种是产品创新（Product Innovation），另一种是工艺创新（Process Innovation）。

产品创新是指技术上有变化的产品的商业化（柳卸林，1993：1；傅家骥，1998：17）。产品创新有不同的类型，按照产品新颖程度，产品创新可以排列成一个“光谱”，“光谱”的不同位置对应着不同新颖程度的产品创新。“光谱”的一端是一种全新的产品，面对的是以前从未发现的市场，如电话、计算机等产品。这种类型的产品创新的出现等于增加了产品种类，所以也被称为水平差别（Horizontal Differentiated）的产品创新；而“光谱”的另一端则完全是对旧产品的替代，当新产品出现后，旧产品就逐渐被淘汰，比如纯平电视对球面电视，大容量的电脑硬盘对小容量的电脑硬盘等。这种新产品往往提高了旧产品的质量，所以又被称为垂直差别（Vertical Differentiated）的产品创新。位于“光谱”其他位置的产品创新则同时具有这两种产品创新的特点。产品创新是以制造并销售产品，从而获得利润为目的的。

工艺创新，也叫过程创新，是指一个产品的生产技术的变革，它包括新工艺、新设备及新的管理和组织方法（柳卸林，1993：1；傅家骥，1998：17）。工艺创新是以提高企业内部的资源配置效率，降低企业生产过程中的生产成本、组织成本、管理成本等为目的的。

1.2　技术创新的特点

技术创新具有以下一些特点。

1.2.1　技术创新具有内在不确定性

创新最大的特点是不确定性，包括以下几种情况。一是工程技术上的不确定性，即使技术上已经证明是可行的，但从发明阶段的设想或图纸到大规模生产之间仍存在工程技术上的不确定性。发明阶段只需要生产出产品原型即可，只需要证明该发明在科学技术上是可行的。而大批量生产则要求产品生产过程中有较高的良品率，否则将导致生产成本过高而无法推向市场。二是供应商市场的不确定性，无论是新产品还是新工艺都需要供应商提供原材料、能源、配套的零部件或服务，而供应商其产品和服务也存在一定的不确定性，例如，石油化工行业中原油是重要的原材料，原油价格的波动必将影响石油化工企业最终产品的生产成本，如果原油价格长期高位运行，石油化工企业的新产品生产成本也将居高不下，创新过程将不得不终止。三是用户市场的不确定性。即使产品能够大批量生产，并在生产成本正常的情况下推向市场，用户对待产品的态度也存在一定的不确定性，尤其是对于革命性产品，从未出现过的新产品。用户接纳新产品需要一个较长的时期，有时甚至长达数十年之久，如果企业长期得不到回报，创新过程也不得不终止。四是竞争对手的不确定性。从发明到创新有时需要较长的时间，其间很难预测竞争对手的行为。如果竞争对手开发出性能更好、成本更低的产品，则创新也不得不终止，或者竞争对手成功地进行模仿和再创新，其最初的创新由于优势不再也不得不终止。

创新之所以成为创新，就是因为没有先例可循，因此不仅面临上述不确定性，而且这些不确定性事先也无法进行预测和评估。创新本身作为一种新生事物，就是偏离了现有的技术、产品、市场，因此创新越是革命性的，其偏离当前情况越严重，其结果就越发不确定。

1.2.2 技术创新是一个学习过程

因为创新的结果具有高度的不确定性，企业在创新过程中需要不断地去寻找技术、工程、生产、市场的各种组合，直到创新产品或工艺被市场接受。在这个过程中，企业需要收集各种与创新相关的信息，并整合在一起，包括来自市场（用户）的信息，来自供应商的信息，来自竞争对手的信息，来自政府部门、科研机构的信息等。政府或私人研究机构、大学、咨询机构等尽管在创新过程中具有重要的作用，但通常是企业才能承担这项整合信息的任务，从这个意义上讲，创新企业在创新过程中是独一无二的。

企业收集信息的过程，也是一个学习知识的过程。知识是一种独特的财产，它始终并且仅仅存在于个人的头脑中，而且，只有在个人的头脑中，新的概念和想法才会出现，即新的知识才会出现。Polanyi（1958）认为知识可以分为两类：一种是默会知识（也称为隐性知识），这种知识通常内含于个人的技能、行为中无法剥离，也难以传递，如运动员打篮球的技能、厨师的手艺等。通常只有面对面地长期交流和沟通，即通过私人信息形式才可能将一个人的知识传递给另一个人。另一种知识是可编码化知识，这种知识可以用文字、符号等进行编码，从而将个人的知识转化为公开信息的形式并展示出来，这样能够做到知识（信息）在不同的人之间进行传递。

因此，所谓信息，无论是私人信息还是公共信息，都可以看作知识传递的工具。而企业收集信息的过程实际上是一个获取知识的过程。由于创新的知识通常既包含默会知识，又包括可编码化知识，因此通过公开信息或短期面对面地交流所获得的私人信息，很难保证创新者获取的信息是知识的全部。知识的产生、累积和更新都只能发生在人的头脑中，因此企业作为一个组织，还需要将获取的信息重新转化为知识，并吸收和消化，从而变成企业内部人员自己的知识。不同的企业其内部人员不同，因此将信息转化为知识的能力，吸收和消化新知识的能力在企业之间也有所差异，也难以保证该过程不存在知识的损耗。因此，创新企业并不能拥有完美的知识去进行创新，也就决定了在创新过程中不可避免地会出现各种各样的错误，也因此决定了企业创新是一个不断出错、不断收集信息、不断学习、不断改进的过程，直至企业创新成功，从这个意义上讲，创新过程也是一种实验过程，是一种不断试错的过程。

企业要想提高信息处理的效率，缩短试错过程所需的时间，就必须提高企业自身从信息中提取知识的效率，同时提高吸收和消化知识的效率。这也是企业为什么要进行 R&D 的原因，如果企业要想成为创新型企业，就必须进行大量的研发工作，这样才能更好地从科技信息中提取创新所需要的知识，进行大量的工程技术工作和市场调研工作，从而提取出工程技术信息和市场信息，并将其转化为自身的知识。企业只有自身所具备的知识越多，提取、吸收和消化知识的效率才能大大提高。

1.2.3　技术创新是一个毁灭过程

熊彼特在《资本主义、社会主义与民主》一书中首次提出了“创造性毁灭”的说法。“有价值的不是那种（价格）竞争，而是新商品、新技术、新供应来源、新组织形成（如巨大规模的控制机构）的竞争，也就是占有成本和质量上决定性优势的竞争，这种竞争打击的不是现有企业的利润边际和产量，而是它们的基层和它们的生命。”（熊彼特，1999：148－149）

在“创造性毁灭”的威胁下，企业为了避免陷入困境，不得不去开发新的产品、技术、组织方式等。由于创新内在的不确定性，有些创新最终成功了，而有些则会失败，被市场抛弃，创新取代了旧事物。但暂时的成功者也无法确保自己会永远成功，也需要防止自己成为被毁灭的对象，因此，必须不断地开发新产品、技术和组织方式。创新作为一个创造性毁灭的过程，从而成为推动经济发展的重要驱动力。如果没有这样的毁灭过程，不创新的企业也不会被淘汰，它必然会失去创新的动力，大多数企业如果都失去创新的动力，整个经济发展将会趋于停滞不前。因此，只有当创造性毁灭过程是创新过程中所不可避免的后果时，创新才能成为经济的驱动力。

创新是对旧事物的毁灭，在创新过程中，必然会遭受到很多阻力。一部分来自企业内部。新的产品和新工艺在替代旧事物时，会迫使企业内部旧的生产线关闭，与之相关的工人甚至高层管理人员都可能会失去工作岗位；新产品和新工艺需要新的投资，将会使旧生产线所形成的固定资产失去价值，会在一定时期内降低企业的利润，甚至出现亏损，而由于创新内在的不确定性，利润下降的时间长短有时也无法准确地进行计算。因此，创新也可能会遭到企业管理人员和股东的反对。另一部分阻力来自企业外部，包括竞争对手的阻力、市场用户的消费惯性所形成的阻力、政策监管所形成的阻力。比如（潜在）竞争对手可能会发起价格威胁战，试图将创新者挤出市场。用户的消费习惯以及对新产品的陌生感都会使大量用户在创新推出之初处于观望的状态，特别是用户已经购买了类似的产品时，创新产品只有当证明自己与旧产品相比在性能上有明显的改进，并且这种改进值得用户去购买时，才会逐渐地被用户接受。当前任何一个经济体中，政策监管的力量总是无处不在的，比如各国政策对电信业和金融业的监管。一项创新很可能在某种程度上触及了监管政策，这会导致创新需要面对来自政策的阻力。

1.3 创新模式

随着科学技术的发展，新产品和新工艺变得越来越复杂，从历史上看，创新模式经历了发明人模式、技术推动型模式、市场拉动型模式、动态耦合模式和创新系统模式。目前创新模式更多地呈现出创新系统模式，但这并不是说其他几种模式都消失了，事实上其他几种模式在有些国家和地区、在有些产业和产品中依然存在，甚至居于主导地位，比如截至目前，发明人模式仍是一种重要的创新模式，许多专利的发明人也是创新企业的所有人。

1.3.1 发明人模式

在18世纪和19世纪，技术的进步主要来自直接从事生产的人或与生产有直接关系的人的发明创造力。“机器的一切改进都不是偶尔使用机器者的发明。当机器制造成为某一特殊行业的任务时，许多改进都是靠制造者的聪明才智来实现；而有一些则是由那些称为哲学家或善于思考的人完成的，他们的职业就是什么都不干但什么都观察，而且他们因此能够将相距最远、毫不相似的事务的力量结合在一起”。（亚当·斯密，2013[①]：8）对专利数据的分析表明，18世纪末和19世纪初的所有发明，事实上都来自发明者个人的努力。这些发明者要么在独立的工作间工作，要么在大型企业中工作。最关键的一点在于，发明者本人善于发明的特性和他们为创新所做的努力，以及这些发明与车间生产的结合，是第一次工业革命中创新活动的重要表现。这一时期，发明者的技能和知识基础来源于已有的行业，如手表制造、木工、锻造、金属加工等，特别是纺织机械主要在现有的纺织厂中制造和组装（布鲁兰德、莫

① [英]亚当·斯密. 国富论[M]. 谢宗林,李华夏,译. 北京:中央编译出版社,2013.

利，2009：348－349）。

19 世纪美国和欧洲的这种发明家比比皆是。英国 19 世纪产业革命成功大多归功于这些发明家。进入 20 世纪，托马斯·爱迪生仍继续他的发明事业。但他已经从伟大的个人主义者转向依靠他建立起来的大型研发开发实验室。他完成了很多发明，取得的专利（1093 项）比其他任何人都多。但这可能部分归因于他建立了承接发明合同的大型实验室（弗里曼、苏特，2004：252）。即便如此，发明家兼企业家在创新过程中（至少在初期）仍发挥着关键作用。这些个人发明家兼企业家通常是拥有设备和资金，可以从事长期研究和开发工作的科学家或工程师。其中有些人利用大学或政府的实验室开展工作，其他人则依靠自己的力量。大学科学家或发明家经常以顾问身份与创新公司的研究开发部门密切合作。

1.3.2 技术推动型模式

从 19 世纪末开始，一系列的技术和产业开始出现。这一时期工业革命重点从钢铁、煤炭、纺织和机械工程向新兴的化学、光学和电学工业转移。与前一阶段相比，工匠和技师主导的发明创造大大减少了。“科学性解释已被证明是新产品和新工艺的可靠指南和向导。它不像神话或预言那样不受约束，企业不可能忽略科学理论和原则。除非它甘冒被竞争对手取代的风险。但为了理解和应用科学性解释，需要对相关的科学原则进行长期的理解和培训。这一要求使得整个行业的科学知识变得专门化，并弱化了工匠发明家的角色。”（Rosenberg and Birdzell，1986：253）

科学技术的重大突破被逐渐地应用于工业生产中，如法拉第在 1831 年发现了电磁感应原理后，该技术被应用于电报行业，并为之后电器设备产业的出现奠定了基础。而且，这一时期新产业的特点是越来越依赖于有组织的科学实验。德国的化学工业就是其中的典型代表。19

世纪下半叶，物理和化学学科的研究进展为行业中科学与技术的商业应用创造了巨大的潜力市场。第一家企业内部的 R&D 实验室在德国企业中成立。其目的在于寻求和获取快速发展的有机化学进展所带来的商业价值。到了 20 世纪初，很多大型的美国企业也建立了类似的内部研究实验室。

被科学技术迅速发展的创新成果鼓舞——其中最为著名的例子就是曼哈顿工程成功地研制出了原子弹，理论界认为工业技术创新过程或多或少是所谓“技术推动”的线性过程，科学技术新发现刺激了工业研发投入，开发出新的产品或新工艺，工厂通过工程技术和制造技术，批量生产出新的产品或使用新的工艺，产品或工艺取得市场成功。这时，市场在整个创新的过程中处于被动的接受地位。

1.3.3 市场拉动型模式

20 世纪 50 年代后，大量对创新过程的经验研究表明，市场需求在创新过程中的地位是非常重要的。有学者提出了技术创新的“需求拉动”的线性发展模式。市场产生对新产品或新工业的需求，刺激工业研发投入，最后生产出满足市场需要的新产品或新工艺。

两次世界大战期间，德国迫切需要合成材料取代天然材料。这使 IG 法本和其他化学公司的研究开发热情高涨，成果迭出。美国战后经济上对军用航天的迫切需求激发了以贝尔的半导体科学突破为基础的一系列创新，促进了第一代计算机的诞生。英国的战时需求推动各种雷达研制成功，德国政府则资助开发调频网络和雷达。日本政府为达到军事目的说服丰田进入卡车工业。不仅战时需要和政府需求十分重要，普通消费者和使用者的需求也足以激励创新。相反，某一时期市场需求不大则会阻碍创新发展。美国合成橡胶的开发、欧洲半导体工业的发展，以及 1940 年以前美国雷达的研制和战后欧洲彩色电视机的研制都是如此。

缺乏市场需求时，无论发明多么好，都不可能转化为创新（弗里曼、苏特，2004：253）。

1.3.4 动态耦合模式

从20世纪70年代开始，理论界逐渐认识到技术推动型和市场拉动型可能都是更复杂的技术创新模式的简化形态。尽管在某些行业中，技术推动型和市场拉动型这两种模式可能会居于主导地位，但一般情况下，技术创新模式是科学、技术、生产、销售、市场的一个非线性耦合过程，如图1.1所示（Rothwell，1992）。

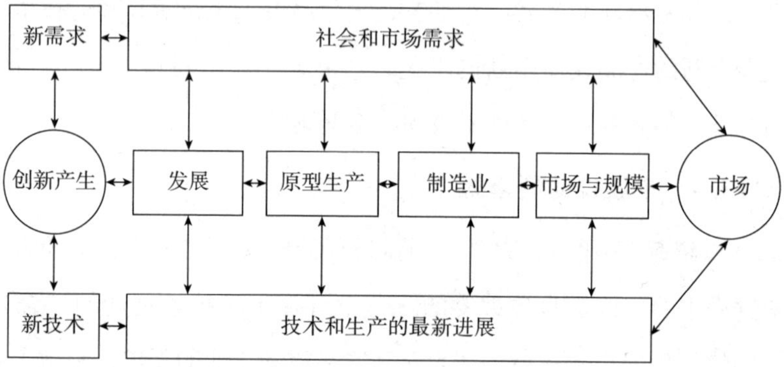

图1.1 技术创新的耦合机制示意图

资料来源：Rothwell（1992）。

新产品和新工艺可以是一种全新的，也可以是原有产品或工艺的改进，即工业创新不仅包含重大的、革命性的创新，也包含微小的、渐进性的创新。动态耦合观点认为在革命性的创新中，通常伴随着科学技术的突破，而在渐进性的创新中，市场的需求居于主导地位。

动态耦合观点认为创新是一个动态的过程。我们今天看到的汽车，是在第一批商业化的车型基础上做了重大的改进，融入了大量的各种发明和创新。事实上，几乎所有有价值的创新，其最初的版本大多是粗糙的、不可靠的装置，经过不断地改进最终才能得到广泛的采用。“将创新视为一个定义完美、纯粹的事物，以致能在一个精确的时间进入市场，或者在一个精确的时点实现，这是一个严重的错误。实际上，大部分重要的创新在其生命周期中都经历了剧烈的变化，这些变化可能经常完全改变了它们的经济意义。在发明第一次引入后，其后续的改进在经济上可能会比这项原始发明最初的获得要重要得多。”（Kline and Rosenberg，1986：283）

动态耦合观点认为，创新不是单一的过程，而是各种创新过程交织在一起的一个复杂的过程。在产品创新的过程中，尤其是在重大的革命性的创新产品过程中，往往伴随着企业组织结构的创新、管理方式的创新、生产过程的创新、营销方式的创新等。

1.3.5 创新系统模式

创新系统的观点可以追溯到 19 世纪的德国经济学家李斯特。他第一个认识到科学、技术和技能之间的相互关联对于国家经济增长的重要性。Freeman（1987：1）首先提出了“国家创新系统”的概念，他将国家创新系统定义为公共和私营部门中的机构网络，其活动和互动可激发、引进和扩散新技术。Edquist（1997）认为创新系统包括所有能够影响创新的开发、扩散和使用的重要的经济、社会、政治、组织、制度等因素。总之，创新的系统方法强调了创新过程中的发明、研究、技术进步、学习、市场化之间的相互联系和相互作用。创新系统的核心是企业，竞争企业、供应商、用户、公共或私有的研究机构、大学、中介组织和政府都是创新系统的组成要素。

创新系统的观点是多维度的和跨学科的。创新系统包含与创新有关的广泛的重要决定性因素，涵盖经济、组织、社会和政治因素。其吸收了不同学科的观点，包括经济学、社会学、区域研究和其他领域的观点。同时，创新系统的观点承认创新系统是演化的，认为创新过程随着时间变化不断演变，创新系统内部各组织的行为会发生变化，各组织之间的相互作用也会发生变化，无法找到一种最优状态或者理想的创新系统。不同国家的创新系统之间可以进行比较，但无法把现实的创新系统与最优的创新系统进行比较（埃德奎斯特，2009）。系统的观点强调了创新的非线性过程，认为企业的创新不是孤立进行的，而是通过复杂的关系与其他组织互动，既包括创新型企业之间的相互作用，也包括企业与政府外部机构、用户之间的相互作用。这些复杂的关系构成了创新系统内部复杂的相互作用模式和复杂的反馈机制。

创新的系统方法尤其强调创新过程中的学习过程。作为一个系统，创新依赖于各组成要素之间的相互联系、相互作用。各组成要素之间的相互学习过程对于创新而言是至关重要的。创新是一个不断演化的过程，因此在创新系统中，创新企业与其他组织之间的学习也是一个演化的过程。学习的过程可以是产生新知识的过程，也可以是把现有的知识要素以新的方式组合在一起的过程，还可以是将新知识传递给新的机构、个人和企业的过程。因此，学习过程不仅包括企业与研究机构之间的学习过程，还包括企业与用户之间的非 R&D 型的学习过程。Freeman（1987）和 Lundvall（1992）都强调了非 R&D 型的学习对于创新的重要性。对创新的调查研究发现，大部分的创新型公司更多依赖于非 R&D 型资源（比如购买机器、培训工人、设计），而不是依赖严格意义上的研发活动（Soete et al.，2010）。

创新系统的观点强调了制度的重要性。制度既包括法律、法规、条例等正式的制度，也包括习惯、规范、文化传统等非正式的制度。这些正式和非正式的制度在很大程度上影响着创新系统中各组织的行为模式，以及它们之间相互联系、相互作用的方式。创新系统的观点尤其强调了社会资本的重要性。因为创新是一个不确定的过程，创新的过程也因此是一个承担风险的过程，社会资本存量越高，创新主体之间的信任程度越高，越有利于最终形成创新。不同的国家和地区，制度之间差异很大，尤其是非正式制度之间的差异，而这种差异根植于各国家和各地区的历史、文化、传统和心理，因此也就决定了各国家和各地区之间创新系统具有不同的特点。

1.4 创新的路径依赖机制

路径依赖是指历史上很小、偶然的事件，或微观领域的偶然事件会对经济技术、组织、系统的未来发展路径产生长期的影响。组织的早期决定，会关闭其他的备选路径并选择了某条路径，而所选择的这条路径并不总是最优的。

1.4.1 路径依赖的概念

传统的经济学是建立在边际报酬递减规律基础上的，会形成一种负向的反馈，最终使得经济系统达到一种可预期的均衡状态。但在现实经济中，这种稳定的力量并不总是产生作用。传统部门——农业和采掘业,由于肥沃的土地和矿产资源是有限的，受到收益递减规律的支配。而多数制造业则享有收益递增，但规模经济并非一种可信赖的收益递增的源泉，因为有些大企业会获得收益递增，而有些则不会。技术密集型的部门会受到收益递增的支配，如计算机、制药、导弹、飞机等。这些部门研发成本高，而生产过程中的边际成本很低。此外，“干中学”过程也会形成收益递增，随着产量的增加，在生产中所学习到的知识会逐渐累积，使得产量高的企业由于获得了更多的生产技术知识，从而在竞争中占有一定的优势。创新企业的创新过程是一个学习知识、累积知识和运用知识的过程，因此会存在明显的收益递增情况。

而收益递增会形成正向反馈，会放大最初很小的事件的影响，这意味着会形成多种可能的均衡点。而且，哪种均衡会出现并不能事先预见到。并且，一旦随机经济事件选择了某种路径，该路径就会形成路径依赖，而无视其他可选择路径的优点。如果一个产品或一个国家在竞争性的市场中由于机遇处于领先地位，那么它可能会始终处于领先地位，甚至会强化其领先地位。

录像机的发展史是正向反馈的一个最明显的例子。VCR 市场上最初有两种相互竞争的格式——VHS 和 Beta。每种格式当其市场份额增加时都会形成收益递增。VHS 格式的录像机增多会促使录像带商店使用更多的 VHS 格式的录像带，这又会进一步增加 VHS 录像机的价值，并增加 VHS 录像机的销量。同样的道理也适用 Beta 格式。市场份额上很小的领先会提供某种最初的竞争优势，并进一步提升它的领先地位。最终的结果是 VHS 格式占领了几乎全部的市场。但是从一开始，是无法确定两种均衡中哪种均衡会出现（两种格式中哪种会领先），特别是，如果认为 Beta 在技术上优于 VHS 的论断是正确的话，则市场的选择并不会导致最优的经济结果。

路径依赖并非历史决定论，而是指概率上的或然的过程。未来的发展路径取决于现在的情况以及历史时间，从概率上看，有些路径更有可能而已。过去的历史设定了概率，而现在的状况决定了哪种可能性会出现。这并不意味着在现在以及历史事件条件下，某些路径必然会出现，而是更有可能出现。

1.4.2 路径形成、调整与毁灭

正反馈所形成的路径依赖对于创新企业具有正向的促进作用。路径依赖具有自加强的机制，创新企业在市场上的初始成功能够让企业获得初始的竞争优势，可以让创新企业获得更多的市场份额，生产规模进一步提高，在收益递增的帮助下，创新企业生产规模的扩大进一步降低了

创新产品的总成本，从而扩大了初始的竞争优势，这样通过不断的正反馈，创新企业逐渐扩大生产规模，并始终保持对竞争对手的竞争优势（这种优势也被称作先发优势）。

但是，随着企业生产规模不断扩大，原先的正反馈的作用会越来越弱。因为，企业规模的扩大会消耗更多的企业内部和外部资源。企业需要寻找更多的原材料、能源、供应商，以及更大的市场来满足企业生产规模的扩大。企业内部组织规模的增加会导致组织成本、协调成本的增加，要达成一致的想法会变得更加困难。因此，企业的生产规模不可能无限地增加，它存在一个阈值，超过这个阈值，企业生产规模的增加所消耗的资源将无法得到补充。这时企业就达到一种稳态，这就是正反馈作用所能达到的极限。

如果没有来自内部和外部的冲击，企业将长期保持在这种稳态中。如果企业内部对组织机构进行创新，能够明显降低企业内部组织成本，则生产规模可以得到扩大。如果受制于市场和原材料而无法扩大时，企业可能会通过纵向一体化经营，或多样化经营来实现降低总成本从而扩大总的生产规模来尽可能地享受路径依赖的好处。

但有时也会面临外部和内部的负向冲击，比如竞争对手开发了一种新的技术和产品。这时企业也无法保持原先的稳定状态，如果企业积极地进行学习，熟悉新产品，就会形成新的路径及新的正反馈，从而达到新的稳定状态，但如果企业由于各种原因，无法开展有效的学习，比如企业管理人员年龄过大，学习能力差；或者新技术和新产品需要的知识过于复杂，超过企业的学习能力；或者企业内部组织成本、协调成本过高，不能快速地做出一致的反应，则企业就会陷入所谓的封闭状态。企业原有的竞争优势将慢慢消失，原来的创新企业就将成为市场上的保守力量，如果还不能实施创新，则自身将沦为创造性毁灭的对象。

1.5 全球化时代的创新机制

随着通信技术和交通技术的不断发展，经济越来越呈现全球化的趋势，并且还在持续加强中。全球化也影响了国际分工，出现了产业链分工的新格局，进而影响了企业的创新模式。

1.5.1 研发活动的国际化趋势

Cantwell（1995）的研究表明，对专利历史数据的考察显示，研发活动有明显的全球化趋势。像瑞士、英国与荷兰这些在历史上曾经拥有许多大型跨国公司的国家，其国际化研发自20世纪50年代以来经历了大幅增长；像法国和德国这种很少有大型跨国企业的国家，过去80年间在国际研发方面经历了稳定的增长；像美国、瑞典这样在20世纪最初十几年海外R&D主要的投资国，其跨国企业在历史上就倾向于在国际范围内寻求技术，其研发的国际化实际上早在第二次世界大战前就已经达到今天的水平了。

尽管从资本的绝对数额上看，跨国企业的国际投资规模很大，但在研发上的活动跨国企业更愿意在母国进行。例如，通用电气有大约1600名研究人员分布在其美国的机构，只有大约400人分布在其两个国际公司的研究实验室。1978—1995年，欧洲公司的专利中有32.5%是在欧洲大陆之外形成的，而美国公司的创新活动中不到9%是在美国之外进行的，日本该比例则仅有1%左右。

在过去的20年间，全球企业间的联盟已经变得日益普遍。但企业间的合作协议在新材料、生物技术和信息技术中最为常见，并绝大多数出现于美国、日本和欧盟等国家和地区，而不是在发展中国家。在MERIT－CATI数据库中，发达国家的企业参与了99%的企业间合作协议。虽然与发展中国家的R&D和制造外部协议在过去20年里从数量上增加了，但这些企业在企业间合作协议中的比例从20世纪90年代以来一直维持在5%~6%。

而且，跨国企业在海外开展的研发活动中有相当大的一部分是在美国进行的。这是因为首先，对于技术密集型的跨国企业而言，美国是非常重要的市场。美国的跨国公司分支机构要通过从其美国竞争者、客户与供应商那里获取更多的信息和知识来加强自身的知识。其次，这反映了美国在某些产业或某些技术上占有明显的优势。在化工、制药、航空等行业的企业，其研究活动高度集中在美国，在电子仪器和计算机产业中的增长趋势也很明显（纳如拉，2010：26－29）。

1.5.2 供应链分工与研发的路径依赖

在经济全球化的进程中，国际分工发生了很大的变化。在20世纪六七十年代，国际分工主要以产业间分工为主，发展中国家从事原材料或初级产品的生产，发达国家从事制成品的生产，或者是发展中国家从事劳动密集型产品的生产，如服装、鞋帽等，发达国家从事资本、技术密集型产品的生产，如汽车、机械设备等。随着经济一体化的不断深入，产业内分工逐渐成为国际分工的主流方式，这种产业内分工主要发生在发达国家之间，美国向欧洲国家出口汽车，而欧洲国家也向美国出口汽车。随着信息技术的飞速发展，全球化进程不断加快，跨国公司的国际投资日益增多，目前的国际分工主要是通过同一产业内部产业链条的不同环节来进行，在这种分工格局中，发达国家的跨国公司着力于产业链中的研发、设计、品牌和营销等环节，而把加工制造环节转移到发展中国家。进而在一些行业中出现了产品内分工，一个产品可以分解为不同的零部件，并在世界范围内寻找每一个零部件的最优生产区位。发达国家主要从事附加值高的零部件的生产，而发展中国家承担的大多是低附加值的初级零部件的生产，或者是主要部件依靠进口，承担最后加工装配的工序。

在一个产业的生产环节中，或一个产品的初级零部件的生产中，生产技术、工程技术相对比较成熟，随着时间的推移，出现的主要是微小而持续的创新，这种类型的创新中所需要的新知识相对较少，而且易于被编码，因此创新活动大多属于应用性开发。从事这些生产的企业的研发密集度偏低，与最终用户相互学习相对并不重要，为了保持竞争优势，如何有效地降低生产成本才是企业主要考虑的问题。相反，在一个产业的研发、设计环节中，或一个产品的复杂零部件的生产中，为了保持竞争优势，产品设计需要不断地进行调整，产品功能需要补充和完善，随着时间的推移而出现，更多的是意义相对更大的非持续创新，所需要的知识也更加复杂，而且难以编码，与大学和科研机构、用户、其他竞争对手的相互学习就变得非常重要，这类创新活动大多属于研究性开发。

由于创新系统具有路径依赖的特点，专注于应用性开发和研究性开发的企业会处于各自的创新系统中，并且通过各自创新系统的收益递增所形成的正反馈，而不断地加强自身原有的优势地位。产业链上的这种分工反映在国家和区域之间，就表现为各国家或各个地区创新系统各具特色，各自拥有自身的技术专长。通常发达国家更加专注于研究性开发，而发展中国家更加注重应用性开发。在路径依赖的作用下，各国的技术专长的模式在长时期内相当稳定，并且变化也比较缓慢（Zander，1995）。

随着智能化、大数据、区块链、云计算的相互交融和相互促进，在芯片技术突飞猛进的前提下，算法能力不断提高，智能机器人的自我学习能力日新月异。2022 年底，美国推出以 ChatGPT 为代表的人工智能新技术，成为互联网应用创新技术的标志，从而将原本“复杂”的知识学习和知识应用能力“简单化”，人工智能成为“复杂劳动”在新经济形成中的标志。以 ChatGPT 为代表的人工智能，具有系统性、开放性、自我增长性的特点，成为各国科技创新综合能力的大竞赛。

1.6 创新的扩散机制

创新对经济增长的影响不仅表现在将发明引入市场，更表现在创新在产业中、在经济系统中的扩散。而创新的扩散依赖于以下一些条件。

1.6.1 社交网络和社会资本

在现实世界里，由于各地自然条件、自然资源的不同，各地经济活动的强度也不同，所以人类经济活动并不是在空间上均匀分布的，而是集中在某些点上，这些点就是城市。而且即使在不同的“点”上，经济活动的强度也不同。这种经济活动的空间聚集对创新扩散具有重要的意义。

如果许多企业聚集在一个地点，则意味着不同企业的雇员会经常发生各种接触。既有正式的接触，比如各种商业会议、行业会议等，也有一些非正式的接触，比如私人聚会、舞会、俱乐部等。这些场合中，雇员之间会进行信息的交流，这种交流有助于大家相互交换新产品、新技术、市场动态等与该行业发展有关的信息。在一个地区聚集的企业越多，参与这种正式和非正式活动的人员就越多，交换的信息就越多。在创新扩散的过程中，这种社交网络中传递的私人信息的作用要大于公共信息，因为有些创新知识属于默会知识，只能通过个人的接触和交流来传播，仅仅通过观察他人对创新的使用无法有效地获得这些知识，而且私人信息比报纸、杂志和广告中的公共信息更可信。此外，一个地区的社会资本越高，社交网络成员之间的信任程度越高，私人信息的价值就会更高。所以在其他条件相同的情况下，一个地区社会网络和社会资本的质量越高，创新扩散的速度就越快，特别是对于技术特性复杂的创新、包含较多社会知识的创新。以 ChatGPT 为代表的人工智能，利用强大的算法技能与自我学习能力，突破了行业间的知识壁垒，人机对话成为知识传播的主渠道。

1.6.2 经济结构

不同的国家和地区具有不同的经济结构，也必然会影响该地区的创新扩散。梯度转移理论已经指出经济发展水平的不同对于创新扩散的影响。经济发达的大城市是科研信息、市场信息集中和传播的中心，既可以准确、及时地了解到市场的动态、消费者的心理以及他们对新产品的需求变化，又可以了解到世界各地科技发展的现状与趋势。而且大城市地区的商业服务，如金融、保险等行业也相当发达。所以，尽管与其他地区相比，大城市地租高、水电费高、原料和燃料价格高，但创新扩散的初期主要在大城市进行，然后逐步由大城市向周边地区或其他中小城市扩散。

此外，一个国家或地区的市场结构也会影响创新扩散的速度。对创新进行开创性研究的熊彼特（1990）最早提出了市场结构与创新的关系，认为垄断会激励创新。在他看来，创新是一项高度不确定的活动，除非有足够的实力，并承担相应的风险，否则创新难以进行。而只有大公司才能做到这一点，所以垄断是进行创新的必要条件。显然，熊彼特的逻辑是垄断才能形成大公司，而只有大公司才能进行创新，所以垄断有助于创新。其后的学者对垄断和大企业做了区分，分别研究企业规模和创新之间的关系以及市场集中度对创新的影响。

对于四种市场结构，我们知道经济学意义上的垄断和完全竞争是理想的状态，在现实世界中很少见，所以我们集中分析寡头竞争和垄断竞争的市场结构对创新扩散的影响。在寡头竞争的环境下，由于竞争对手数量有限，一个企业的行为必然会影响到其他企业，所以每个企业都会关注其他企业的行为，而且由于企业有限，相对容易观察每个竞争对手的行动。这时，一个企业引入产品创新和工艺创新都很容易被行业内的其他企业注意到，一旦先行者取得成功，其他企业很快就会效仿，来保持自己的市场份额。而且寡头公司一般都占有相当的市场份额，因此拥有一定的资源，可以在研发活动上投入一定的资金和技术人员，这既可以提高自身创新的能力，也有利于在竞争对手率先采取创新时迅速地做出反应。所以，罗伯逊和加蒂尼翁（Robertson and Gatignon，1986）认为，技术创新和扩散的速度可能会在寡头竞争的行业中达到最大。但是也存在相反的力量，因为企业都具有一定的研发能力，常常会导致两种创新之间的竞争，究竟哪种创新会成为市场的主流和标准并面对市场的检验，有时也取决于企业之间协商的结果。当创新之间出现竞争时，创新的扩散过程无疑会放慢。

在垄断竞争的行业中，企业数量越多，越接近经济理论中的完全竞争市场。这时，企业面临的竞争压力大，为了保持竞争中的优势，保住市场份额并打击竞争对手，价格竞争成为垄断竞争行业中最常见的现象。国内的家电行业就是一个明显的例子，尽管各个企业不断地推出新一代的产品，价格大战却常常爆发，并且是最有效的一种竞争方式。价格上的激烈竞争将不可避免地挤压企业的利润，相应地，企业也就无法在研发上投入更多的资金。但是，这并不意味着企业会减少创新的绝对数量。因为各个企业产品之间的差别不大，而一旦被竞争对手领先，企业必须迅速行动，才能保持自己的利润，否则会遭受重大损失，这就意味着要么行动，要么亏损或退出。所以，创新，尤其是产品创新会以极快的速度在垄断竞争行业中被引入。不过这种创新很少是开创性的、彻底的创新，更多时候只是简单地增加某一项功能或改变产品的外观等技术含量较低的创新。而经验研究表明行业内的企业数量越多，竞争越激烈，创新扩散就越迅速（Romeo，1975；Gatignon and Robertson，1989；Götz，1999）。

1.6.3 制度环境

正式的制度对创新扩散的作用是显而易见的。国家颁布的《中华人民共和国专利法》和《中华人民共和国技术合同法》就为创新的扩散提供了法律保障。关于创新的信息或技术知识具有公共物品的性质，一个人使用这些信息或知识并不妨碍其他人也使用，而且多个使用者并不改变信息或知识自身的价值。所以当创新的所有者有偿地提供这些信息或知识时，很难防止信息或知识被其他人无偿地使用，即"搭便车"的行为。而《中华人民共和国专利法》保证了创新所有者在一定时期内的专有权，《中华人民共和国技术合同法》从法律上规范了创新提供者和购买者的行为，这就在一定程度上阻止了搭便车的行为，有效地降低了交易成本，从而激励了创新以及创新的扩散。

中央政府和地方政府鼓励创新的政策也在一定程度上促进了创新的扩散。当前，我国中央政府和地方政府纷纷出台了一些鼓励企业创新的政策，例如，为企业的研发活动提供税收优惠政策，为中小企业提供优惠的信贷政策等。如果创新本身服从一个均值为 μ，方差为 σ^2 的分布，则在创新采纳的早期阶段，创新所具有的不确定性往往会让潜在采纳者高估创新的方差，所以即使潜在采纳者对创新均值的估计值等于其真值 μ，过高的方差估计值也会使得潜在采纳者对创新的总体评价（确定性等价）低于其真值。由于对创新的评价较低，从资源配置效率的角度看，创新的采纳速度必然会低于最优值。而各级政府鼓励创新的政策在一定程度上刺激了企业的研发活动，企业研发活动越多，越了解创新，对创新方差的估计值就更加接近其真值；而优惠的信贷政策则提高了企业对创新均值的估计值。这些政策都提高了企业对创新的总体评价，使其更加接近创新的真值，所以在一定程度上加快了创新采纳的速度。

非正式的制度也会影响创新扩散的速度。一个地区的文化同样对该地区内创新的扩散具有重要的意义。罗杰斯（2002：1－5）介绍了一个创新扩散失败的案例。秘鲁的公众健康组织为了提高村民的健康水平，在秘鲁一个沿海的村庄洛莫林推行烧开水的活动。但是为期两年的推广活动仅仅说服了11个家庭主妇接受了这一生活习惯。当地的文化信仰是这次扩散活动失败的主要原因，因为在当地的习俗中，烧开的水只适合生病的人喝，健康的人不应该喝开水。显然，创新如果不能符合当地的文化，其扩散必然会面临极大的困难。

赫尔比希和帕伦博（Herbig and Palumbo，1994）分析了日本文化和美国文化的不同之处，认为两国在文化上的差异影响了两国企业对待创新的态度和对创新的评价，导致同一个创新在两国呈现出不同的扩散过程。日本文化强调个人要服从集体的目标，强调个人之间的合作和交流，强调企业内的和谐，强调个人对所在组织的忠诚。尽管普通的日本人并不是盲目的服从者，但是整个日本文化尊重权威，而且日本的教育体制鼓励服从，不鼓励各行其是，认为做每件事都有一个正确的方法，不鼓励想出其他另类的方法来解决问题。在日本，很少见到个人离开大公司，自己筹集风险资金开设新的公司，这样的人被认为是行事怪异的人，不被社会接受。所以具有冒险精神的企业家在创新的道路上面临着社会的巨大压力。另外，日本社会强调成功、重视结果。日本的教育体制不仅重视努力的过程，而且更重视努力的结果，标准化的考试就是衡量努力结果的一个手段。大学和公司也往往根据考试成绩来决定人选。这种教育体制培养了日本人对待竞争的态度：比对手更快地开展行动是日本公司的主要目标。

相反，在美国，教育体制和社会文化都鼓励个人自由，崇尚个人英雄主义，美国人认为风险是生活中必不可少的一部分，敢冒风险的人被认为是英雄，会被社会崇拜和模仿，所以，具有冒险精神的人被美国社会认同和接受。正因为美国人具有冒险精神，所以他们一接触新颖的事物，采纳的时滞会比较短。但是，由于崇尚个人主义，相互之间的个人交流相对较少，整个的采纳过程会持续时间较长。相反，日本人一般不愿意冒险，所以采纳的时滞会比较长，日本文化更强调个人之间的合作和交流，尽管最初采纳创新的时间较晚，但是一旦开始采纳，采纳的速度会很快，最终的采纳率也会更高。赫尔比希和帕伦博用工业机器人的例子说明了两国在采纳创新上的差异。在工业机器人的采纳方面，尽管美国要早于日本引入工业机器人，但在绝对数量上美国公司内的机器人不到日本的1/3，平均每个工人拥有机器人的数量不到日本的1/6；在美国，三大汽车厂和 IBM 公司拥有 60% 的机器人，而在日本，机器人的应用则要广泛得多。

以 ChatGPT 为代表的人工智能，作为科技应用创新的新突破，直接面向上层建筑中的制度法律等障碍。由于各国法律制度等不同，为了防止可能出现的“泄密”或安全事件，无论是欧盟还是我国对于类似 ChatGPT 的市场应用，都进行了一定的法律限制。

1.7 创新过程中的市场机制

创新总是在市场环境下进行的，传统的创新研究及创新政策都暗含了创新将导致市场失灵的观点，但如果将创新看成是一个动态过程，市场的竞争看成是一个持续的过程，则创新就是市场竞争机制得以发挥作用的重要方式。

1.7.1 市场失灵的观点

创新是将发明市场化的一个过程，在这个过程中，企业需要去收集相关的技术、工程、生产、市场及政策管制等方面的信息，并将其转化为企业自身的知识。而信息和知识属于公共物品，具有非竞争性和非排他性，当企业的创新在市场上取得成功后，如果没有相关政策保护，很多情况下创新容易被竞争对手复制或模仿，这种正的外部性尽管从整个社会角度而言，促进了经济增长，但创新企业私人收益低于社会收益，因此将导致整个社会对创新的投入不足。这种正外部性就导致了市场失灵的情况，因此传统的观点认为，需要政府介入来纠正这种外部性。对企业 R&D 投入的补贴和税收减免就是常用的纠正这种市场失灵的手段。

作为创新政策的一部分，赋予发明人一定时期的专利独占权也是为了纠正在发明过程中的正外部性导致的市场失灵的一项重要措施。政府对公立研究机构和大学的投入，对私人研究机构的补贴和税收减免等也是出于纠正正外部性的考虑。

1.7.2 政府失灵的观点

政府失灵的观点认为，在市场失灵的情况下，不一定需要政府干预，因为存在政府失灵的可能。首先，政府干预也不一定会产生更好的结果，因为政府行为本身在纠正市场失灵的情况下会导致新的问题出现，当政策介入市场后，会导致市场在某些方面是无效的，或是扭曲的，比如政策会加强创新企业的竞争对手的市场实力，可能阻止消费者使用创新产品等，而且政策监管会导致各类寻租行为，从而降低经济效率。

其次，如果把创新作为一个系统来看待，则政府就是创新系统中的一个组织，这时政府的政策是内生，其政策目标和政策工具也都是内生的，这样就决定了政策极有可能会出现失灵的情况。因为任何一项与创新有关的政策，包括行业政策、科技政策、区域政策等都会改变创新系统中其他行为主体的行为。因此，一项好的政策就必须在制定之初就充分考虑到政策实行之后这些行为主体的反应，并将其反映到政策中。而由于创新系统的复杂的非线性特征，这几乎是不可能做到的。即使一开始能保证内生政策是最优的，但由于创新是一个动态的过程，在创新过程中，各行为主体也会不断地调整自己的行为，这就要求政策还需要不断地进行调整才能取得预期效果，而由于创新内在的不确定性，这种调整事先无法准确地计算，只能在政策制定之后政府再去收集相关的信息并进行处理，然后再去调整政策。而这几乎是不可能完成的任务。

同时，政策本身对于创新过程的作用也是不确定的。因为创新本身的不确定性将导致人们无法评估政策与创新结果之间的因果关系。一项创新之所以失败，是因为政策不匹配，或消费者不认可，或工程技术难度大，或创新管理不力，几乎很难准确予以评估。

1.7.3 系统失灵的观点

Metcalfe（2005）提出了创新的系统失灵观点。首先，创新具有不确定性，因此无法计算出未来创新的收益，因为无法保证创新在科学技术、工程技术及生产技术上获得成功，也无法预知用户对待创新的态度，以及无法预测竞争对手的行为。只有在无创新的市场体系中，才能准确地估计创新产品的收益。因此，创新的出现需要企业家来承担其中的风险。因为创新内在的不确定性，当前的市场价格不能传递关于与不确定性有关的信息，因此企业在创新过程中，不得不依赖非市场因素，比如与竞争对手建立研发上的联盟，与科研机构建立信息网络从而拥有一定的市场支配力，即拥有一定的定价权力从而能够降低创新过程中难以预见到的风险。但这些非市场的安排与完全竞争市场框架是相背离的，因为在完全竞争市场下的企业不具备市场支配力，每个企业的规模相对于整个行业都是很小的，因此是价格的接受者而非制定者。

其次，创新系统内各组织的知识是非对称的。在创新过程中，创新企业要收集大学、研究机构、用户以及其他竞争对手的信息。但正如前文所论述的，这些信息是其他组织所拥有的知识的不完全体现，创新企业必须从信息中提取出知识，从而实现创新。因此在创新系统中，各组织拥有的信息具有不对称性。这种知识的不完全和不对称的情况也是与完全竞争市场框架所不相匹配的。

最后，知识具有不可分性并具有收益递增的特点。知识具有明显的累积特点，不掌握最基础的知识，就无法理解基础之上的更复杂的高级知识，比如不理解电磁原理，就无法理解电器产品的工作原理。因此，企业不可能仅仅利用一部分知识就能够进行创新。在知识的生产和利用过程中，具有明显的收益递增的情况：生产知识的成本可以分摊在每一个利用该知识生产的产品中。因为知识具有非竞争性，只要知识被生产出来，就可以无成本地应用于每一个产品的生产中。如果存在收益递增，则先进入市场的企业由于生产成本低，就具有一定的市场支配力，并因此具有较大的规模。这也与完全竞争市场是不匹配的。

创新过程中的不确定性，知识的非对称性和收益递增的特点并不是市场失灵的后果，而是创新过程中必然要面对的，也是市场机制正常运行的直接后果。想象一下，如果没有创新，未来的市场将是确定的，整个市场和经济也将处于一种静态，经济发展将陷于停滞的状态。创新以及由其产生的竞争是市场经济的驱动力，推动整个经济不断前进。因此市场失灵是竞争性市场的必然现象，并导致现代市场经济具有独特的动态性质；不存在任何显而易见的方式使得政策可以纠正这种动态过程，因为它是创新和经济发展的过程所必然引发的。企业的利润以及竞争优势来自实现其他企业没有的新想法，整个系统的动态依赖无法准确计算的不确定性、知识的非对称性和收益递增。如果消除这种创新，经济将不会发展。

1.8　加强促进技术创新的市场导向政策

创新具有内在的不确定性，而且创新系统是不断演进的，其组成部分也是不断变化的，创新系统会经历初创期、成熟期和衰退期，最终退出，让位给新的创新系统。政策制定者无法预知哪项创新会取得成功，也无法预知现在成功的创新系统什么时候会退出。因此政策不应去设计一个特定的创新系统，而只能促进创新系统。政策不应去促进特定的创新事件，而是应该构造一个有利于激发企业创新热情的政策环境。对企业而言，传统的市场失灵的政策导向是对企业 R&D 进行直接或间接补贴和税收优惠。但根据系统失灵的观点，政策可以提高企业的创新能力和创新机会。

1.8.1　促进创新系统内部的信息交流

在现代社会中，知识和生产知识的机构越来越呈现专业化的特点。知识具有显著的异质性和互补性。企业的创新过程是学习过程，因此需要同创新系统中其他组织相互作用、相互学习，获取并整合来自内部和外部的知识。

但信息的流动不等于知识的流动，而关键在于促进知识的流动。知识是存在于个人头脑中的，是可以排他的，知识转化成的信息才具有公共物品的特性，即非竞争性和非排他性。但从信息中获取知识需要相应的知识基础来读懂并理解信息中的内容，因此，信息的获取并非无成本的。在许多情况下，知识的交流需要个体之间的沟通，而只有那些具备共同基础的个体之间才能进行更好的沟通。所有的新知识都来自个体的头脑中，如果要想取得更广泛的效果，不仅需要在个体之间进行沟通和交流，还需要互相吸收并达成一致的看法。

大学、科研机构、企业和用户等不同的组织具有不同的文化，不同的语言，不同的任务，不同的计划安排，不同的目标。因此，知识具有很强的黏性，无法轻松地在不同的组织之间流动。各组织在政策约束下硬性地组合在一起，并不能保证知识在组织之间的流动。创新系统作为从发明到市场的桥梁，其作用不是产生被动的信息流通，而是要促使系统内部企业之间、企业与研究机构之间、企业与用户之间主动的信息和知识的生产和流通。如果系统内部各组织没有感受到知识的交换和流通对于组织自身的利益，是不会主动追求信息是可以流动的。这时，表面上可能存在信息流通，但这并不意味着知识的流通。

在有些情况下，信息和知识的流动依赖于信息技术，信息可以进行远距离传输以及匿名传输，因此，信息技术的发展不仅促进了知识的流通，而且促进了新知识的生产和累积。在另一些情况下，知识的流动需要个人之间的交流，以及个体之间的信任。这时降低组织之间的交易成本具有重要的意义。交易成本过高，会让组织之间知识流动成本增加。知识具有非竞争性，大学和科研机构与企业之间的信息和知识的流动，未必都会对双方带来好处。大学和科研机构中的个人也会成立企业，与原来的企业成为竞争对手，企业也可能会使用大学和科研机构的新设想，而没有向后者支付任何费用。如果在一个国家或一个地区，这种情况成为一种普遍的现象，则大大增加了双方的交易成本。因此，一个良好的商业环境，以及社会资本存量就会具有明显的价值。良好的商业环境会对这种机会主义行为进行惩罚，从而增加机会主义行为的成本，降低交易成本；高社会资本存量的地区，会由于组织之间的高信任程度而降低交易成本。因此，创造良好的商业环境，增加社会资本存量对于促进知识和信息的流动至关重要。

1.8.2 发挥市场竞争机制

党的二十大报告提出，深化科技体制改革，深化科技评价改革，加大多元化科技投入，加强知识产权法治保障，形成支持全面创新的基础制度。企业知识的增长取决于对知识产权的保护和学习能力，从收集信息中提取知识的能力。企业自身的知识积累在很大程度上决定了读取和解释信息的能力。企业要想积极地参与到创新系统中，就必须在知识上进行投资以便形成自己的知识以及对信息的正确理解。这也是企业为什么要进行 R&D 的原因，即使企业不想成为创新型企业。因此，尽管信息是一种公共产品，可以被无限地使用，但并非免费物品，企业需要投入才能将信息转化成自身的知识。由于知识的增加和积累是在人的头脑中发生的，因此创新过程中会产生变异，因为每个人的理解是不一样的。如果所有人对信息的理解都是相同的，则不会有所谓的新的知识以及创新出现。异质性、想象力是创新过程必不可少的组成部分。因此创新要鼓励新的设想，鼓励新的观念。由于创新的不确定性，哪种知识、哪种想法最终成为一项创新并取得商业上的成功，则需要经过市场的检验，而无法人为地去设定。

如果市场是无效的，或是扭曲的，比如当竞争对手或者保守的用户具有很强的市场实力时，创新过程必然会受到损害。因此，竞争政策和有效的市场政策，通常是创新政策的必要组成部分，或者说，一个鼓励创新的政策也必然是一项鼓励竞争的政策。创新过程和竞争过程是一对耦合的动态过程。创新导致企业行为的差异，进而使得某些企业在竞争中占据优势，其结果将刺激所有企业的创新行为，进一步加剧市场中的竞争。因此创新政策和竞争政策是互补的，支持创新的政策必然是支持竞争的政策。在一个真正的竞争性市场中，任何原有的市场地位都是可以被挑战的，而创新和竞争之间的联系，将成为助推经济增长的驱动力。为此，党的二十大报告提出，“以国家战略需求为导向，集聚力量进行原创性引领性科技攻关，坚决打赢关键核心技术攻坚战。加快实施一批具有战略性全局性前瞻性的国家重大科技项目，增强自主创新能力”“培育创新文化，弘扬科学家精神，涵养优良学风，营造创新氛围。扩大国际科技交流合作，加强国际化科研环境建设，形成具有全球竞争力的开放创新生态”。

1.8.3 促进创新知识的扩散

知识始终具有专有性，它存在于个体的头脑中。当知识转化成信息，才引出了知识产权的问题。因此，保守知识秘密是最有效的保护组织或个人知识的经济利益手段。当不能使用秘密这种手段，比如知识是内含在产品中，并且容易被竞争对手学习时，专利则成为保护新的知识的有力工具。各国的专利法普遍要求，一项发明可以申请并获得专利权，但是需要向公众公开专利发明的详细情况，以便他人可以根据其信息复制其发明。通过赋予发明人一段时间内的独占权和垄断权，既能够刺激发明，又能够促进知识的扩散，因此，专利法在世界范围内被普遍采用。

但专利权只是促进了发明，而从发明转化为市场上成功的商品还需要创新作为桥梁。创新是发明的第一次商业化应用，但创新对经济增长的作用需要创新扩散在整个产业和整个经济中。创新对经济增长促进作用的实质是知识在经济中的扩散推动了经济增长。创新知识不会迅速扩散，而且有些创新往往花费很长的时间才能扩散到整个经济中。因此，创新政策的一个重点就是要促进创新的扩散。为此，党的二十大报告提出，“加强企业主导的产学研深度融合，强化目标导向，提高科技成果转化和产业化水平。强化企业科技创新主体地位，发挥科技型骨干企业引领支撑作用，营造有利于科技型中小微企业成长的良好环境，推动创新链产业链资金链人才链深度融合”，从而实现科技创新向产业升级转化。党的二十届三中全会明确提出，“发挥我国超大规模市场引领作用，加强创新资源统筹和力量组织，推动科技创新和产业创新融合发展”。

一方面，要对创新持有包容的态度。“加强基础研究，突出原创，鼓励自由探索。”创新内在的不确定性使得创新的初始成功未必会很快地形成新的路径并迅速扩大创新企业的生产规模。最初的创新产品总是比较粗糙的，用户的态度以及用户市场的规模是不稳定的，能够持续地通过改进来扩大规模是不确定的。竞争性的创新可能会随时出现，哪种创新能最终胜出事先无法预测。一项创新可能会中途终止，也可能在持续的努力下取得最终的成功，因此，要对创新持有包容的态度，允许创新产品有较长的时间进行调整并不断改进，在市场上证明自己。

另一方面，要注意社会对于创新的反对意见可能会扼杀创新。创新在成功的同时，也会造成创造性的毁灭过程，因此，一项创新必然会遭受各方面的反对。尤其是市场上目前占有统治地位的竞争对手的反对可能尤为激烈，甚至会利用各种非市场手段，包括向政府监管部门寻租来保护自己的优势地位。政府尤其要警惕这种非市场手段对于创新扩散的阻碍作用，特别是要注意防止部门利益对创新的阻碍。为此，党的二十大报告提出，“坚持党管人才原则，坚持尊重劳动、尊重知识、尊重人才、尊重创造，实施更加积极、更加开放、更加有效的人才政策，引导广大人才爱党报国、敬业奉献、服务人民”。党的二十届三中全会也明确提出，“建立以创新能力、质量、实效、贡献为导向的人才评价体系。打通高校、科研院所和企业人才交流通道。完善海外引进人才支持保障机制，形成具有国际竞争力的人才制度体系。探索建立高技术人才移民制度”。

2 世界主要国家创新体系比较

2.1 美国创新体系

美国是现阶段世界范围内创新活力最为强劲的国家，其创新机制与激励政策经历了长期而持续的发展，形成了当今世界上较为完备的创新扶持与转化体系。美国政府对科技成果转化的扶持由来已久，深厚的思想基础和较为健全的创新与转化支持政策为美国科技成果的转化提供了保障。同时美国政府通过大力发展科技转化中介机构，实现高校与企业间创新成果的交互，鼓励通过开设创业企业及小型科技企业实现创新成果的市场化，并通过资本市场运作推动科技创新企业发展。

2.1.1 美国创新体系研究综述

美国强大的科技创新能力、频繁的科技创新活动成就了其在经济、军事等领域的领先地位，其创新体系成为各国学者研究的对象，美国创新体系中的制度安排成为各国争相模仿学习的标杆。我国学者对美国创新体系的研究由来已久，研究领域也较为广泛，主要集中在以下两个方面：对美国国家创新体系中的制度安排及其发展历程的研究；对美国创新体系中大学、企业等微观主体作用的研究。

2.1.1.1 创新体系中制度安排研究综述

李洁（2006）从政策、管理与政府功能三个角度对美国创新体系的特点及其成因进行了分析，他认为美国创新体系的特征有七个方面：一是美国政府科研经费预算高，且逐年平稳递增，尤其重视对国防和应用投产方面的投入；二是打造了世界上规模最大、水平最高的科研队伍；三是建立了涵盖范围宽广的专利体制；四是风险投资对美国创新体系的建立和完善产生了重大影响；五是激烈的市场竞争促使企业高科技投入倾向增加，企业是美国科技投入社会化的第一主体，同时国民积极参与到技术创新活动中；六是美国国家创新体系效率较世界其他国家高，且美国的创新体系存在自我完善的机制；七是美国的高等教育体制对美国创新活动起到重要推动作用。而促使美国创新体系出现上述特点的原因在于，美国的经济组织在管理模式上通过采用内部改革、鼓励外向型发展、积极参与国际竞争等创新方式，同时美国政府通过放松管制、出台创新成果产业化鼓励政策及政府配套政策改革等方式，不断完善创新体系，鼓励创新。李洁的研究较为全面系统地综述了美国创新体系中的制度安排，这也成为后续对美国创新体系中制度安排研究的坚实基础，但将自发的风险投资与资本市场对创新的支持看作制度性安排并不准确。杨振等（2016）对美国支持小企业创新的举措进行了研究，相关支持举措主要体现在完善的立法和严格的司法、多渠道提供资金支持、设立专门的管理机构、健全的服务体系四个方面，他们认为中小企业创新是实施创新的重要载体，支持和引导中小企业创新是保持经济持续快速发展的关键。

黄传慧等（2011）研究了美国创新体系中的科技转化扶持制度，从思想、制度、机构设置等方面梳理出了美国科技转化扶持制度形成的动因、保障的体系、运作的机制，这为研究美国及其他国家科技转化扶持的整套制度和制定我国科技扶持转化的制度性安排奠定了坚实的基础。他们认为美国在科技成果转化方面的成就世人瞩目，其科技成果转化的思想基础来自“威斯康星思想”；《拜杜法案》[①] 的颁布为美国科技成果转化提供了重要的法律保障，对美国科技成果转化产生了积极影响，此后，美国政府出台了一系列的政策大力支持科技成果转化；美国注重对大学的制度性扶持，政府除向大学提供巨额的科研经费支持外，还根据大学的需求，设立了专门的服务机构和科技成果转化机构；美国的主要公营科技成果转化机构是“国家技术转让中心”和“联邦实验室技术转移联合体”；美国促进科技成果转化的制度性举措还包括建立科技园区、转让专利成果、开展国际科技合作。最后，黄传慧等通过对美国科技成果转化机制的研究，提出借鉴美国科技转化扶持制度的成功经验，以此为蓝本建设我国的科技转化扶持制度，以促进我国科技成果转化率的提高，但是在对于美国与中国科技转化现状的分析中没有明确指出中美两国存在差距的根本原因所在，所以复制或效仿美国科技转化制度是否可行就没能从根本上得到充分论证。高京等（2020）以科技成果转化为技术标准的主体为视角，对国内外科技成果转化为技术标准发展现状进行研究，指出相比其他国家，美国科技成果转化工作开始较早，目前已形成了成熟的科技成果转化为技术标准的模式，美国将企业作为科技转化的主体，政府的作用主要是提供坚实的法律政策保障、提供资金支持和设立各类专项计划等，同时科技转化中介机构为科研主体提供开展科技成果转化所需的信息和技术服务，这些支持有效提升了美国科技成果转化效率。

对美国创新制度的形成过程与发展趋势的研究较多。苏英等

① 《拜杜法案》后文有详细的解释和说明。

（2005）在回顾美国创新政策发展历程的基础上对美国创新政策的发展趋势进行了分析。研究认为，美国的创新政策发展历程经历了三个阶段，这三个阶段中创新政策的出台受到理论演进与实际需要的双重影响：第一阶段为20世纪60年代至70年代的创新政策发展初期，该阶段美国创新政策受到了新古典经济学的“二分法”思想的影响；第二阶段为20世纪80年代的创新政策蓬勃发展时期，该阶段受到新熊彼特学派理论的影响，具有主张实施全面的科技创新政策的时代特征；第三阶段为20世纪90年代的创新政策进一步完善期，该阶段国家创新系统理论作为创新政策制定的主导思想。苏英等认为，随着美国创新政策以及国家创新系统理论的不断完善，美国在未来仍会以国家创新系统理论为依据制定持续性的创新政策，这将成为美国创新体系未来发展的大趋势。陈娟（2013）以第二次世界大战为节点，将美国创新体系的发展历程划分为四个阶段，在这四个发展阶段中，美国的创新体系呈现出制度化、实体化、扩散性的特征。李哲等（2020）根据美国科技创新活动的实际特点，将美国国家创新体系的演化大体分为奠定基础、自发成长、国防主导、经济转向、信息化转型五个阶段，提出美国国家创新体系的发展经验不仅对其他国家创新体系建设有着一般性的借鉴意义，对当前处理好中美大国博弈关系也有重要的启示，包括：形成“经济—科技—经济”的良性循环对完善国家创新体系至关重要；政府和市场对创新体系的塑造并不总是齐头并进，要在不同阶段因地制宜发挥主导作用等。

2.1.1.2　创新体系中微观主体创新活动研究综述

创新体系中的微观创新主体包括企业、大学和个人三类，其中企业和大学两类主体受到创新体系中制度安排影响较大，而个人受到创新体系中的非制度性因素影响较为明显。

王春法（1998）的研究表明，20 世纪 80 年代中期以来，美国工业部门研究开发支出迅速增加的重要原因之一，就是来自联邦政府对于企业研究开发支出的税收优惠政策刺激。Joseph（1989）具体分析了 1985 年美国研究开发税收优惠对于企业研发活动产生的刺激作用，结论指出，5% 的研究开发税收优惠将导致平均超过 5% 的企业研究开发支出增长。储德银（2006）的研究也表明，美国联邦政府在 20 世纪 80 年代左右颁布实施了大量税收优惠政策，促进企业的技术创新活动，从而对创新活动起到了直接的推动作用。

秦小莉（2005）分析了美国大学在创新体系下的科技转化机制，她认为美国大学较高的科技转化率和成熟的科技转化机制是受到美国文化因素和美国创新转化政策双重影响的结果，在文化因素上主要是受到“威斯康星思想”的影响，而在政策上则是受到《拜杜法案》和《技术创新法》的鼓励。徐峰等（2010）通过总结 20 世纪 70—90 年代期间，美国、英国、法国、日本、韩国和印度等主要国家创新驱动产业转型的主要做法，在进行横纵向对比的基础上提出，美国自 20 世纪 70 年代以来，高度重视利用产学研密切结合促进产业转型发展，并相继制定了一系列支持产学研合作、鼓励技术成果转移的法律法规，充分依托大学推动产学研合作，形成了“硅谷”和“128 公路”等著名的产业集群，有力地推动了美国 20 世纪 80—90 年代的产业转型和新经济发展。朱鹏举（2021）对美国大学科研成果转化中介进行研究，指出美国科技中介机构是促进大学科研成果产业化，推动区域创新发展的重要组成部分，直接参与美国大学科技成果转化的主体，包括企业、政府以及为大学提供服务的科技中介机构等，各主体的有序协调优势资源，加之开放的科研环境和充足的市场资源之间展开协同，使得科技的供给方、需求方与外界环境三要素有机结合，实现大学科研转化的协同参与。

国外研究中，David Connell（2009）指出小企业可以影响科技创新发展并在其中发挥作用，因此联邦政府可以在政策和资金方面对小企业进行扶持。Kwon 等（2017）对日本和美国的国家创新体系进行了对比分析发现，尽管在美日两国的创新实践中政府都发挥了重要且多元的作用，但日本创新体系中的企业可能会为了创新选择与合作伙伴合作或依赖内部研发，这种方法形成了“关系驱动的创新系统”，而在美国创新体系中，企业对先前的合作伙伴关系或内部研发的依赖相对较小，他们可能会寻求了解必要技术的实体，通过建立模型模拟，Kwon 发现日本创新体系在消费者需求快速变化且创新需求强烈的行业中拥有制度优势，而美国创新体系在那些需要频繁进行创新的行业占有优势。Supyan VB（2019）按来源和绩效展示了最重要的研发部门（政府实验室、工业、大学、非营利组织、州和地方当局）的作用，大学的作用被披露为基础研究的关键部门，工业的作用也显示为应用研究和创新的主要生产者，还强调了非营利研究组织对社会和人道主义研究的重要性，特别关注政府在美国科学发展中的作用，并回顾了立法在美国研发中的重要性以及美国研发的有效性，政府监管在这一领域的作用，政府实验室在研发过程中的地位。Fasi Mohammed Abdul（2022）研究分析了高校技术转移办公室模式的性能及其技术转移机制，指出：技术转让办公室在将大学研究转化为商业价值方面至关重要；美国大学专利完成程序相对复杂；在大量的资源和政府的支持下，美国不同技术成熟阶段的概念验证资金正在稳步发展。此外，美国大学非常积极地教授和激励他们的教师与学生关于学术创业的重要性，高校都拥有熟练的技术转让专业人员。

2.1.2 美国创新体系中的制度安排

美国科技创新制度安排是美国获得巨大科技成就的重要保障和关键，美国政府积极全面参与科技创新，通过立法制定创新政策、设立服务机构和科技成果转化机构促进科技转化，以及对企业和大学给予政策性资金扶持，这些措施都极大地促进了美国经济社会的发展。

2.1.2.1 美国创新体系中的政策与法律

美国在鼓励创新发明、技术转移和知识产权保护等方面的政策和法律在世界上都是较为完善的，大量涌现的新发明和成就与其密切相关。

2.1.2.1.1 鼓励发明的法律

美国鼓励发明的法律以当代的《大学和小企业专利法》最有影响力。《大学和小企业专利法》又称《拜杜法案》，于1980制定，1984年又进行了修改，被纳入美国法典第35编（专利法）第18章，标题为联邦资助所完成发明的专利权。《拜杜法案》的核心内容是，规定在美国联邦政府经费支持下完成的研究成果属于研究单位所有，联邦政府保留对科技成果优先使用的权力。《拜杜法案》明确了科技成果知识产权的归属问题，将研究成果由联邦所有转为研究单位所有，为快速转化科技成果提供了前提条件。在《拜杜法案》制定之前，由政府资助的科研项目产生的专利权一直由政府拥有。复杂的审批程序导致政府资助项目的专利技术很少向私人部门转移。政府资助产生的发明被束之高阁的原因被认为是发明的权利没有进行有效的配置，政府拥有权利但没有动力和能力进行商业化，私人部门有动力和能力实施商业化但没有权利。《拜杜法案》使私人部门享有联邦资助科研成果的专利权成为可能，从而产生了促进科研成果转化的强大动力。该法案的成功之处在于通过合理的制度安排为政府、科研机构、产业界三方合作，为共同致力于政府资助研发成果的商业化运用提供了有效的制度激励，同时也使研究者更注重研究成果的产业化方向。《拜杜法案》的颁布，为美国科技成果转化提供了重要的法律保障。对美国科技成果转化产生了积极影响。大学、科研单位的学术研究环境有了巨大的改变，每年在美国专利和商标办公室发布的专利数飞涨。技术转移市场运作得到了迅速发展，众多科技成果得到有效转化，科技成果转化行为为美国公众提供了大量的工作机会，并由此产生了一系列的经济行为，为美国创造了巨大的经济效益和社会效益。该法案自实施以来，每年为社会提供25万人的就业机会，提供产品不少于1000种，至今已转化市值超过了3000亿美元。2020年，在《拜杜法案》的推动下，美国形成初创公司1117家、发明披露27112项、提交的专利申请17738项、发布专利706项、创建新产品933项，《拜杜法案》在美国创新经济和技术转让上做出了不菲贡献①。

2.1.2.1.2　鼓励技术转让的法律

《技术创新法》又称《史蒂文森—怀勒技术创新法》，是第一部定义和促进技术转让的法律。该法的目的是通过以下方式来促进美国经济、环境质量以及公民福利的提升：在联邦政府执行部门中建立组织，来研究和激励科学技术发展；通过建立合作研究中心来促进技术开发；激励改进由联邦政府提供资金的研究开发的技术，包括发明、计算机软件以及训练技术，在国家及地方政府和私营企业中得到应用；通过奖励已经在科学技术方面做出杰出贡献的个人和群体，以鼓励科学技术的发展，并且鼓励学术界、产业和联邦实验室中的科技人员的交流。《技术创新法》的颁布建立了技术创新和技术转移相关的制度，放宽了《反托拉斯法》的限制，允许企业间进行联合研发，推动了各科研机构之间和各企业之间以及科研机构和企业之间在技术转让、人员交流等方面的合作。该法明确了联邦政府有关部门和机构的技术转移职能。规定联邦实验室的技术转移职责，并将技术转移作为考核国家实验室雇员业绩的一项重要指标。规定凡是年预算在2000万美元以上的联邦实验室，必

① 动脉橙果橘.10年内让美国科研转化率从5%飙升至80%，这部法案究竟做对了什么?[EB/OL].(2021-01-06)[2023-03-24].https://www.sohu.com/a/514428395_121286957.

须设立专门的研究与技术应用办公室，从事研究开发成果的技术转移。该法规定各联邦机构至少将其研究开发预算的0.5%用于支持下属实验室研究与技术应用办公室的技术转移工作。技术转移纳入联邦政府相关部门的职责中。

2.1.2.1.3 鼓励私人部门研究开发活动的政策

在20世纪80年代以前，美国政府主要是通过国防经费、能源研究等直接参与科技活动，政府部门起着主导性作用，而80年代以后开始侧重通过对私人部门的刺激，政府通过营造更有利于私人部门创新的环境来促进民间研究开发的活动，在政策制定方面，开辟了从“总量支持”到“边际支持”的时代。鼓励私人研究开发活动的政策的主要做法是：一是放宽《反托拉斯法》的规定以促进企业之间的合作。二是针对企业R&D的税收优惠。美国1981年通过了《经济复兴税收法》，规定企业在R&D方面超过三年平均水平的开支增加额即可享受25%的税收减免。2020年美国加大了关于研发的税收优惠政策扶持的力度：对于营业额达到2000万美元的新办企业，每年给予500万美元的限额直接抵免社保税，此外，将企业新增研发费用抵免企业所得税额的比例提高了14%①。

2.1.2.1.4 保护知识产权的政策和法律

美国有健全的知识产权执法体系。美国《版权法》规定，为了商业利益或个人盈利目的，或者在180天内复制或分销一份以上版权作品且零售价值达到1000美元以上，而故意侵犯版权的，属于犯罪行为，可以处以一年以下监禁或10万美元罚款，或者两者并罚；而如果侵权

① LYDIA C. R&D tax credits and startups[J]. A perfect combination, cross border solutions, 2021:5.

作品零售价值达到2500美元以上，可以处以5年以下监禁或25万美元罚款，或两者并罚。2005年，美国司法部提交了《知识产权保护法案》，旨在加强对版权的保护，该法案与以往法律的最大区别在于允许对企图侵权者进行惩罚，另一个变化是，即使版权作品还没有在美国联邦版权局注册，对其的侵权行为也将受到惩罚。

在知识产权的国际保护上，美国《综合贸易与竞争法》第301条（通常称作“301”条款）规定，如果美国贸易代表办公室（USTR）认定外国的立法、政策或者做法不合理，不符合甚至违反了贸易协定，进而限制了美国商业的发展，给美国商业造成了负担，则USTR应采取行动，行使对外贸易协定中的权力，改变这些国家的立法、政策或做法。1984年，美国《贸易与关税法》把知识产权的保护纳入301条款中。美国国际贸易委员会根据《1930年美国关税法》第337条（通常称作“337”条款）保护美国知识产权人的权益不受涉嫌侵权进口产品的侵害。此后，《美国1988年综合关税与竞争法》对其进行了修订，以使其更易于使用并将其约束范围扩大到半导体芯片模板权。《1995年美国乌拉圭回合协议法》再次对其进行了修订，以使其符合世贸组织规则。“337”条款规定如果任何进口行为存在不公平竞争方法或者不公平做法（主要指侵犯美国版权、专利权、商标权和实用新型设计方案等知识产权），可能对美国产业造成抑制时，美国国际贸易委员会（ITC）可以应美国国内企业的申请进行调查，遭遇调查的企业一旦被裁决侵犯了申请人在美国有效的知识产权，被诉企业将面临驱逐令和制止令。

2004年，美国政府宣布实施“打击有组织盗版战略”，要求九个相关政府部门扩大并增强对知识产权权利人的协助，以及彼此之间的合作。该战略的目标是：加强创新者在国内外保护知识产权的能力，加大力度在边境查缴假冒产品，追查涉及假冒盗版犯罪的企业，与产业界密切合作，积极与贸易伙伴合作。其重要性在于帮助美国企业在美国境内外保护其知识产权。

2011 年 9 月，《美国发明法》正式生效，这项综合性的改革方案是自 1952 年的《专利法》以来对美国专利制度最全面的改革，结束了美国国会长达 30 年的专利法革命。《美国发明法》对于美国专利制度的影响匪浅，其制定内容几乎涵盖了美国专利法的每一项基本条款，其中最受人关注的一项改革就是由“先发明制”改为“发明人先申请制”，这项改革让美国专利制度与其他工业化国家趋于一致。该法案主要通过五个措施为发明者、商业界、企业家提供援助，一是 12 个月内专利处理的快速通道选择，缩短专利评估时间；二是减少目前的专利积压数量，减少等待时间；三是通过专利商标局的干预减少诉讼；四是提高专利质量，颁布新的指导规则；五是提高美国发明人在国外保护其知识产权的能力，专利商标局扩大与世界各国专利机构的合作以提高专利处理的效率和速度。以上措施帮助美国发明家、企业家和商界将新发明更快地带入市场，更好地保护发明者的权益。

除了知识产权外，美国也非常重视对商业机密的保护。各州法律对商业机密的保护较为严格，它禁止用不正当的手段取得他人的商业机密或泄露他人的商业机密，若违反这些条款，商业机密的所有人就可以提起民事诉讼，他有权获得民事赔偿，以及禁止对方继续使用该商业机密，也有可能要求侵权人承担由此而引起的律师费用。20 世纪 90 年代以来，互联网的广泛利用和电子商务的发展使美国越来越重视对商业秘密的保护。1996 年，美国制定了《联邦商业间谍法》，主要规定盗窃商业信息的刑事责任问题，是美国在知识产权保护方面最为严厉的法律。但该法案在侵犯商业秘密的民事救济中的使用存在诸多限制，因此，美国共和党和民主党于 2016 年提交《保护商业秘密法案 2016》，该法案弥补了立法上的不足，进一步加强了对商业秘密的保护。

2.1.2.2 美国创新体系中的机构设置

美国政府为了促进科技成果转化。设立了专门的服务机构和科技成果转化机构。

2.1.2.2.1 国家技术转让中心

美国政府虽然没有设立科技部，却非常重视科技成果的转化。美国管理科技成果转化的政府管理机构是商务部及其下属的科技管理机构，如美国国家专利局、美国标准和技术研究院、国家技术信息服务中心以及美国国家电信与信息管理局，每一个部门在科技成果转化中都扮演极为重要的角色。美国的主要公营科技成果转化机构是“国家技术转让中心”和“联邦实验室技术转移联合体”。

国家技术转让中心（NTTC）于1992年5月正式成立，其总部设在西弗吉尼亚州的惠灵，NTTC以国家航空航天局（NASA）技术转让系统为基础，与国防部、商务部、能源部等17个联邦政府部门合作。建立了全国性的科技成果技术转让网络中心，向全社会提供技术转让服务。其经费来源主要靠NASA和联邦政府有关部门提供，以NASA在全国各地的现有技术推广机构为基础，并按地理区域建立了6个地区技术转让中心。

NTTC的主要任务是，将联邦政府资助的国家实验室、大学和私人研究机构的科研成果迅速推向社会和工业界，使之尽快商品化。NTTC向全社会各行各业提供技术成果转让服务，其服务形式主要有以下几种：

①技术转让“入门服务”，主要是“技术入门代理人”向用户提供技术转让咨询服务；

②“商业黄金”网络信息服务，主要向用户提供可转让的技术成

果、正在开展的科研项目的进展情况、可颁发许可证的专利等服务；

③专题培训服务，向用户提供技术转让、专利许可证、工业推广计划等领域的专门培训，并根据用户的需求举办各种类型的技术转让专题讨论会等服务；

④发行技术转让出版物服务，主要是通过其出版物向用户免费介绍、报道各种技术转让的简讯，总结推广技术转让成功的做法和经验，刊登有关技术转让的信息，预报举办技术转让培训班或专题讨论会的时间、地点和内容，登载宣传技术转让对提高美国经济竞争力的重要文章等。

2.1.2.2.2 区域技术转让中心

美国共有6个区域技术转让中心，分别为东南中心、中部中心、东北部中心、中大西洋区中心、中西部中心、西部中心，于1992年1月开始运作，拥有70多个附属机构，分布在各州和地方开展技术转让服务，这6个区域技术转让中心主要为用户提供技术成果查询、技术和市场评估分析、推荐技术转让和商品化项目、协助用户安排技术转让协议等服务。

2.1.2.2.3 大学技术转让办公室

美国大学基本都设置了技术转让办公室，专门负责科技成果的转化，工作人员专门收集最新的科技成果，和资助人联系，鼓励他们参与。然后去申请专利。如果由联邦政府立项，则专利属于教师和联邦政府共同所有；如果由教师和企业共同立项，则专利由教师和企业共同持有。教授可以成为直接受益人。大学技术转让办公室的具体做法如下：确认教授的技术成果能够支持一家公司；建议教授与知识产权保护公司或事务所取得联系，解决有关法律问题；教师和学校签订协议；建立预先专利制度，教授们只要把成果送到办公室，办公室就给他们建立预先专利；依法运作，合理分成。

技术转让办公室模式已成为美国大学科技成果转化的标准模式。另外，联邦政府定期对大学与政府、地方经济的关系进行评估，目的是改善政府支持科技成果转化的工作方式，提高大学参与经济建设和技术转让的积极性。美国国家科技委员会成立常务工作组，专门负责评估政府和大学的关系，并建议总统科技顾问委员会（PCAST）成立同样性质的专门小组，一方面为大学提供咨询服务，另一方面向总统及科技顾问委员会提供政策建议。

除了联邦政府外，州政府根据各地特点，设立服务机构，专门促进高校和企业关系，为科技成果技术转让服务。如华盛顿州在 1983 年成立了华盛顿技术中心，其宗旨就是帮助企业与大学建立良好的合作关系，为科研成果的商业化提供帮助，尽可能为大学科技成果转化提供服务。

2.1.2.2.4　国家科学技术委员会

1993 年 11 月，克林顿签署命令建立了国家科学技术委员会（NSTC），以保证国家对科技的投资在不同的联邦研究与开发机构之间得以协调，使科技预算成为整个国家的一项议事日程。NSTC 在科技领域贯彻了克林顿政府的决策，协调了美国的科技政策和战略。同时，克林顿建立了总统科技顾问委员会，以便向他提供有关科技问题的建议，并帮助 NSTC 确认参加其活动的非政府组织。国家科学技术委员会和总统科技顾问委员会的建立，加强了美国政府的统一指导和参与，使得国家创新系统的构建有了统一的协调机构，并保证非政府组织参与预算和政策的执行与评价。

2.1.2.3　美国创新活动的政策性资金扶持

美国政府对创新活动的政策性资金扶持主要包括对企业创新活动的

政策性税收优惠，这种优惠是以各类法案为基础实施的，另一种资金扶持是对大学等科研机构的直接补助。

美国政府以完善的大学科研间接成本补偿体系而著称，美国大学获取联邦政府公共科研资助主要有三个渠道：一是联邦政府基于项目的竞争性科研经费。该经费从来源看，联邦政府的健康与人类服务部、美国国家科学基金会、国防部、能源部、航空航天局和农业部六大部门，对大学资助的科研经费占到了联邦政府所有部门提供给大学科研经费总额的 90% 以上。从流向看，大量的联邦政府科研经费集中在少数实力雄厚的研究型大学，高达 80% 的联邦政府科研经费分配给了被称为“巨型大学”的 100 所研究型大学，因此该经费的来源和流向都非常集中。

二是联邦政府基于国家科研平台的公共科研预算经费。联邦政府委托大学代管国家实验室，然后将经费拨给国家实验室。因此该经费是通过国家实验室间接资助大学科研活动。国家实验室为大学带来数额巨大的研究资金，改善了大学的研究环境，提高了大学的学术声誉，成为联邦政府资助大学科研活动的重要方式。

三是来自州政府对大学的科研经费拨款。除联邦政府对大学的经费投入外，各州政府通过各类预算拨款方式。对州立大学提供科研项目经费。不同的是，联邦政府拨款既对公立大学拨款，也对私立大学拨款，而州政府投入的公共科研经费一般只对公立大学拨款。

美国政府除了以上三种方式对大学科研进行经费支持外，还采取间接成本补偿机制资助大学科研活动。各大学遵照联邦政府的授权确定自己的科研间接成本占直接成本的比重，政府在资助大学的科研项目时，往往将直接成本和间接成本一并纳入资助范畴。美国政府为大学系统的科研间接成本提供了完善的补偿渠道，使得美国大学的科研活动能够处于良性的可持续发展状态。

2.1.3 美国创新体系中的非制度因素

美国创新体系受美国文化和资本市场的影响颇深。美国倡导个人主义、自由主义和鼓励企业家精神的文化特质为美国科技创新的发展提供了适宜的土壤，美国资本市场的发展为科技成果的转化提供了便利条件。

2.1.3.1 美国的文化特质

2.1.3.1.1 个人主义、自由主义与冒险精神

众所周知，在美国文化中，个人主义具有举足轻重的地位，从一定意义上说，个人主义就是美国主义的同义词，美国社会的发展之所以具有强大的动力，与个人主义的作用密不可分。追溯美国个人主义的源头，爱默生的个人主义可谓是美国个人主义发展过程中的一个重要阶段。从内容上看，爱默生个人主义主要表现为人的充分神性化，强调了个人自由、权利及个性的发挥。从实践层面上看，他提出了自立(Self－reliance)的观点，自立就是一种独立，自我依靠，自力更生。这一思想在美国具有划时代的意义，有助于人们打破当时神学和外国教条的束缚，为建立民族文化，为美国政治上的民主主义、经济上的发展及技术上的创新提供了理论依据。

个人主义是美国政治文化的一个主旨和特色，个人主义构成了美国文化模式的基本特征和主要内容。它最雄辩地、实在地、直接地表述了美国思想。它所包含的内涵与外延真正扎根于美国本土，既不同于希伯来和希腊传统，也不同于18世纪的欧洲思想，个人主义在美国政治文化中占有重要地位。作为美国主流社会意识形态的个人主义，其要义是个人先于社会而存在。个人是本源，社会是派生的。社会、国家是个人为了保障自己的某种权利或利益而组成的人为的机构。除个人的目的之外，社会或国家没有任何其他目的。在英属殖民地时期，各种教会誓约和殖民地誓约都充斥着个人主义的理念。美国《独立宣言》提出的不

言而喻的“真理”，开始也是讲个人主义的价值观，“人人生而平等，造物主赋予他们某些不可转让的权利，其中包括生命权、自由权以及追求幸福的权利”；建立政府就是“为了保障这些权利”。个人主义能够在美国生根开花结果，有着深刻的社会历史根源。无论是最早移民新大陆的清教徒，还是后来开拓西部的美国人，都以个人奋斗为精神支柱。美国资本主义经济迅速发展，又很快后来居上超越西欧，在很大程度上得益于个人主义政治文化。在个人主义指导下，个人的利益和权利得到保障，个人的才智和创造力得以被充分发挥出来。美国的成功反过来又强化了个人主义，使之成为美国身份认同的主要特征之一和美国社会的最高理想。

自由主义与个人主义相辅相成。从一定意义上说，“自由主义是一种代表个人主义的政治语言”。西方政治学家认为：“自由主义是这样一种信念，即社会能够安全地建立在个性的这种自我指引力之上。只有在这个基础上，才能建立起一个真正的社会。其基础深厚广阔，其范围无法予以限制。”因此，自由主义与个人主义是一对孪生姐妹。决定个人主义在美国生根的因素同样也作用于自由主义。最早移居北美新大陆的清教徒就是为了追求个人自由才远涉重洋、历尽艰辛。清教教义本身含有自由主义的思想观念，崇尚自由、民主和共和。美国立国时期的思想家全盘接受并发扬了欧洲的自由主义思想和传统。后来，美国资本主义的发展又为自由主义思想的传播和发展创造了良好条件。不过与个人主义相比，自由主义带有更为浓厚的政治色彩。在北美独立战争时期，它曾作为革命的意识形态和口号；在美国建国以后，它则成为美国官方和主流社会的意识形态。《独立宣言》所阐述的“不言而喻的真理”，人人生而平等，被造物主赋予各种权利，也是自由主义的理论。人有权选择政府意味着人首先是自由的。为了保障自由，人们需要民主，需要共和、宪政和法治。可见，自由是美国人的第一价值观。平等、民主、共和、宪政、法治等都是自由主义的应有之义和基本原则。自由主义是美国政治文化的核心内容。美国政治学家罗伯特·达尔说：“美利坚是一个高度注重意识形态的民族。只是作为个人，他们通常不注意他们的意识形态。因为他们都赞同同样的意识形态，其一致程度令人吃惊。”在美国，不同种族之间虽然存在着相当深的矛盾，但无论是有种族优越感的白人，还是曾经受过种族歧视的黑人，或是固守民族传统文化的华人，他们都坚定地崇尚自由、民主、个人主义等价值观，即自由主义。在这方面，他们有着惊人的一致性。在美国主流国民看来，自由主义已经成为美国人必有的精神。美国人要证明自己对国家的忠诚，就要表现出对个人主义、自由、机会平等这些价值观念的尊崇。作为一个美国人，不仅要表现出对这片特殊的土地的忠诚，更要表现出对经典自由主义的无保留的接受。以个人主义为核心的自由主义在美国社会的意识形态中发挥着举足轻重的作用，占据着统治地位。

作为一个从原野里创造出来的国家，美国在丰富资源亟待开发的早期，机会虽多，可是蛮荒未辟，必须奖励个人独立创造的性格，凡是磨灭个性发展的各种因素都视作当时拓殖精神的阻碍，加以贬责。同时，在艰苦开拓的过程中，每个民族都必须发挥本民族的长处，尊重并汲取其他民族的优秀品质，坚信自我，尊重他人的文化取舍态度成为他们共同的准则。正是在这一点上，也只能是在这一点上，各国移民找到了共同之处，这就是个性融于团队的价值体系，它深入民心，以各种形式得到充分发展，由此形成了美国人的特殊性格：对自己深信不疑，对自己的命运深信不疑，把依靠自己作为哲学信条。

美国人的格言是“不冒险就不会有大的成功，胆小鬼永远不会有大作为”。从首批英国移民踏上北美大陆到美利坚合众国成立的这一个半世纪里，北美险恶的自然条件，培育了美国人顽强拼搏、艰苦奋斗的性格。北美丰富的资源等待着开发利用，培育了美国人开拓进取、敢于冒险的精神。从文化学的角度考察，北美在一定程度上曾经是一片文化真空，闯入这片真空的，不是有组织的文化单位，而是一批对于传统制度已失去好感的亡命者。他们的头脑为叛逆精神所主宰，身上缺少传统思想的保守性，再说即便有，也没有发挥的土壤，因为险峻的环境迫使他们只能确立与传统不同的生活方式，这种冒险精神成了美国人民的传统。他们把冒险探求新大陆看作寻求生活的机遇。这种冒险精神一直渗透到美国人民生活的各个方面。

在资本主义发展过程中，美国人勇敢地开拓创新，从各个方面处处体现了这种民族冒险精神。基于此，美国人特别强调创新精神，他们认为机会到处都有，主要在于主动发现和利用。除法律外，美国人认为一切传统和先例都是创新的障碍，他们乐于向传统和先例挑战。由于美国不像中国、印度、英国等有着悠久而灿烂的文明，所以美国人在接受新思想、新技术时很少先去考察这些东西是否符合某位专家、权威的理论，然后再引经据典加以注释和考证，以决定是否采用。所以，美国人可以说是最具有创新精神、创新意识的民众，整体而言，美国的创新意愿也是最为强烈的。因此，整个社会崇尚、鼓励勇于冒险、勇于创新的精神，这是美国文化与其他国家文化中最突出的区别。

2.1.3.1.2　自我奋斗与实用主义

美国早期移民的祖先信奉的清教（Puritans）是16—17世纪英国基督教的新教（加尔文派）中一派。他们反对君主专制，厌恶王公贵族的奢侈生活，提倡过简朴生活，因而被称为清教徒。清教徒猛烈抨击英国国教制度，因而受到政府的打击和迫害，在国内无立足之地而逃往美国。清教徒信奉加尔文的“预定论”，即由上帝预先决定进天堂的选民。加尔文主张："人可以通过在尘世职业上的成就以获得受到上帝恩宠的确证。"而由这种"预定论"衍生出来的自我奋斗精神是美国国民性格中的典型特点，也是美国人特别重视个人奋斗的信仰来源。美国人认为，通过个人奋斗而致富，不但是光荣的，也能进入天堂。

美国人的许多科技创新，就是在这种信仰基础上，通过个人奋斗而产生。爱迪生（1841—1937）是美国创新精神最好的代表。他出生于一个不富裕的农民家庭，在学校只学习了三个月，后来在列车上卖过报，在他的担任教师的母亲辅导下自学成才。他 16 岁时发明了自动定时发报机，后来连续发明了电灯、留声机、有轨电车等，一生中共完成 2000 多项发明。1931 年他逝世时，全美国熄灯以示哀悼。

实用主义在美国不仅仅是职业哲学家的哲学，更是美国人的哲学。由于美国没有悠久灿烂的古老文化，因此文化的创造只有在北美大陆的开发过程中才能出现。而要开发这片富庶的处女地，就必须打破一切的条条框框，服从于实际问题的解决，在这种历史背景下，美国人形成了实用主义的哲学观。他们坚信，有用、有效、有利就是真理。在实用主义哲学观念影响下的美国人不喜欢正规的、哲学抽象的、概念游戏的思辨哲学，不喜欢形而上学的哲学思考。在美国人眼里，有用就是真理，成功就是真理。他们立足于现实生活和经验，把确定信念当作出发点，把采取行动当作主要手段，把获得效果当作最高目的，一切为了效益和成功，正是在这种实用主义的驱动下美国科技创新活跃，创新成果由学术成果向市场转化的过程迅速。

美国文化是物质性的，美国人认为生活舒适是理所当然的人生追求，并且怀着优越感看待那些生活水准不如他们的人。当美国人谈论一个人的价值时，主要指物质价值，而且除开这个通常标准外，他们不管什么别的标准。由于受基督新教价值观的影响，美国人至今仍以赚钱多少作为评价一个人社会地位高低的重要依据，仍然以赚钱聚财为荣。在美国社会里，人们向上进取的精神是炽热的。许多人都在拼命工作，不惜付出自己的一切辛苦与智慧来谋求事业上的发展。通过个人奋斗取得成功，从低贱者变成大富翁几乎成了美国式的信条。在这种价值观念支配下的美国社会，企业家普遍受到尊敬；人人都想办企业发家致富，人人都想个人创业。

2.1.3.2 美国的资本市场

美国发达健全的金融体系在科技成果转化过程中起到至关重要的作用。

2.1.3.2.1 美国的证券市场

证券市场是美国资本市场的重要组成部分，也是美国高新技术企业进行融资的重要平台。美国证券市场特色鲜明，既有统一集中的全国性市场，又有区域性的小型地方交易市场，形成了完善的多层次证券市场体系（见图2.1）。

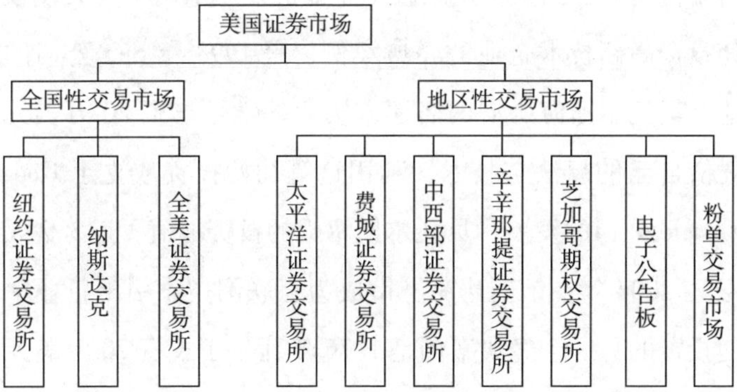

图2.1 美国证券市场结构

美国证券市场体系具有以下特点：一是多层次性，各个层次的证券市场有着不同的上市标准和侧重点，能够满足不同实力、不同发展阶段的企业对不同规模和性质的融资需求；二是各个层次的市场之间存在“优胜劣汰”的升降板机制，在满足不同的条件下，上市公司可以申请进入上一级市场或转入下一级市场，这一机制不仅能有效地促进从事高新技术成果转化的中小企业发展壮大，而且使资本市场充满活力，提高了资本市场的运行效率；三是纳斯达克能够为创新型小企业提供规模性融资，并且为风险投资提供良好的退出机制，实现了证券市场与风险投资的相互联动；四是场外交易市场位于整个证券市场的底层，活跃的场外交易市场为美国证券市场奠定了良好的基础。

2.1.3.2.2 美国的天使投资和风险投资

美国是高新科技园区的发源地，出现于20世纪50年代的“硅谷”是世界上第一个高新科技园区。高新科技园区是高新技术企业的集散地，也是科技金融最为活跃的地区，天使投资和风险投资①是高新科技园区内最为常见的科技与金融相结合的形式，也是科技创新及创新成果转化的重要推手。

美国高新科技园区内众多高新技术企业的发展都离不开天使投资的推动。天使投资高新技术企业的经典案例，是1998年Sun公司的共同创始人安迪·贝托尔斯海姆向两名还未毕业的学生投资20万美元，这两名学生凭借自己的想法与技术，利用这笔初始投资成立了Google公司，随着Google公司的发展，贝托尔斯海姆的投资增值了近3亿元，并且Google公司2004年在纳斯达克上市成为互联网搜索引擎行业中的佼佼者。天使投资的另一个经典案例是1976年瓦尔丁投资20万美元创建

① 尽管有时天使投资也被称作一种风险投资，但与常规意义上的风险投资相比，又有着以下几点不同之处：一是天使投资人一般以个体形式存在；二是天使投资的投资额相对较少，主要是对创业者或刚成立不久的企业进行投资；三是投资审查程序不同，天使投资对创业项目的审查不太严格，大多是基于投资人的主观判断或喜好而决定，手续简便；四是天使投资人一般不参与管理，只是持有股份。

了 Apple 计算机公司，四年后随着 Apple 的良好发展，瓦尔丁持有的股份市值达到 1.54 亿美元，增长了近 770 倍。根据估计，美国的天使投资人约为 25 万人，平均投资额约为 80 万美元，每年平均投资总额达 100 亿～200 亿美元，投资企业高达 3 万多个。新罕布什尔大学风险研究中心发布的 2021 年美国天使投资市场分析报告的数据显示，2021 年天使投资市场的活跃投资者、投资数量和天使投资的总金额都有所增加。2021 年天使投资总额为 291 亿美元，比 2020 年增长 15.2%。2021 年，共有 69060 家创业公司获得了天使投资，比 2020 年的投资增长了 7.1%。与 2020 年投资者数量的 334680 名相比，2021 年的活跃投资者数量增加到 363460 名，增长了 8.6%。2021 年的交易规模较 2020 年增长了 7.6%，反映出估值的提高，种子和创业阶段连续两年成为天使投资的主要投资阶段①。美国的天使投资起步早、发展历史长、规模总量大且运行机制成熟，已是美国创业企业融资的重要来源。

美国约有 300 家风险资本公司设立在硅谷，占全美国风险资本公司的一半左右，每年投入近 100 亿美元。1990—1998 年，硅谷风险投资额年增长率接近 300%，1999 年硅谷的风险投资额达 191.0 亿美元，约占美国风险投资总额的 34.92%。据 2023 年硅谷区域研究所数据（见表 2.1），在 2007 年经济危机发生前，该比例始终维持在 24% 以上。在风险投资的促进下，硅谷发展最快的时期，每星期诞生 11 家新公司。风险投资有力地支持了美国高新科技园区企业对新产品和新技术的研发与生产。2009 年以后，硅谷风险投资额占全美比例虽大体上呈下降趋势，但硅谷风险投资额大体上仍逐年增加，这表明美国风险投资整体发

① 新罕布什尔大学风险研究中心 . 2021 年全年天使市场分析报告[EB/OL].（2025－03－05）. https://paulcollege.unh.edu/sites/default/files/resource/files/fy_2021_analysis_report_final.pdf.

展态势良好。2021 年硅谷风险投资总额达到近 441 亿美元，这是有史以来投资总额最高的一年，投资激增的背后是硅谷强烈的创新需求和强劲的创新动力。2022 年硅谷以及全美的投资额受新冠疫情和国际大环境的影响虽略有下降，但硅谷高新科技园的位置仍不可撼动。

2022 年美国风险投资协会（NVCA）和市场调研公司 Pitchbook 联合发布了美国最新的风险投资报告（见图 2. 2），报告显示：2021 年风险投资总交易数为 18521 笔，较上年增长 39. 5%；全年风险投资基金总交易额为 3447 亿美元，较上年增长 101. 3%，美国风险投资行业的繁荣发展已成为推动美国产业创新发展的重要金融形态，在推动互联网、生物医药、新能源等新兴行业发展中发挥着重要作用。

表 2. 1　1998—2022 年硅谷的风险投资年度数额

年份	风险投资总额/亿美元		硅谷/美国/%
	美国	硅谷	
1998	214. 0	59. 2	27. 67
1999	547. 0	191. 0	34. 92
2000	1671. 0	402. 6	24. 09
2001	630. 2	162. 1	25. 72
2002	337. 1	93. 6	27. 77
2003	291. 9	88. 0	30. 15
2004	329. 8	101. 5	30. 77
2005	325. 1	96. 4	29. 65
2006	376. 4	118. 1	31. 38
2007	422. 7	130. 6	30. 89
2008	385. 2	119. 5	31. 02
2009	258. 9	82. 4	31. 82
2010	294. 0	88. 1	29. 96
2011	363. 4	102. 1	28. 09
2012	329. 3	84. 0	25. 51
2013	355. 1	86. 5	24. 36

续表

年份	风险投资总额/亿美元		硅谷/美国/%
	美国	硅谷	
2014	589.2	120.9	20.52
2015	715.6	138.0	19.28
2016	665.9	108.3	16.26
2017	789.6	158.3	20.05
2018	1190.2	209.4	17.59
2019	1162.7	194.9	16.76
2020	1453.7	271.4	18.67
2021	2729.9	440.9	16.15
2022	1504.6	207.0	13.76

资料来源：硅谷区域研究所（所有值均经过通货膨胀调整），https：//silicon-valleyindicators. org/data/economy/innovation - entrepreneurship/private - equity/venture - capital - investment/。

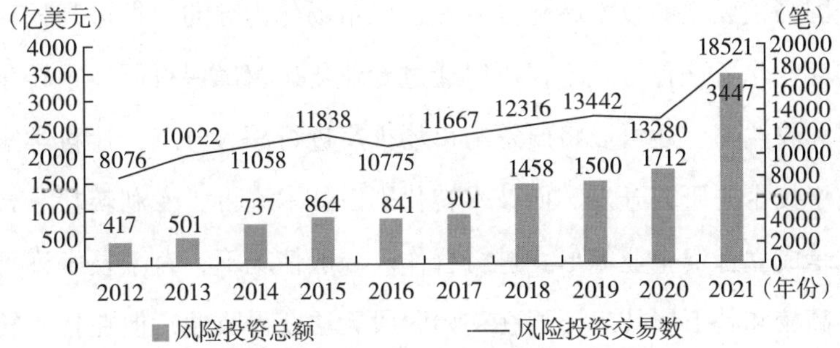

图 2.2　2012—2021 年美国风险投资概况

资料来源：PitchBook - NVCA Venture Monitor 2022，https：//pitchbook. com/news/reports/q4 - 2022 - pitchbook - nvca - venture - monitor。

2.1.4　美国创新体系对中国的启示

美国成为世界经济科技强国，其创新体系经过了长期的演化，既有本国要素禀赋做基础，又有外部有利环境因素的影响，其国家创新体系的发展经验，对其他经济体尤其是经济大国的创新体系建设有着重要的借鉴作用。

2.1.4.1 重视市场和企业的主导作用

美国联邦政府十分关注科研投入在创新体系中的关键作用，重视应用研究对接市场需求。我国可借鉴美国 R&D 体系的以下方面：首先，通过政府的引导，使应用研发领域与市场需求对接，防止过度的科研投入；其次，要充分发挥私营经济作为科技研发创新的“主力军”，以市场发展方向来推动企业的技术创新。政府可以对企业创新技术研发的商业价值和投资风险展开评估，并利用制定技术创新扶持政策、项目资金支持、财税补贴等方法，让企业的研发投入体制变得更为健全，让研究成果更有利于转化，最终形成以企业为创新研发主体的科技创新体制模式。

2.1.4.2 建立完善的成果转化奖励机制

美国高校设立的技术转化办公室，以市场化为导向，推进高校科研成果的商业化。这种方式不仅可以通过专业化运营确保科研技术转化的成功率和收益率，还可以将研发与市场推广进行深入分工，让科学家们更专注于技术的研究开发。而技术转化则以技术许可、专利转让、合作研究或是成立合资企业等形式进行合作。一般情况下，对于技术许可的项目，高校和其下属技术公司在初始阶段无法获得收益，但在技术转化为成熟的产品并实现销售收入后可进行收益分成。目前，我国虽然将科研成果转化收益的 70% 分配给科研工作者，但由于缺乏有效的激励，科研成果转化效率仍较低。因此，借鉴美国的经验，建议构建收益共享的奖励机制，在一定程度上降低科研人员的收益分配比，提高高校、院所和科技转化公司之间的收益分配比，以利益为纽带，将四大利益主体连接起来，调动各方的参与热情，营造出一个协同共赢的成果转化氛围。

2.1.4.3 建立多元化的投资机制

美国独特的多元化投资机制，不仅在整个国家层面上形成了公共资助和私人资助的混合机制，共同合作支持整个科技创新链条上的研发活动，而且在政府层面上形成多个部门和机构共同支持科技发展的机制，有利于激励源头创新，开辟新的战略性科研方向。借鉴美国多元化的投资机制，我国可以鼓励国家银行、私人银行、网络银行、贷款平台等加大企业在应用研究和成果开发领域的投资力度，同时政府要对高新科技领域的企业尤其是中小企业进行政策扶持，包括基金计划、人才引进、税收抵扣、贷款优惠等。

2.2 瑞士创新体系

自2011年起，瑞士已连续12年居全球创新指数（GII）榜首，其卓越的创新表现源于其良好的科研机构、大学、企业、政府、制度等多层次协同合作形成的创新生态。瑞士的创新体系以市场为主导，政府干预水平较低。国家鼓励充分发挥竞争和企业积极性，通过市场竞争去提升企业竞争力，企业是研发投入的真正主体，同时高校成为瑞士基础研究的绝对主体，高等教育部门不仅产出大量高质量的科学研究成果，还向本国企业输送了大量科技人才。在产学研项目促进成果转化、创新协会组织以及优秀的宏观创新环境治理背景下，瑞士表现出了极高的创新产出效率，拥有极为完善的创新与转化体系。

2.2.1 瑞士创新体系研究综述

瑞士首屈一指的创新能力促成了其发达国家的地位，其创新能力的塑造与体系的构建是多种因素共同作用的结果，有目共睹的创新成果使得瑞士创新体系成为其他国家研究的范本，但国内对于瑞士创新体系介绍的文献相对较少，主要集中在对瑞士创新体系的特点进行介绍以及与其他国家的对比上。

王罗汉（2020）对瑞士创新体系的特点进行了分析，认为瑞士创新体系的最大特点表现在以下 3 个方面：一是企业雄厚的高研发投入实力，企业是研发投入的真正主体，其中以生物制药企业的研发投入占比最大，其实力在全球范围内也是数一数二；二是一流的教育体系，瑞士拥有多所世界一流高校，强大的高校群体提供了丰富多样的人才储备，同时也吸引了全球顶尖人才来瑞士工作；三是政府不断优化的科研创新环境，在科技创新的发展过程中，瑞士联邦对科技发展的战略性计划给予了高度关注，加强了对科技发展体系、人才供给等问题的研究。除此之外，政府还建立了较为宽松的劳动法律制度，设定了较低的企业所得税，并对融资机制进行了完善，这些举措使许多跨国公司都把研发中心设立在了瑞士。除了对瑞士企业、教育和政府进行特点分析，郭曼（2019）还从历史、文化、大学的角度分析了瑞士创新体系的核心特点，就历史层面来说，瑞士永久中立国的身份为瑞士大量人力物力资源的积累打下了基础，创新要素源源不断流入；在文化层面，瑞士的契约精神为其创新发展打下了基础；在大学层面，以应用性为主导的科研成果对瑞士的工业创新起到了很好的推动作用。正是由于这些因素，瑞士实现了科研创新投入到成果产出的高效转化，也使其成为国际上公认的创新型国家。

耿燕等（2019）从全球创新指数（GII）的视角来研究瑞士创新能力，指出瑞士自 2011 年以来一直高居 GII 排行榜榜首，在世界范围内属创新领导者角色。在 GII 二级指标中，瑞士在知识、技术和创意产出中均位于榜首，且二级指标没有明显劣势；在政治环境、生态可持续性、创新关联、知识的传播等 8 个三级指标中占优；三级指标中仅有商业环境和信息通信技术处于劣势。尽管瑞士的创新成果有目共睹，但耿燕等认为瑞士倡导缓慢自由化的创新体系也存在些许缺点，例如，没有很好地保护本国市场使其在国际竞争中取得优势地位，多年没有加大研究与开发投入力度，创新激励机制不足等问题。周艳、赵黎明（2020）对瑞士、美国、丹麦和日本这四个典型国家的创新体系进行了比较研究，分析了瑞士市场主导化、私人部门优先的创新模式，指出瑞士与其他先进创新国家相比，其主要依托大企业引领本国创新体系的发展建设，并从瑞士独特的学徒制人才培养体系、优越的基础保障和支撑体系以及积极的国际合作战略三个方面对瑞士创新模式进行了阐述。骆毅（2019）对职业教育政策进行了分析，指出瑞士职业教育近年来的政策呈现出通过深化改革不断巩固自身优势、大力推进国际化战略的趋势，其政策核心集中体现在科学分流、严格认证、面向市场、推行“双轨制”、打通上升空间以及促进多元主体协同治理六个方面。

国外研究中，Rupietta Christian（2021）研究了瑞士职业教育与培训系统中的学徒如何成为整合外部知识（通过学校教育）与内部知识（通过在职培训）以及调节组织创新对技术创新的影响的关键，发现学徒利用了公司业务流程中的创新与渐进式创新之间的积极联系，这将有助于了解职业教育与培训对企业创新的影响。Tschanz Raphaël 等（2020）对瑞士创新园的五个分支机构进行了介绍，认为公司、初创企业和大学之间的合作能促进国家在生物医学、数字健康等多个领域的进步，这将有利于将研究成果转化为产品和服务。Lukas Krienbuehl（2020）指出将创新理念或研究成果转化为市场上的强大产品并使公司成长是一项具有挑战性的工作，而瑞士创新促进署通过提供支持来培养初创企业、中小企业和其他创新组织的创新能力，从而确保它们在数字时代保持国际竞争力，对于以科技为基础的创业公司，创新署提供了许多有针对性的项目。Seliger Florian 等（2020）以瑞士公司为样本，研究了基于专利的知识溢出测量方法（基于技术相关企业计算技术邻近性）与创新成功之间的关系，指出了市场条件对溢出效应与创新绩效关系的重要性：只有在主要产品的竞争者数量中等的市场中才是积极的和有意义的，而在垄断或多垄断的市场结构中则相反。Arvanties Spyros 等（2010）介绍了瑞士科技的发展方式，指出瑞士的科技发展主要是以私人企业的发展为基础，瑞士私企具有浓厚的研发氛围，在研发上投入了巨大的资源，这一点是其他国家所不具备的。

2.2.2 瑞士创新体系中的制度安排

据《2022 年全球创新指数报告》，瑞士已连续 12 年被世界知识产权组织（WIPO）评为世界上最具创新性的国家。即使是在新冠疫情期间，瑞士也继续保持了其创新势头。瑞士企业在 2021 年提交的发明专利申请有 1555 项，2020 年为 1590 项；瑞士知识产权局注册的外观设计有 811 项，其中 2020 年为 613 项①；截至 2022 年，瑞士诺贝尔奖获得者为 26 人②，人均获得诺贝尔奖的数量居全球之首。这些瞩目的成果背后是瑞士完善的政策措施、科技创新战略和组织体系。

2.2.2.1 瑞士创新体系中的政策和法律

瑞士联邦政府高度重视科技创新的发展，在政策措施以及科技创新战略规划的制定与实施方面给予高度关注，以此强化目标和战略部署，这些措施为瑞士创新体系的发展备下了良好的“土壤”。

2.2.2.1.1 瑞士主要科技创新政策措施

为了推动瑞士科技与创新的全面协调发展，瑞士政府在科技研发、人才供给和辅助计划等方面制定了一系列政策措施，有力支持了科技创

① 中华人民共和国驻瑞士联邦大使馆经济商务处．疫情期间瑞士继续保持创新势头[EB/OL].[2025-03-06]. http://ch.mofcom.gov.cn/article/jmxw/202203/20220303285966.shtml.

② 诺贝尔奖委员会，https://www.nobelprize.org/。

新活动的开展，有效提升了全社会的创造力。

（1）出台《研究与创新促进法》

瑞士是一个联邦制国家，各州享有高度自治权，但促进科研和创新的主要任务仍由瑞士政府承担。瑞士的《联邦宪法》第 64 条明确指出“联邦政府应推动科学研究与创新”，之后出台了《研究与创新促进法》，确保该法律规定的有效执行，主要针对的是高等教育机构和利用国家经费进行科研创新的科研机构。

《研究与创新促进法》旨在保证使用者对科研与创新基金进行高效使用，并监督科研机构之间的协作，瑞士政府对科研支持的重点放在提升国家和企业竞争力、增加附加值和促进就业上。《研究与创新促进法》于 2011 年修订后，将政府职责由“推动科技研发”延伸到“整合科学和创新政策与过程”的管理职责上，支持科研与创新的发展并降低政府职能重叠。

（2）制定人才供给政策

瑞士的高等教育制度、现代学徒制度及职业教育制度是其人才供给政策的重要组成部分。各类型人才供给体系相互补充，形成了一个较为完备的多元化和多层次的人才供应体系。

关于高校人才供给，瑞士制定了多项政策，其中包括：《高校促进和协调法》明确规定由联邦和州保障高校的质量和竞争能力，并明确了高校的经费来源，以及在成本密集型领域中的劳动分工和联邦的基本经费保障。《联邦理工大学法》则明确了联邦理工大学及专门研究机构的职责与组织：在学徒培养上，瑞士最具特色的是其现代学徒制，其管理机制非常清晰，管理机制由联邦政府、各州政府及有关机构组成，联邦政府对现代学徒制的管理职责具体包括：保障学徒的培训质量，健全学徒培训体系，确保学徒培训课程的公开性，对学徒培训资金的分配进行管理，制定学徒培训有关法规。关于职业教育的人才供给，瑞士修改了《联邦职业教育法》，以促进职业教育的发展，其中包括：为职业教育提供差异化发展途径，强化职业教育与其他教育系统的融合度，运用绩效导向的资金分配机制，增加职业教育投资，给予地方教育机构更多的职责。

（3）出台系列支持计划

瑞士为促进科技创新的发展，制定了一系列支持方案，例如，产学合作计划、创业家和创新事业计划以及种子资金投资竞赛等，以下分别介绍。

一是产学合作计划。为推动产学结合，弥补创新研发供需之间的缺口，瑞士设立产学结合项目，对有市场前景的创新研发项目进行资助。只要满足相应的要求，就可以得到不超过研发项目总额 50% 的资金补贴，补贴资金只能用于研究人员的工资、设备材料等研发成本。该项目旨在推动产学方面的合作，企业被要求至少与一所科研机构进行协作，企业主要的职责是提供新的产品或技术理念，并引导项目的研发方向，而科研机构则要依据企业的需要进行相关的研究工作。

二是创业家和创新事业计划。前者由科技创新委员会主导并提供资金支持，科技创新委员会成立了创新实验室，为企业家提供专业、系统的培训和创新资源，旨在培育企业家的创业精神和创业能力，为其之后的创业之路打下基础。创新事业计划的主要内容是通过创业导师向青年创业者们提供创业辅导，帮助他们把自己的创意转化为产品，创业导师还会在不同阶段提供针对性的指导和创业经验，审查创新企业的经营模式、成长潜力及财政状况。

三是种子资金投资竞赛。该竞赛于 2007 年启动，旨在激励企业家精神，鼓励企业和个人创新，缩短创新企业进入市场所需时间。

2.2.2.1.2 瑞士近期科技创新战略规划

瑞士政府对科技创新的战略规划非常重视，先后出台了多个促进科技转化与发展的相关战略及战略规划，对推动瑞士科技创新持续性发展起到了关键作用。

（1）实施知识与技术转移新战略

瑞士联邦技术和创新委员会（CTI）于2013年1月发布了《知识与技术转移新战略》（KTT），该战略旨在为企业尤其是中小企业与公共研究机构之间的创新协作搭建一个高效的协作平台，并对其进行长期、持续的帮助。KTT主要涉及三个关键领域：①开通国家主题网络。该网络系统由CTI建立，主要功能为信息推送，系统将瑞士的重大科学研究和创新专题及时传递到各大企业，为各大企业与科研机构之间的创新交流提供便利。②建立创新导师制度。该制度的职责是根据企业的需求，帮助企业找到合适的合作伙伴，并对企业是否有可能得到政府的资金支持进行估计，使其合作内容更加具体化。③搭建基于Web的物理网络平台。随着上述制度的建立和网络的开通，以互联网为基础的创新性协作与沟通平台建立了。在这种具有人机交互功能的接口平台上，企业和科技界的人们可以构建起一种具有创造性的联系并展开互动，中小企业可以对将来所面对的重大问题展开探讨，联系人可以参加相关资料的管理维护，从而为企业集中地参加今后的重点发展项目和对技术的要求进行探讨创造了一个沟通的空间。

（2）出台《2012—2016年科学研究战略规划》

瑞士国家科学基金（SNSF）于2012年2月发布的《2012—2016年科学研究战略规划》对瑞士未来科研事业的发展提出了四个方面的挑战：第一，SNSF申请项目资金支持的总量和总额都将持续增加；第二，科研事业的吸引力将减弱；第三，科研工作者的工作模式发生了变化，他们对科学研究的方法和技术有了新的需求；第四，科学研究需要向更高一阶迈进，社会各界都在期待着科研成果能够推动社会进步，促进经济发展，优化人民生活环境。为了更好地解决上述问题，SNSF 在战略规划中制定了以下措施：①增加科技项目资助，将年度新立项科研经费增加 6%；②改善科研人员工作条件，增强科学事业的吸引力；③为科研事业提供有力支撑，推进国际合作；④重点关注应用导向的基础研究，并给予适当的资金支持；⑤加强科学与社会的接轨与对话，提高公众对科研尤其是基础研究的认知度，验证科研成果的价值。另外，为了提高瑞士科研人才的竞争能力，SNSF 也将进一步优化资助流程。

（3）出台《2013—2016 年科研基础设施路线图》

瑞士于 2012 年 7 月出台了《2013—2016 年科研基础设施路线图》，该文件主要作用在于支持科研基础设施建设，主要内容涵盖以下三方面：①已初步决定实施或国际条约中承诺的基础设施；②欧洲科研基础设施战略论坛项目；③生物安全研究保护站建设。

（4）实施“瑞士工业 4.0”战略

瑞士对于“工业 4.0”战略高度重视，该战略的核心表现在：“工业 4.0”将传感器、大数据、云计算、物联网等信息技术与传统制造业融合，对产品的研发、生产、维护、回收等环节产生深刻的影响，极大地缩短了产品的研发周期，提升了产品的生产精确度，降低了生产成本，同时还有望实现低成本的个性化制造。瑞士在机械、纺织、仪器、钟表等领域，充分利用了其在传统精密制造业的优势，积极推进了“智能化”的发展，将设备、原料、产品等的数据信息以“物联网”的方式进行传输，共同实现了产品的智能化。

（5）促进国际合作的战略

瑞士认为科学是国际性的，并致力于积极参与、推动国际合作促进开放式创新。自2004年瑞士与欧盟签订第一批双边协定以来，瑞士就一直积极参加欧盟研究框架相关项目和青年项目，其中就包括“愿景2020”、欧盟的教育和流动性计划“ERASMUS +”、欧盟框架项目（“地平线2020”）等重大工程，通过加强多层面深层次的国际合作，提高其在世界范围内的参与与组织水平，保持其在世界上的领先地位。

2.2.2.2 瑞士创新体系中的科研机构设置

瑞士政府公共促进部门在高校与企业合作创新研发过程中发挥了重要作用，形成了一套有效运作的组织体系，结构如图2.3所示[①]。

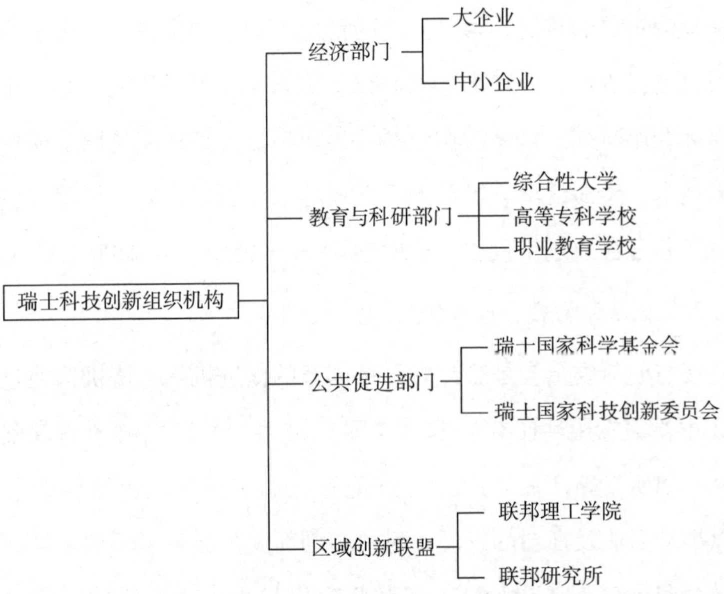

图2.3 瑞士科技创新组织机构

与欧洲其他各国不同，瑞士主要公共创新机构体制精简，注重自下而上的原则，经费主要由联邦承担而非各州，其中主要包括：联邦层面

① 世界首屈一指的“创新之国”，瑞士是怎么做到的？[EB/OL].(2021-09-15)[2023-03-24]. https://www.sohu.com/a/192174334_610510.

的科研促进机构——瑞士国家科学基金会（SNSF）、联邦层面的创新促进机构——科技与创新委员会（CTI）以及瑞士艺术与科学学院①。

2.2.2.2.1　瑞士国家科学基金会

国家科学基金会于1952年成立，致力于推动科学研究发展和培养年轻的科学家，是瑞士科学研究发展和培养年轻的科学家中最重要的机构，为历史、医学及工程学等全部学科领域提供项目资金。国家科学基金会的章程和宗旨规定了其战略目标：支持高质量的研究，支持研究人员精益求精；研究资金要与研究人员的需求相一致；支持知识在社会、经济和政治领域的传播，彰显研究的价值。瑞士国家科学基金会主要对五类项目进行资助，分别为基础研究、奖学金、国家研究计划、出版基金、国际合作研究。具体工作包括：科研项目促进；支持国家研究项目和纳米技术、生命科学、机器人、气候等重点国家科研；培养年轻科学家，每年基金会通过工程项目资助约4500名博士生和2500名硕士生②。

2.2.2.2.2　科技与创新委员会

科技与创新委员会是联邦对科技创新的促进机构，该机构通过推动研究（主要是应用性研究）和推广研究成果，鼓励以科学为基础的创新活动，如研发新产品、产品生产流程、加工过程、售后服务的发展等，以推动商业及社会的发展。科技与创新委员会隶属于瑞士经济事务部、教育和研究署（EAER），是联邦政府权力下放举措的一部分，并具有根据自己需要行使权力的自主权。该委员会在2018年更名为瑞士创新促进署，其业务核心仍是项目促进。一般而言，瑞士创新促进署的

① SABO, MÜFIT, ROCHAT, et al. Research and innovation in Switzerland [J]. Technical report, 2016(10): 13140.

② 中华人民共和国驻瑞士联邦大使馆经济商务处．瑞士的科研与创新体系[EB/OL]．[2025-03-25]. http://ch.mofcom.gov.cn/article/ztdy/201612/20161202099870.shtml.

核心任务是对项目进行资助，项目资金可供所有学科使用。项目资金申请通过与否很大程度上取决于项目内容的创新性，以及研究成果在实际应用中是否对促进企业界与社会的发展起到了积极的作用。瑞士创新促进署的项目融资也取决于联盟形式，联盟双方分别为：高等教育机构或非商业性的研究机构，以及有意愿肩负开拓使命的业界合作伙伴（执行伙伴）。后一种规定确保瑞士创新促进署的项目能够直接推动知识技术转让项目的发展。资金专门分配于公共部门合作伙伴，主要用于人事支出。一般而言，瑞士的科研经费，尤其是来自瑞士创新促进署的研究经费在原则上不直接付款给公司。故执行伙伴需自身承担至少 50% 的项目费用，以及不低于 10% 的现金融资。此外，瑞士创新促进署还支持高新技术企业，如在初创企业项目框架下每年对 65 ~ 75 家企业进行指导和培训。

瑞士国家科学基金会和瑞士创新促进署的合作。根据两者法定任务：国家科学基金会负责科学研究，其研发重点在于获取有效的科学知识；创新促进署负责科学创新，其研发重点在于新产品开发，涵盖产品生产、加工和售后，两者各司其职。国家科学基金会和创新促进署在融资条件为有偿执行伙伴的参与下，两者被明确区分开来，但仍存在工作重叠之处。因此两者协调其策略，在多个领域开展了多种形式的合作。例如，在 2013—2016 年的瑞士协调能源研究行动计划中，进一步的合作目标是缩小两种研究间经费的差距，即以获取基础知识为目标的纯粹基础性研究（由 SNSF 资助），和直接用于执行和市场推广的应用性研究（通常由 CTI 资助）。从本质上看，虽然瑞士国家科学基金会和瑞士创新促进署的任务种类各不相同且相辅相成，但两者都接受来自各个专业领域学科的经费申请。但无论是瑞士国家科学基金会还是瑞士创新促进署，其申请名额都不倾向通过大学、独立研究机构或地区性的申请。

能否获得资助取决于项目的内容、目标和质量，而不是项目的发起者（如州立大学、联邦理工学院、瑞士应用科学大学）。但是，实际情况大都是大学的项目资金申请往往会提交给国家科学基金会，而应用科学大学的申请往往都提交到瑞士创新促进署。

2.2.2.2.3　瑞士艺术与科学学院

瑞士艺术与科学学院包括：瑞士自然科学院（SCNAT）、人文社会科学院（SAHS）、医学科学院（SAMS）和工程科学院（SATW）。附属组织包括技术评估中心（TASWISS）、科学与技术基金会及其他科学研究网络。联邦每年对瑞士艺术与科学学院拨款3000万瑞士法郎支持其工作并签订服务协议。该学院的主要职责是促进学术界与社会的交流并就相关科学问题提供咨询建议。

2.2.3　瑞士创新体系中的非制度因素

瑞士是联邦制国家，联邦制政治体制和多种语言文化并存的体系使瑞士成为多元主义的代表，增强了不同地区文化、知识技术和人才交流，也促成了瑞士在义务教育阶段采取多元参与的职业教育，文化和职业教育的发展对于瑞士创新体系的进步起到了重要的辅助作用。

2.2.3.1　瑞士的文化特质

1815年，瑞士向欧洲列强提出要求，获得了永久中立国的地位，其中立历史悠久，在局部和国际战争中也一直保持中立态度。中立的身份不但使瑞士免于战火的摧残，也使瑞士聚集了大量的人力物力财力，这就为瑞士未来的创新发展铺垫好了道路。瑞士中立实现的基础在于其强大的国防制度和防御体系，其人均军事支出居全球前列，这也是瑞士区别于比利时在二战中同样身为中立国家却遭受炮火侵袭的原因所在。长久以来，瑞士一直实施义务兵役制，该兵役制为瑞士人民提供了接触和了解本国其他语言文化和阶层状况的机会，多元文化的交流建立起了良好的关系网，也为杰出创新创业家的诞生提供了优秀条件。

瑞士的创新发展离不开瑞士人民的契约精神。在瑞士历史上，存在一段人民依靠在国外当雇佣兵以生命换取金钱的时期，这一时期内，瑞士雇佣兵诚信的民族精神、忠诚骁勇以及永不退缩的“契约精神”扬名天下。1527 年 5 月，梵蒂冈被哈布斯堡王朝侵袭，别国的雇佣兵早已临阵脱逃，相比之下只有由瑞士雇佣兵组成的瑞士近卫队拼死奋战，一度出现一百多人对抗上万人的局面，瑞士雇佣兵在一片血泊中护送教皇逃离。瑞士人的忠诚赢得了教皇的信任，教皇遂决定只雇佣瑞士青年保卫教皇，直至今日，梵蒂冈教皇近卫队依旧全部由瑞士士兵组成。瑞士人的“契约精神”也使瑞士流入了大量资金。18 世纪中后期，各国富人都选择将自己的财富送往瑞士保管，他们相信愿意用生命来誓死捍卫“契约精神”的瑞士人一定会守护好他们的财富。

时至今日，瑞士人诚信的价值观念仍然贯穿于每个日常生活细节里。举例来说，瑞士人拥有很强的时间观念，准时是他们在日常以及商业交往中的基本要求，他们更要求对时间进行精准分配。而瑞士人长久以来所养成的低调、严谨、保守、务实的文化习惯，也使得瑞士无论是在科技创新还是在国际合作中都始终保持着令人信赖的“瑞士品质”。

2.2.3.2 瑞士的职业教育

创新力和竞争力的维持也依赖充足且高质量的劳动力。瑞士的职业教育极大程度上推动了创新成果与市场接轨，促进了科技成果转化。

作为世界上较早开展职业指导的国家，瑞士于 1916 年成立了职业指导协会，于 1933 年出台了《联邦职业教育法》。职业指导对瑞士的教育体系起到了支撑作用，同时稳定了劳动力市场，为成人就业提供了解决方案，为青年人选择职业和学业提供了参考。

瑞士职业教育法律制度的建设大致经历了三个时期，目前已经建立了比较完备的法律体系。第一个时期是1848—1930年，在这一时期，瑞士将职业教育纳入其宪法中，使其有了根本的法治保障，职业教育的发展也与国家法治建设高度契合。瑞士首个《联邦宪法》于1848年颁布，法案明确了联邦政府对职业教育发展进行扶持的职责，也明确了职业教育在瑞士教育体系中举足轻重的地位。之后1874年的宪法改革增加了由联邦提供奖学金和经济补助来资助教育的规定，各州保留其教育的自主权，而联邦可以积极地通过各种措施来推动教育发展。在此期间，法案虽未将职业教育纳入，但一些州关于职业教育的实践却得到了保留。第二个时期为1930—1978年，关于职业教育立法的核心工作已完成。20世纪初期，瑞士的经济迅速发展，同时急需对技术人才进行管理和培养提高，于是在1930年，瑞士通过了《职业教育和培训法案》，对职业教育发展的内容、原则和要求做出了规定，并在1963年通过了《职业教育法》，该部法案使得各方权责更为清晰。在这一阶段，社会对职业教育及其成果有了普遍的认识，大量实践经验的积累促进了立法的完善，也为职业教育的深入发展打下了坚实的法律基础。第三个时期是1978年至今，《职业教育法》先后进行了两次重大修订，其中涉及职业指导的条文越来越多，内容越来越细化，职业教育工作的价值及其延续性也得到进一步肯定。

瑞士的职业教育辐射范围很广，并与劳动市场紧密联系且相互作用，从而保证了接受职业教育的学生或成人可以拥有较好的工作机会。瑞士的失业率一直维持在较低水平，2.1%的失业率在欧洲也是值得其他国家借鉴和学习的。能够取得这样的成就，一方面是因为瑞士政府重视发展经济，另一方面是其科教并重，将科技和教育摆在了优先发展的战略地位，经济与科教相辅相成、相互作用，特别是职业教育的优势，使得瑞士人民对于职业的选择更加多元化。

瑞士的家庭、学校、社会都有一个共同的观点：如果孩子自己愿意且读的是适合自己的学校专业，那么未来也是有前途的。瑞士人相信：一个国家不仅要有顶尖的科学界人才，而且要有顶尖的专业人才。瑞士职业教育的长期发展使瑞士在培养学生方面形成了自己独特的“三元制”的职业教育方式，它不仅有着德国的“双元制”和学徒制的特点，同时融合了法国和意大利的职业教育特点。瑞士的职业教育打破了人们对于“后进生”的刻板印象，它不仅是国家创新链条上的重要组成部分，还是衔接高等教育并以终身教育为目标的教育体系。

瑞士的职业教育分为中等教育和高等教育两个部分，各阶段每年毕业人数分别约为6.5万和2.5万，约2/3的青年在义务教育结束之后选择进入近250个职业教育和培训项目之一①。高中阶段由两个主要轴线组成，首先是职业教育和培训，学生可获得联邦职业教育与培训文凭或证书，其次是普通教育，涵盖学士学位课程以及高中专业学校的学习课程，如表2.2所示，在过去的二十几年，参与高中阶段瑞士职业教育与培训的学生都维持在60%以上。瑞士将技能培养当作职业教育的核心和根本目的，使成千上万的劳动者能够得到各级各类的职业教育与培训。瑞士职业教育的繁荣与发展，给瑞士产业特别是制造业的发展带来了“原动力”，使瑞士在医疗器械、信息通信、纳米科技等新兴产业上，获得了一定的技术积淀并持续高速增长。

表2.2 瑞士颁布高中阶段教育文凭 单位：个

分类	2000年	2010年	2015年	2020年	2021年
职业教育与培训	60164	68154	69668	70194	66067
普通教育	24131	36364	39732	42666	42417

① 瑞士联邦统计局．教育学位和证书2020[EB/OL].[2025-03-26].https://www.bfs.admin.ch/bfs/en/home/statistics/catalogues-databases/publications.assetdetail.14836491.html.

续表

分类	2000 年	2010 年	2015 年	2020 年	2021 年
总数	84295	104518	109400	112860	108484
职教比例	71.37%	65.21%	63.68%	62.20%	60.90%

资料来源：瑞士联邦统计局．高中阶段教育文凭［EB/OL］．［2025－03－26］．https：//www. bfs. admin. ch/bfs/en/home/statistics/education－science/diploma/upper－secondary. html.

2.2.4 瑞士创新体系对中国的启示

构建国家创新体系，既要从本国实际国情出发，也要着眼世界，充分借鉴先进国家创新体系的建设经验。在以习近平同志为核心的党中央的带领下，我国坚持实施创新驱动发展战略，致力于创新型国家和科技强国的建设，科技事业发生了历史性、整体性的巨大变革，我国已进入创新型国家行列。对瑞士在科技创新领域的成功经验进行学习，有助于进一步提升我国的创新水平，促进我国经济和科技事业的发展。

2.2.4.1 加强职业教育投入

职业教育的发展有利于培养多元人才。经济的发展需要多类型人才的共同推动，既需要科技创新型人才，也需要应用型人才，还需要专业的技术工人。当前，我国已步入了信息化新经济时期，这期间，我国对大部分劳动力信息化智能化水平要求将有很大提升，对技术人才的需求也将大大增加，需要更多的知识和技能复合型人才。当前，我国的职业教育体系存在很多不足，无法完全满足对该种技能型人才的特殊培养要求，且职业教育体系过分依附普通教育体系。《国务院办公厅关于深化产教融合的若干意见》中提出，要推动产教结合的人才培养方式改革，全面推行现代学徒制和企业新型学徒制。“学徒制”的实行，可以参考瑞士的“职业教育培训”与“普通国民教育”之间彼此衔接的做法，提升职业教育的地位，促进职业教育高学历化。

2.2.4.2 加强对中小微企业的扶持

加强对中小微企业的扶持有利于形成大中小企业融通发展的局面。大中小企业的关系，不仅仅是以业务为基础的供应、需求、装配的关系。在瑞士和德国等制造业先进国家，国内的大中小企业在人才、资金、研发和营销等多个层面上形成了一种“共生合作”的模式。大企业不但会购买中小企业的商品，而且会帮助其融资，助其提高技术水平、优化生产、培养人才等。我国工信部、发展改革委、财政部、国资委等部门于2018年11月联合发布的《促进大中小企业融通发展三年行动计划》中指出：“以构建大企业与中小企业协同创新、共享资源、融合发展的产业生态为目标，着力挖掘和推广融通发展模式。”在推动大中小企业协同发展方面，瑞士企业的实践值得借鉴。

2.2.4.3 扩大各类型机构的自主权

扩大高校、科研院、企业的科研自主权，激发科研人才的积极性。从本质上看，创新驱动是人才驱动，我国作为一个人才大国，拥有着异常丰富的智力资源，高校和研究机构的科研人员数量在世界上居首位，但是，怎样才能更好地调动他们的工作积极性和创造性，是我国推动科技体制改革、实现创新驱动发展的一个重要课题。在这一点上，瑞士高校与研究机构在选题、经费使用、科研结果处理与转化等问题上具有较高的自主权。要解决这个问题，必须从顶层上深化科技评估的改革，转变“四唯”导向，注重创新成果的真实贡献度。我们要坚持创新以“人”为核心，以最大限度地调动人们的创造力，从政策制定到资源配置，以最大限度地调动科研工作者的内在力量，发挥好企业在创新中的推动作用，大力弘扬科学家精神和企业家精神。

2.2.4.4 政府营造良好的创新环境

创新环境对一个地区的创新绩效起着至关重要的作用，只有具备了良好的创新生态环境，人才、技术和资本等创新要素才能被吸引和集聚，从而进行有效的整合，转化为创新成果和创新绩效。科技创新具有长期性、风险性、外部性等特点，因此，即便是美国等以市场化为导向的国家，也需要通过政府的干预来进行。瑞士的政府管理体制充分发挥政府、市场和社会的力量，经济、教育、科技和创新四位一体的政府管理体制有效解决了创新链各个阶段“行政割裂”的问题，从而使政策环境具有高度的连贯性和协作性。在创新政策协同上，我国地方政府和中央应该在科技与产业、金融、人才、资本等政策协同上，不断加大政策的落实力度，对政策的运行过程进行改进，加强对政策的监管和执行。

2.3 日本创新体系

日本的创新机制与创新成果转化机制在战后经历了由单一政府主导型机制向政府—企业联合主导模式的转变。战后日本通过大规模的技术引进、消化吸收和再创新，促进了经济的快速发展，研发能力和技术水平大幅提升，迅速成为世界上的经济和科技强国，在这一过程中，日本政府在技术创新中的主导作用是不可忽视的。在遭遇瓶颈之前，日本政府在市场经济的框架体系下，发挥国家的动员和组织力量，围绕国家的发展目标，对引进的技术进行严格筛选和审查，同时强化对引进技术的消化吸收再创新。随着市场经济的深入发展和日本自身技术实力的不断增强，日本可引进的新技术数量日益削减，日本政府的作用逐渐从主导转向指导，最后过渡到以间接手段为主的引导，根据不同时期、不同发展阶段的现实需要，及时调整政府政策和发展战略，对企业的技术创新给予扶持和引导，促进日本技术创新的顺利实施。

2.3.1 日本创新体系研究综述

国外关于日本技术创新机制与政策方面的研究最为典型的当数英国经济学家克里斯托弗·弗里曼。弗里曼于1987年在《技术政策与经济运行：来自日本的经验》一书中第一次提出了“国家创新系统”的概念，他认为，在一国经济发展和技术的追赶跨越中，仅靠自由竞争的市场经济是不够的，需要政府提供必需的公共产品，需要政府通过适宜的创新政策，促进对资源的最优配置，以推动产业和企业的技术创新。纳尔逊（1993）进一步发展了国家创新系统的概念，他认为，国家创新系统是一组制度，制度的设定和功能是决定创新体系效率的关键。创新政策是指能对创新活动产生影响的法律、法规等，通常分为供给、需求和环境等几大方面的政策。其他国外研究中，Chihiro Watanabe 和 Yukio Honda（1992）重点分析日本政府与产业之间的作用机制，认为政府政策机制有利于刺激日本产业创新，为技术发展提供活力。Fumi Kitagawa（2006）主要阐述日本的区域创新政策，并对集群概念做出解释，强调创新政策的区域化需要更广泛的地理范围。Fumi Kitagawa（2008）考察了日本在科技创新治理方面的进展，特别关注的是所使用的政策工具及其对区域经济发展的影响、区域内的组织嵌入以及区域协调创新支持政策的能力。Masaharu Ota、Yohsuke Hazama 和 Danny Samson（2013）通过调查问卷方式提出和测试创新过程管理模型，聚焦于分析日本制造企业实现创新过程管理所需的管理策略。Taeyoung Park 和 Jun youn Kim（2022）从创新绩效和创新政策工具在不同经济发展阶段的演变趋势角度对亚洲八国进行考察，并对进入后追赶阶段的日本创新政策进行具体分析。

国内研究中，王春法（1998）对日本战后技术创新政策的历史发展做了粗略的介绍，并总结了日本技术创新政策工具的组合，指出了日本的技术创新政策工具组合带有明显的政府和计划色彩，而并不强调通过市场机制来使这些技术创新工具发挥作用。阎莉（2000）指出，日本政府比较偏好的技术创新政策手段主要是政府对民间研究开发的扶植政策，即对研究开发的财政刺激特别是研究开发补贴，对技术创新的法律保障主要是采取专利政策以及政府对研究开发进行直接参与的协调政策。政府采购政策、风险资本政策和中小企业政策的作用非常小，更倾向于采用直接干预的方法来促进技术创新。杨爱杰（2004）、樊增强（2005）、吴富伟（2005）分别通过对比美日、日欧、日韩在促进中小企业技术创新所制定的政策，介绍了日本政府在法律法规和政策原则、管理机构、金融支持、税收优惠政策、服务和技术援助制度等方面对中小企业技术创新的支持。刘彦（2007），陈劲、张学文（2008）分别从时间跨度与发展历史、模式与实践和战略与制度演变角度分析日本产业技术创新的重要组织形式即产学研合作的特点，并且刘彦指出日本政府是产学研合作的重要支持者与推动者，在其制度与机构建设方面发挥了重要作用。余翔、周莹（2009），霍宇同、徐治立、田德录（2014）分别对日本创新政策演进的系统特性和趋势角度进行分析。董楠楠、钟昌标（2015）主要对比美日支持国内新兴企业创新的政策，并据此分析二者推行的创新政策的特点。平力群（2016）认为日本科技创新政策的实施效果主要受到日本科技创新政策的形成机制的影响。白景美、宋春艳、王树恩（2007），邱丹逸、袁永（2018），刘兰剑、应海涛、张田（2018）系统地对日本科技创新战略规划和典型科技创新政策法规进行了分析。刘大炜、冷民（2022）主要剖析的是日本开放式创新的历史发展进程，对其中理念的引入背景、制度设计、政策实施和初步成效进行详细说明。

无论是国外还是国内对于日本创新机制与政策的研究，都认为创新机制的建立与运转和创新政策的出台与实施是日本为配合赶超型经济发展模式的需要，而采取了国家占主导地位的技术创新与转化模式。

2.3.2 日本创新体系中的制度安排

2.3.2.1 日本创新体系中的政策与法律

2.3.2.1.1 起步发展时期的创新政策（二战后至20世纪60年代）

战后的日本经济是在继承战时控制遗产的基础上开始发展的，因战后处理、通货膨胀和禁止垄断等影响，企业实力被大大削弱了。而朝鲜战争的刺激，才最终让日本的经济有了转机。由于20世纪五六十年代国际市场呈扩大趋势，原料、燃料等初级产品的国际价格异常低廉，尤其是石油产量增加导致石油价格猛跌，这对以加工贸易为典型发展模式的日本极其有利。

但是由于在第二次世界大战前和战争期间，日本被孤立于欧美的技术开发之外，因此，在战后初期，日本的技术水平在许多领域远远不如欧美。根据大川与洛索大斯基1973年研究的结果，当时的技术差距体现在，一方面，日本在战后初期，几乎不存在欧美在战前或战争期间发展起来的家用电器等工业，与此相关的技术差距也十分明显；另一方面，日本在战前就已经发展起来的钢铁、纤维工业，也因孤立而与世界最先进技术之间存在较大差距。为了缩小上述双重差距，日本积极地从欧美引进已经开发的技术。

适逢美苏两国冷战，美国为了加强其自由经济的阵营，通过提供贷款等多种方式在经济上给予了日本很多援助，尤其是将大量先进民用技术转让给日本，为日本吸收、消化最先进的技术，并在此基础上改良研发出世界领先水平的产品打下基础。从而为日本在最短的时间内追赶世界水平、成为经济大国赢得了宝贵的时间。

日本政府虽然1956年才开始在《经济白皮书》里正式明确提出“技术创新”，但是战后开始，就制定了许多促进技术创新的政策。这一时期，日本创新政策的总体特征是引进西方先进技术，并投放巨额研究开发费用以资助进行适用性技术的研究，销售利用改良技术生产出来的新产品等，其具体特点如下：一是政府直接干预外汇管理和引进外资，优先发展重工业；二是将教育政策和产业政策结合，发展职业教育，培养技术创新人才；三是以补助金、税收优惠和低利贷款等方式，促进企业部门的研究开发活动，以提高日本产品的国际竞争力。

2.3.2.1.2　稳定增长时期的创新政策（20世纪70年代至90年代末）

20世纪70年代初，日本经济高速增长进入了尾声，伴随着经济增长而出现的环境污染和公害问题日益尖锐。在这种背景下，日本政府认识到发展能源、资源密集的重工业路线已经接近极限。因此，在石油危机发生的前两年，即1971年，产业结构审议会提出70年代通产省政策展望时，表示要向“环境负担较小的知识密集型产业转换”。20世纪80年代前半期，在经济低速增长的前提下，日本开始建立健全财政制度，扩充社会资本和健全社会保障体系。经济政策的导向也由追求高速发展转向追求经济活动质量的提高。20世纪90年代，又提出了“以科学技术创造立国”的技术创新政策，改进日本在创新性研究方面的科学技术能力，推进战略性基础研究。这一时期日本技术创新政策体现在以下三个方面。

（1）发挥国家公立试验机构的作用，并提供大量补助金治理公害问题

20世纪70年代产生的环境污染和公害问题迫切需要得到及时解决，但由于资金和技术等方面的原因，中小企业大多难以独立承担较高技术的研究开发。因此，日本政府要求国立和公立的试验机构给予支持

和配合。具体做法是由国家确立技术课题，在国立试验机构的指导下，由公立试验研究机构进行专题研究。研究经费由国家补助，开发研究的成果则可由中小企业分享。日本中央政府和地方政府均设有公立试验研究机构，免费为中小企业提供技术指导。

（2）加强创造性技术和基础性技术的研究开发

为了促进创造性的技术开发研究，在20世纪80年代初，日本政府先后制定了《推进创造性科学技术的制度》《研究下一代产业基础技术的制度》和《基础技术研究顺利进行法》，把提高创造性的自主技术的开发能力作为今后的基本政策。1995年日本政府通过了《科学技术基本法》，明确提出了“以科学技术创造立国”的技术创新政策，从而为增加科学技术预算提供了法律依据。改进在创新性研究方面的科学技术能力成为日本全国的优先任务，动员进行战略性基础研究被认为是日本经济复苏和保持长期可持续发展的一个关键因素。1995年，在整个政府预算比上年下降2.9%的情况下，政府科研预算为24900亿日元，比上年增长5.6%。1996年政府科研预算方案为26700亿日元，又比上年增长7.2%。1996—2000年拨款17万亿日元用于研究开发，这较之1991—1995年政府对研究开发的资助增长了35%。

（3）产学官合作研究模式的形成

1980年，通商产业大臣的咨询机构产业结构审议会发表了《80年代的通商产业政策》，该报告明确提出了“产学官合作”体制，从而揭开了日本产学官之间在研究上合作的序幕。随着1995年《科学技术基本法》颁布，政府加大了对研发的投资，并进一步加大了对产学合作的促进力度。通产省和文部省都设立了负责推进产学协作的部门。第一期《科学技术基本计划》则为这种努力提供了经费基础。而且这时即使面对财政赤字问题，产学协作的项目也能够得到比以往更多的资助。政府设立了针对产学协作项目的融资制度，风险投资实验室、高技术研究中心，这类支援产学协作的设施在大学内的设置不断增加。从 20 世纪 90 年代后半期开始，日本的各种产学合作政策都得到了调整。

2.3.2.1.3　21 世纪初的创新政策

这一时期的技术创新政策具有如下特点：

（1）推进信息技术的开发，追赶信息化潮流

尽管日本在 20 世纪 90 年代制定了不少的法律法规来促进信息技术的研究开发，但由于受经济萧条的影响，执行得并不彻底，因此在信息化过程中落后于欧美国家，甚至亚洲某些新兴国家。为了迎头赶上信息化潮流，实现“IT 基本战略”的目标，进入 21 世纪的日本制定了《信息技术国家基本战略草案》和《国家产业技术战略》，将建立超高速、超宽带互联网，重点发展信息、生物环境和纳米技术的前沿领域，建设全球最先进的信息化国家，作为 21 世纪日本信息化战略的总目标。日本在推进信息化的过程中利用各种政策手段，刺激和振兴信息及相关产业的发展。

一是财政与税收政策。日本利用财政政策杠杆振兴电子工业，国家对电子工业实行扶持和资金补助的政策，如“电子试验研究补助金”“信息处理产业振兴对策补助金”等，同时采取多种减免固定资产税收的政策，如免征计算机物产税、固定资产税，对计算机租赁实行税收优惠等。国家对信息行业除减税、提高折旧外，还实行其他政策优惠，如增加 25% 的科研税务贷款，设立软件部分的免税储备金和意外损失储备金制度，免征技术开发资产税 7%，政府实行扶持风险企业、资助新兴产业和推进信息应用技术开发的政策，对民间有发展前景企业的研究开发予以资助。制定了《高技术工业密集区开发促进法》，利用金融手段对特区、开发区的高科技项目提供贷款优惠，如延长贷款期限，实行

有条件的无息贷款及长期低利贷款的直接资助，或以保证金负担的间接资助方式，对风险性较强的信息企业，政府还开设培育风险投资的资本市场，开放股权流通的交易市场等，为企业融资提供场所。

二是技术政策。日本利用技术政策刺激信息产业的研究与开发，21世纪后，日本信息化技术政策的重点是发展信息化网络，扩大网络应用技术，将日本建成世界信息化技术强国，使“IT 特区”和“信息化都市”成为世界数一数二的技术高地。为此，2000 年日本国会通过《日本高度信息网络社会形成基本法》，制定了《e - Japan》战略，明确了信息化目标和方向。

三是人才政策。为了普及社会信息化，日本采用多渠道培养信息化高级人才的政策，如加强学校的信息化专业教育，增设信息化相关课程，扩大培养高学历信息人才的范围，建立软件技术人才的资格考试制度和信息技术资格认定制度；完善吸引国外专业人才的机制，吸引国外信息技术专业人才；普及信息化知识，举办信息化基础知识讲座，推广信息技术职业培训，为图书馆和群众文化活动场所配备电脑；政府促进产业界与学界的人才交流，资助大学举办培育创业家的各种讲座，在风险企业中实施大学生就业制度，采用多种方式培育拥有专门技术、创新能力强、能适应风险变化的多元化人才。

四是产业政策。日本虽然规定民间机构、企业是信息化的主体，但政府在信息化建设中起主导作用，内容包括为民间机构、企业信息化提供良好的环境条件，改进和完善信息化的相关法律、法规和政策；推进民间企业力不能及的领域的信息化。政策的重点在于打破通信垄断，实行电信民营化，开创信息产业自由化，发挥民间资金、技术和生产的积极性和创造性，拓展多元化数据通信及信息处理服务的社会环境，提高信息产业的市场竞争能力；对于通信行业，政府采取鼓励竞争的政策，如建立电气通信纠纷处理委员会，制定禁止垄断政策，强化公平交易职能，通过“非对称法规”，对垄断性信息企业实施政府管制，在通信产业领域引入竞争机制，实行全面自由化。

（2）加大科技投入，重点支持基础研究和新领域的技术开发

2001 年 3 月，日本政府批准了第二个科学技术基本计划。该计划明确提出政府的总投入为 24 万亿日元，比第一个科技基本计划的 17 万亿日元增长了 41%。而政府投入约占全部科技投入的 1/3。计划提出期望在今后的 50 年内出现 30 名左右的诺贝尔奖获得者，达到欧美先进国家的水平。计划提出了改革科学技术系统的口号，概括起来就是充实人才和基础设施，开展高质量的研究开发，创造出世界最高水平的研究成果，研究成果向产业和社会顺利转移，积极向社会做出说明。

2005 年 4 月，日本科技政策研究所公布了日本第三个科学技术基本计划的草案——《中期归纳意见》。该基本计划规划了日本科技发展的四个基础研究重点领域：生命科学、纳米技术与材料、信息通信、环境及其复合学科。这四个重点领域以及重点学科的研发工作具有极高的波及效果。计划提出：对于那些将来有可能快速发展、有很强应用前景的学科要进行机动性资源分配，通过不断修正重点领域范围，把真正重要的学科切实囊括进来。另外，根据社会需要进行科研命题，积极谋求不同学科的融合，从基础阶段研究开始促进新学科的形成。第三期计划明确制定了 25 万亿日元的目标，但由于日本财政困难只完成了 21. 7 万亿日元。

2011 年 8 月，日本内阁通过了日本第四个科学技术基本计划，计划列举了未来的经济发展支柱，包括“环保、能源”“医疗、护理、健康”及“灾后恢复与重建”三项，并强调预计未来可能发生严重电荒，可再生能源的开发等将不可或缺。该基本计划提出此后 5 年的国家研究

开发投资目标为国内生产总值（GDP）的1%，总金额约25万亿日元。

2016年1月，日本内阁会议审议通过了《第五期科学技术基本计划（2016—2020)》。该基本计划在对日本现状的基本认识的背景下，提出日本应当实现的四大目标：保持持续增长和区域社会自律发展；保障国家及国民的安全放心和实现丰富优质的生活；积极应对全球性课题和为世界发展做出贡献；源源不断创造知识产权。为实现上述目标，提出今后五年日本将重点推进科学技术政策的四大方面：一是创造未来产业和推动社会变革；二是积极应对经济和社会课题；三是强化基础实力；四是构筑人才、知识、资金的良性循环体系。最重要的是该基本计划指出在迎来第四次工业革命的背景下，以制造业为核心，利用信息通信技术，基于因特网或物联网，打造超智能“社会5.0”（Society5.0）①概念。该计划提出日本政府未来五年将确保研发投资规模，力求官民研发支出总额占GDP的4%以上，其中政府研发投资占GDP的比例达到1%（按GDP名义增长率年均3.3%计算，日本政府5年研发投资总额约为26万亿日元)②。

2021年3月，日本政府发布“第六期科学技术与创新基本计划”。该基本计划延续了第五期基本计划的理念，进一步细化了“社会5.0”愿景，提出日本未来五年要实现“确保国民安全安心的可持续的强韧性社会”和“人人都能实现多样化福祉的社会”。该计划提出日本科技创新政策应聚焦以下三个方面：一是将日本变革为可持续的强韧性社会，确保国民安全安心；二是开拓知识前沿，保持卓越性和多样性，恢复世

---

① “社会5.0”(Society5.0)是指人类的社会发展从“狩猎社会”(Society1.0)向“农耕社会”(Society2.0)、“工业社会”(Society 3.0)、“信息社会”(Society4.0)逐步进化后，未来一种假想中的新的“超智能社会”形式，是网络空间和物理空间高度融合的社会，科技创新将在此变革中发挥引领作用。

② 转引自 https://www.sohu.com/a/74129822_115423。

界最高水平的研究能力；三是加强教育和人才培养，应对各种社会问题，实现人人幸福。该基本计划指出2021—2025年，日本政府研发投资总额达到30万亿日元，通过官民合作实现政府和民间的研发投资总额达到120万亿日元，2025年，大学、国立科研机构与企业的共同研究金额比2018年增长70%①。

2.3.2.2 日本创新政策制定的行政主体

在日本，与技术创新服务相关的部门主要是参众两院相关的委员会和内阁府及其省厅。参众两院为技术创新提供法律依据和政策支持，中央政府和地方政府以政策的形式为技术创新提供良好的社会环境，文部科学省、经济产业省、国土交通省、外务省、法务省等为技术创新组织的直接领导和具体支持者。

2.3.2.2.1 综合科学技术创新会议

综合科学技术创新会议，其前身为“科学技术会议”和“综合科学技术会议”。科学技术会议是为了资助综合推进政府科技政策，在1959年作为内阁的附属机关而设立的，由议长及议员共10人组成。这次会议的任务，是针对内阁首相的咨询，回答科学技术的一般基本的综合性政策问题，确定长期性综合性的研究目标，并据此制定必要的推进方案与基本决策，以及对日本学术会议的重要建议的咨询，同时根据需要有义务提出意见。它既是一般科学技术政策的最高咨询审议机构，又是国家科技基本方针和政策的最高决策机构。从2001年1月起，日本取消了原来的科学技术会议，在内阁新设“综合科学技术会议”，并赋予它更大的权力，使其成为名副其实的科技行政“最高司令部”。该会

① 资料来源:内閣府. 科学技術・イノベーション基本計画. https://www8.cao.go.jp/cstp/kihonkeikaku/6honbun.pdf.

议在内阁首相的直接领导下工作。为进一步强化“综合科学技术会议”的协调功能以及在制定科技战略与具体策略的职能，2014 年日本政府把“综合科学技术会议”改组为“综合科学技术创新会议”。“综合科学技术创新会议”是在首相、科学技术创新政策担当大臣的领导下，为了大力推进实施科技政策，从高于各省的立场，以设计、制定与统筹调整具有综合性、基础性的科学技术创新政策为目的，在内阁府设置的“重要政策会议”。为了强化领导职能，把“基本计划的制订与促进相关事务”及“科技相关行政机构经费预算方针调整事务”的管辖权从文部科学省移交到内阁府。

2.3.2.2.2 文部科学省

2001 年，行政机构改革后由科学技术厅和文部省合并为“文部科学省”，文部科学省旨在促进科、教、文、体四个方面的结合，其目标是：打造终身学习的社会；促进教育改革，培养优秀人才；为年轻人健康发展创造环境；建立与世界水平保持一致的高等教育体系；管理好初等、中等教育。文部科学省的职责是利用科学技术带来的新的发现和知识，解决各种各样的难题，为日本人民创造更好的生活条件。

2.3.2.2.3 经济产业省

经济产业省，原名为“通商产业省”。经济产业省是主管工业和贸易的政府机构，负责制定产业政策，并通过立法与法规等行政手段来实现经济目标。包括五个“纵向局”（重工业局、化学工业局、纤维杂货局、煤炭矿山局和公益事业局）和四个“横向局”（通商局、贸易振兴局、企业局和公害安全局）。“纵向局”掌管所属产业，“横向局”和大臣官房经常有自己的政策主张，在决策过程中发挥领导作用，同时还起着在经济产业省内部进行协调和在主管局之间进行仲裁的作用。

2.3.2.2.4 审议会

审议会是各省厅的附属机构，一般采取合议制，本身并无决定权，也没有表示国家意图的权限。其主要职能包括提供咨询、参与审查、参与调停、参与制定标准、参与行政处理等。各审议会委员均由学术界、企业界和舆论界以及群众团体的代表或知名人士组成，不少具有临时性质，计划编制及审议工作结束后即行撤销。日本政府各省厅根据有关法律设立的正式审议会一共有209个，其中，大藏省有17个，通产省有32个。

2.3.3 日本创新体系中的非制度因素

日本是东亚地区传统文化传承最为完整的国家之一，由于汉唐时期强势的中华文明随着遣唐使的频繁交流使日本成为中华文明圈的重要成员，而受到幕府时代相对稳定封闭的社会结构及明治维新后对传统文化的尊崇，使得儒、道、佛三家思想在日本社会中留下深刻的印记，造就了日本人勤劳俭朴、谦逊守序、崇拜强者、信服威权的民族性格，同时也使日本人具有较为强烈的集体主义思想。

日本人独特而典型的集体主义社会意识对日本经济发展及创新活动有着深刻的影响，美国著名学者赖肖尔（1980）在其《日本人》一书中指出，“由于自然地理上的孤立状态，后来又加上人为的障碍，使得日本人被迫生活在一种比其他人口类似、文明程度相仿的民族更为与世隔绝的环境里。这种自然条件与人为因素所造成的孤立状态，使日本人比其他民族更有可能根据自己的意愿，以自己的方式寻求发展。事实上，日本的孤立状态倒是迫使他们创造出可能比世界上任何一个类似民族更多并更具有自己显著特征的文化。日本人的突出之处，与其说是模仿性，毋宁说是其独特性以及他们在学习和应用外国经验时不失去自己文化特征的才能”。

本尼迪克特（2010）将欧美文化定位为“罪的文化”，将日本文化定位为“耻的文化”，详细对比了日本和欧美基于各自文化的伦理思维与行为方式。欧美人重视依照绝对的道德原则指导自己的行为，而日本人则视具体情况及周围人的反应而动。日本人之所以这样做，是为了避免丢脸。在日本人看来，不能与当时的情况、周围的气氛相协调，就是“耻”。注重“场合”也就意味着看重集体，反映在日本式经营管理模式中就是以企业、公司为家的家族主义，形成了一种日本式的个人与集体的相互依存的稳定的连带关系，这种集体主义与相互依存观念对日本从事创新活动的科研人员产生了双重影响。

通常，日本的研究人员往往会根据企业要求，用半年到一年时间接受内部培训；而众所周知，日本的雇员，至少是大企业的雇员，都期望自己的职业生涯始终效忠于同一企业，这两种现象给创新带来了三个方面的影响：首先，培训阶段有助于研究人员在短时间内构建人际关系网络，而这种人际关系网络在未来会为研究人员提供一个可交互意见和思想的网络；其次，通过培训增强了研究人员的团队归属感和责任感，而在集体主义思维影响下，研究人员的归属感与责任感间会出现良性互动，增强研究人员对团队的依赖与服从；最后，终身雇佣制使得研究人员个人爱好与组织目标相一致，这就使得研究者单一个体独立承担过失责任的可能性大幅下降，研究人员只需追随集体中的权威者行事即可。

因此，日本文化因素，特别是在日本文化中集体主义意识的影响下，日本创新活动体现出了一种与美国截然相反的特点：受到集体主义中“和”的观点影响，日本研究者在一定程度上缺乏创新的主观能动性，这使得日本创新活动的原创性欠缺，创新力度较美国不足；另外，日本崇拜强者、集体主义中主张“和”的思想又使得日本企业管理者为达到与其他企业“环境协调”的目的，在有其他企业采用创新成果的情况下，迅速采用相同成果，实现了创新成果的高传播率和高使用率。因此，日本文化在一定程度上决定了日本社会对待创新多少是持怀疑态度的，并不鼓励去打破旧的传统和习俗，但是一旦新产品或新工艺具有明显的优点且逐渐被采纳后，则会非常迅速地在整个经济中扩散。

2.3.4 日本创新体系对中国的启示

建设完善的技术创新体系，在各经济发展主体之间形成有效的能够联动的技术创新机制，是中国构建国家创新体系的必然要求。日本在经济发展各阶段创新政策实施的过程中积累的经验和教训，对中国的创新系统建设具有重要的借鉴意义。

2.3.4.1 构建高效的产学官合作机制

高效的产学官合作机制是日本国家创新体系建设的关键性环节，日本政府在科学技术资源配置中发挥着重要调节作用，将分散的各创新体系部门联系起来、灵活调度，保证科技资源在产学官之间能够良性流通。相比较于日本，中国的创新系统各部门联系并不紧密，创新能力不强。因此，需要积极探讨适合中国产业、大学、科研机构以及政府合作进行创新的基本模式。政府应该加强对各种技术创新资源的整合，推动各创新部门的合作，形成上下联动的创新治理系统，充分发挥大学和科研机构的创新能力，与产业紧密联结，推动成果更快速、更高质量转化。

2.3.4.2 建设更加开放的国家创新体系

国家创新体系不能作为封闭的系统来建立，其中包含着知识、技术、资本等要素在国际的流动，所以国家创新体系是开放的。作为发展中国家的中国，受到创新资源禀赋以及全球价值分工较大的影响，仍然处于全球创新价值链的中低端，因此，建设国家创新系统需要更加开放的态度，积极参与到与各国的技术创新活动的交流与合作之中，推动全球范围内科学技术的共同研究，积极融入全球技术创新的网络中，最大限度地利用外部技术和知识实现本国创新能力的突破，增强技术创新能力，提升国际竞争力。

2.3.4.3　增强科技创新和产业变革的互动

随着工业文明的逐渐发展，科技创新也随之进步，在当前新一轮产业革命成为主导的新经济时代，科技创新几乎是同步伴随着产业革命而变化的。日本构建的国家创新体系更多强调的是企业在其关联机制中的关键地位与发挥的作用，更多是一种自下层传递至上层的机制。我国在当前也正处于需要调整产业结构和转变经济发展方式的转型时期，随着全球新工业革命的进行，世界各创新型国家产业扶持政策的实行，变革产业逐渐从低级向高级演变，凸显出高附加值产业的转化趋势，不断推进着技术的创新与进步，中国需要推动政府、企业、科研机构等各主体在国家创新系统中的互动合作，深挖市场潜力，形成全面参与创新体系的良性发展格局。

2.4　芬兰创新体系

芬兰采用“国家创新系统”理论作为支撑，逐步建立和完善了自己的创新系统治理与协调机制，实现了由传统农林经济向现代创新驱动型经济的转型。在世界经济论坛发布的包含全球 141 个经济体的《全球竞争力报告 2019》中，芬兰处于第十一位[①]，根据欧盟委员会发布的《2022 年欧洲创新型联盟记分牌》（Innovation Union Scoreboard，IUS），芬兰居创新绩效排名第二位，紧随瑞典之后[②]，在 2022 年世界知识产权

① 资料来源：World Economic Forum, *The Global Competitiveness Report* 2019, https://www3.weforum.org/docs/WEF_TheGlobalCompetitivenessReport2019.pdf。

② 资料来源：European Union, *European Innovation Scoreboard* 2022, file:///D:/xiazai/european%20innovation%20scoreboard%202022 - KI0922386ENN.pdf。

组织公布的全球创新指数排名中，芬兰在132个国家和地区中位列第九[①]，其在全球创新领域中处于领先地位。芬兰政府、高校、研究机构和公司之间的体系性合作是芬兰创新体系建立与完善的关键之处。

2.4.1 芬兰创新体系研究综述

在芬兰国家创新体系的国外研究中，Tarmo Lemola（1994）主要阐述的是芬兰国家技术创新政策的基本特点。Keith Smith（2003）强调了公众支持在产业创新中的作用，并描述了芬兰创新体系的具体特征。Dirk Czarnitzki、Bernd Ebersberger和Andreas Fier（2007）分别对比德国和芬兰的创新政策与研发合作的影响，其观点为公共资金是芬兰研发创新的重要资金来源。Katri Suorsa（2007）讨论的是芬兰、瑞典和挪威的国家创新政策的区域性，认为区域创新体系尤其是高等教育机构，对国家和国家创新体系的经济发展和竞争力具有重要意义。Jussi S. 和Jauhiainen Markku Sotarauta（2012）阐明芬兰为适应全球技术经济环境的变化而做出的政策调整的尝试，以及CFI政策演变背后的原理性。By Jari Aro和Risto Heiskal（2015）对芬兰国家创新政策和创新体系做了系统概述。Tuomas Takalo和Otto Toivanen（2018）对芬兰的各种创新政策进行定性分析，同时对芬兰研发补贴政策和税收减免制度进行定量福利分析，认为创新政策应该基于自下而上的方法，而不是基于使命导向的、自上而下的方法。Valtteri Laasonen、Jari Kolehmainen和Markku Sotarauta（2022）突出阐释芬兰21世纪初创新政策的演变，并揭示了各种创新政策方法内部和之间往往非常冲突的权衡和紧张关系，并提出构建“新创新政策”的新思想。

在国内学术界对于芬兰创新体系的研究中，程桂云（2006）对芬

① 资料来源：World Intellectual Property Organization, *Global Innovation Index* 2022, https://www.wipo.int/edocs/pubdocs/en/wipo_pub_2000_2022/fi.pdf。

兰国家创新系统的构成和运行机制做了全面剖析，表明芬兰经济的发展离不开芬兰国家创新系统的运作。张文霞、李正峰（2006）主要阐述芬兰成为创新型国家的基础是芬兰进行的基础性秩序变革和组织创新，其中包括：加大教育和研发投入、科技和教育体系改革、选择性引进先进技术、推动出口贸易发展和企业国际化。李春景、杜祖基（2006）分析芬兰科技政策的演进过程，着重说明20世纪90年代后芬兰科技政策的构建和发展趋势。江沿（2007），胡勇、李占卫（2007），赵杨、胡昌平（2010）都强调了政府在芬兰国家创新中所发挥的作用，江沿着重阐述政府对教育的高比例投资有利于创建国家创新体系；胡勇、李占卫则强调政府在其中发挥的整体性作用；赵杨、胡昌平主要侧重的是芬兰政府在国家创新系统中的信息资源配置的有效作用，为芬兰创新系统的有效运行起到了积极的保障作用。程郁、王协昆（2010），权衡、孙亮等（2010）的主要观点都是从国家层面分析其在芬兰创新机制中的效用，表明国家高度的整体性创新战略是以成熟完善的制度化政策治理体系为保障的。王子丹、袁永（2018）主要分析芬兰创新战略与法规政策，从研发投入、创新人才教育培养、科技创新管理服务机构、企业科技创新、产学研合作及创新评估六个方面阐明芬兰重点科技创新政策。林娴岚、王海燕（2014），陈培诚、陈晟颖（2022）都对芬兰国家创新体系的基本架构进行了阐述；陈培诚、陈晟颖也说明了芬兰国家创新体系的经济背景、建立和完善以及破坏与恢复。

2.4.2 芬兰创新体系中的制度安排

制度安排是芬兰创新体系的主体部分，即具体从芬兰创新体系的政策与法律、机构设置等方面对芬兰创新体系进行系统性阐述。

2.4.2.1 芬兰创新体系中的政策与法律

1990年，芬兰科学与技术政策理事会发布《20世纪90年代科学技术政策的回顾与指导方针》，国家创新体系的概念在此第一次被引入，报告指出："国家创新体系是指影响新知识和技术发展及应用的诸多因素的集合。"自此，芬兰正式将构建国家创新系统作为战略目标，确立了将国家创新系统概念作为芬兰制定创新政策的基本框架。1993年和1996年，芬兰陆续发布《面向创新社会：芬兰的发展战略》和《芬兰：以知识为基础的社会》，其中提出"创新社会"和"知识社会"概念，这意味着国家创新系统理论在芬兰科技与产业政策中得到更深层次的体现。2000年，芬兰科学与技术政策理事会在最初提出的国家创新体系理论基础上，把国家创新体系定义为"建立在合作基础上的所有新知识的生产者和使用者之间，在知识和技能的生产及使用中的相互作用"，并进一步将建立国家创新体系作为芬兰科技创新的战略政策和长期目标。

2003年和2004年，芬兰政府相继发表《知识、创新与国际化》政策报告和《芬兰科学技术国际化》战略文件，重点推动芬兰的科技国际化发展。为了重点发展能够带动经济整体增长的产业，通过活跃的科学研究和创新活动促进芬兰商业竞争力的提高，2005年，芬兰科学院和原芬兰国家技术创新局[①]启动"FinnSight 2015"项目，大规模、系统性地制定未来十大科技领域政策，对芬兰未来的科学技术进行前瞻性研究。2006年芬兰政府发布了《科学、技术和社会展望》报告，报告明确了国家发展需要重视的产业领域，涉及各个方面。同年，芬兰科学技术政策理事会推出国家科技创新战略中心（SHOK）计划，旨在将政府、国际企业和

① 芬兰国家技术创新局与芬兰贸易投资旅游促进总署于2018年合并，成立芬兰国家商务促进局（Business Finland）。

国际研究资源更好地联系结合起来，致力于打造世界一流的研究中心，进一步促进芬兰的产学研合作。2007年，芬兰政府发布《2007—2011创新目标》，提出加大创新投入和加强国际交流等要求。2009年，芬兰将巩固科技国际化列为国家科技政策的首要任务，并于2010年12月，发布一份面向未来五年的重要战略文件——《国家研究与创新政策指南(2011—2015)》，旨在加强芬兰世界最领先的知识经济体地位，该文件中提出制定政策法规支持研究和创新活动，鼓励高等院校与企业合作，提高科研水平，并加强政策评估服务于决策的水平。

2015年，芬兰文化与教育部发布《转型的芬兰：2015—2020年研究与创新政策评述》报告，对全面改革高等教育系统，提升研究成果的利用和影响等方面提出了相关政策措施，提出要用有限的研究与创新资源创造可持续增长和福利，改革现有研究与创新的模式和结构，促进开放、合作与国际化。2017年3月，芬兰科学院公布2017—2021年国际合作政策，明确研究国际化主要依赖自身的资助方案，尤其是与北欧网络、欧洲国家的多国合作，并将立即启动专项行动计划支持国际合作政策，以提升芬兰研究与创新系统的国际化。2017年11月，芬兰科学院对欧盟未来研究与创新框架计划提出建议，认为欧盟必须长期投资高质量基础研究，科学才能取得突破性进展并产生强大的社会影响。2017年12月，芬兰政府发布人工智能发展报告，提出要把芬兰建设成世界领先的人工智能应用国家，进一步提高国家创新水平。2019年6月，芬兰就业与经济部公布芬兰人工智能计划总结报告，目的是使芬兰更快进入人工智能时代。2020年，芬兰政府发布《有利于创新的监管状态与良好实践研究》报告，指出目前创新政策中监管的作用日益突出，在技术快速发展的背景下需要新的监管办法，并分析了芬兰当前有利于创新的监管状况。2021年12月，芬兰就业与经济部发布加速布局人工智能和促进第4次工业革命的行动计划中期报告，该行动计划被命名为“人工智能4.0”，总结了芬兰第4次工业革命现状和先进数字化的进展，提出芬兰在第4次工业革命期间加速数字化应具有全面目标，在产学研、培训机构和公共机构的合作中发展数字化。截至2021年，芬兰研发支出达到75亿欧元，研发支出占国内生产总值的比重达到3.0%，相对于2020年研发支出增加了5.59亿欧元，增长8.1%。对各创新主体而言，企业的研发支出增长明显，上涨11%，政府部门的支出增长3.7%，高等教育部门的研发支出增长1.7%①。

2.4.2.2 芬兰创新体系中的机构设置

在建设创新国家体系这一基本理念的指导下，自20世纪90年代开始，经过一系列行之有效的举措，芬兰的产业、大学和政府机构之间逐步发展成为一种以科学技术为中心的相互作用机制，各个部门之间相互促进、相互支持，最终建立起具备鲜明特点的、高效的国家创新体系，为芬兰的经济发展和综合国力的提升提供了强有力的保障和动力。

2.4.2.2.1 首要政治机构

芬兰科技创新政策的最高决策层由议会和内阁组成，其中内阁发挥顾问作用的实体机构是芬兰研究与创新委员会，其在制定科技政策和创新战略过程中发挥核心作用，在科技创新体系的发展方向与形式的决定中产生关键性影响。为了避免在缺乏专业性指导的前提下将问题延伸为政治性问题，议会在科技政策的制定过程中并不积极地参与讨论，这使得芬兰创新制度与政策的制定具有专家导向性和去政治化的特征。各相关部门的政策制定者同样是经过研究与创新委员会来共同参与有关科技

---

① 资料来源：Statistics Finland，“Share of research and development expenditure in gross domestic product rose to three percent in 2021”，https://stat.fi/en/publication/cktttkovs8fmw0b00q6pvdv90。

创新政策的讨论，研究与创新委员会由芬兰政府总理主持，这种权利结构能够更强力地促进各个相关部门政策制定的协调和整合。最终，经由研究与创新委员会确定的战略和政策将会提交至内阁的经济政策委员会进行审议并发布。

2.4.2.2.2 政策协调与监督部门

芬兰承担制定、执行创新政策并监督政策实施职责的主要行政部门包括：教育与文化部、就业与经济部、农林部和社会事务与卫生部，其中教育与文化部、就业与经济部是最主要的两大行政部门，如表 2.3 所示，在政府研发预算中，这两个部门执行和分配的研发资金在研发总额中的占比达到了 89%。

表 2.3 2022 年芬兰政府研发预算拨款结构

分类		研发经费/百万欧元	研发经费占比/%	较 2021 年相比变化/百万欧元
研发经费总额		2488.5	100	271.8
主要行政部门	教育与文化部	1354.5	54	55.6
	就业与经济部	883.0	35	206.7
	农林部	72.0	3	2.5
	社会事务与卫生部	70.2	3	2.4
资助机构	芬兰科学院	476.9	19	27.9
	芬兰国家商务促进局	741.1	30	200.7
	大学	721.9	29	-2.2
	应用科学大学	90.3	4	9.6
	政府研究机构	215.6	9	4.3
	其他机构	222.9	9	32.5
	大学医学中心	20.0	1	-1.0

资料来源：Statistics Finland，R&D funding grows in the 2022 budget，https://stat.fi/til/tkker/2022/tkker_2022_2022-02-24_tie_001_en.html。

芬兰的教育与文化部负责制定教育、科学、文化、体育和青年政策，并负责这些领域的国际合作。该部门的目标是通过教育和文化服务为公民提供个人发展可能性，保证劳动力市场所需技能，加强民族文化和国际合作的发展。芬兰教育与文化部更多地为创新体系的构建提供必不可少的人才上的支持，培养创新意识。芬兰就业与经济部的基本职能则是负责芬兰产业发展和劳动力市场规范、制定并执行创新政策和负责国际技术和经济合作。

创新政策的制定向更大范围、更深层次内涵转变，这使得各部门对于创新的共同利益逐渐提升，跨部门尤其是教育与文化部和就业与经济部的联系与合作更加深刻，二者通过研究与创新委员会进行更深的科技创新联合与协作。

2.4.2.2.3　公共资金支持机构

芬兰科学院、芬兰国家商务促进局和芬兰国家研发基金是芬兰公共研究资金的分配和执行机构。根据表 2.3，芬兰科学院和芬兰国家商务促进局获得的政府研发经费已经达到政府研发预算总额的 49%。芬兰国家研发基金的资金则来自捐赠收入和风险投资所带来的回报。

（1）芬兰科学院

芬兰科学院隶属于芬兰教育与文化部，从教育与文化部获得国家预算经费，主要是向大学和研究院所提供有竞争力的经同行审查的基础研究资金，并积极贡献其科学政策专门知识，以提高科学研究的质量和影响，支持芬兰科学的更新和发展研究环境。2021 年，芬兰科学院共收到 5108 份申请，审查报告 11292 份，做出 5077 项供资决定，拨款 4.9 亿欧元，资助拨款的管理费用占 2.2%，图 2.4 显示的是芬兰科学院 2021 年按照机构划分的拨款具体情况，其中对大学的拨款占据绝大部分。2022 年，芬兰科学院研究经费达到 4.68 亿欧元，每年资金可用于大学和研究机构约 3000 人的工作。

芬兰科学院对研究项目的资助支付给“研究组织”，即研究人员或研究团队所在的大学或研究机构，大学或科研机构使用经费来支付团队成员的研究费用和工资。在科学院2023年发展研究计划（DEVELOP2）中，科学院经费总额高达300万欧元，个人研究团队或由两个或两个以上研究团队组成的联合体可以申请该项资助①。

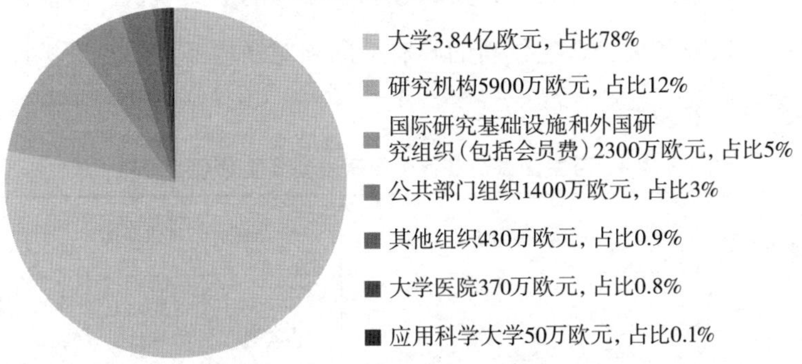

图 2.4　2021 年芬兰科学院按机构划分的拨款

资料来源：Academy of Finland。

（2）芬兰国家商务促进局

芬兰国家商务促进局隶属芬兰就业与经济部，主要负责为芬兰创新活动提供资金支持、带动对芬兰投资及促进芬兰贸易和经济的发展。芬兰国家商务促进局拥有680名专家，国内设置16个办事处，海外设置有42个分支机构，在中国，芬兰国家商务促进局分别在北京、上海、广州设有办事处。2021年芬兰国家商务促进局共拨款7.01亿欧元②，以支持芬兰创新活动的开展，促进企业的国际化。

芬兰国家商务促进局提供包括研究与发展资金、挖掘行业信息、创造增长引擎和创新与增长研究等服务，主要为初创企业、中小企业、中型企业和与小公司合作的大型企业和研究机构提供研究、产品开发和多

① 资料来源：Academy of Finland，Academy Program for Development Research（DEVELOP2）2023。

② 资料来源：Business Finland。

种业务发展需求的资金。芬兰国家商务促进局提供的研发资金资助项目在表2.4中大致列举出来，除此之外，还包含对公司和研究机构之间的合作提供联合创新基金（共同创造基金、共同创新基金和共同研究基金）、旨在为初创公司提供产品或服务理念的Tempo资金、为企业增加国际专家数量的人才资助、扶持年轻创新公司的资助项目、对能源产业的援助、保障和促进造船创新的政府补助和对循环经济的投资援助等更多的项目服务。

表2.4　芬兰国家商务促进局研发资金资助项目概览

研发资金资助项目①	资助目的	具体金额
中小企业和中型企业	为寻求在国际市场上获得巨大收益的中小企业和中型企业的研发项目提供资金，为之后的发展创造能力，提高企业的竞争优势	赠款。对中小企业研究项目的拨款最多占符合条件项目总成本的50 %。对于中等规模的公司，赠款最多可支付符合条件的项目总成本的40 %
		贷款。一般最多覆盖项目总成本的50%。如果有正当理由，贷款可以占到项目总成本的70 %。贷款利率较低（目前为1%），不需要抵押
大型企业	帮助大型企业改革或开发全新的产品或服务、生产方式和商业模式或试点新创新的功能，鼓励大公司与研究机构和中小企业合作	赠款。研究项目获得项目总成本的40%作为资助。企业应至少花费项目总成本的40%从中小企业或研究机构中获得服务
		贷款。最多可支付项目总成本的50%。一家大型企业必须花费15%的项目总成本从中小企业或研究机构获得服务
生态系统整合者基金	适用于希望更新、发展和国际化研发网络的中小企业和大型企业，帮助公司提高在芬兰建立生态系统和规划研发活动的能力	最高资助额为100000欧元，属于不需要偿还的赠款

① 除这五种外，还有公共采购的创新资助，资助对象是旨在更新其服务和业务的公共采购单位。

续表

研发资金资助项目	资助目的	具体金额
创新券	旨在为拥有新产品或服务理念在没有外部专业知识的情况下无法实施的中小企业提供服务	创新券用于购买专家服务，为公司带来创新所需的新信息和专业知识。援助金额为6000欧元，只能获得一次
Into 基金	旨在帮助计划进入出口市场的初创企业和中小企业。通过这笔资金，购买最好的顾问服务，以促进创新，或者保护工业产权，或者从研究所或大公司聘请一位专家	提供项目总预算50%的资金，没有规定最高项目预算，但最多只能购买200000欧元的咨询服务

资料来源：Business Finland，https：//www. businessfinland. fi/en/for – finnish – customers/services/funding。

（3）芬兰国家研发基金

芬兰国家研发基金（The Finnish National Fund for Research and Development，Sitra）直属议会，是独立运作基金，早期运作资金来源是芬兰银行和芬兰议会于1967年设立的大约8400万欧元的捐赠基金，后期运作资金来源是捐赠收入和风险投资所带来的回报。芬兰国家研发基金主要向处于创业阶段的企业进行风险投资，致力于促进技术创新成果的商业性转化以及种子项目的融资投入。因此，芬兰国家研发基金是催生新创意的思想储存库，发挥着“战略智囊”的作用。截至2022年底，Sitra投资资产的市值为9.41亿欧元，其投资组合在地域和资产类别上都很多元化，其中超过1/3的投资在芬兰。图2.5为Sitra在2022年底按资产类型划分的投资。

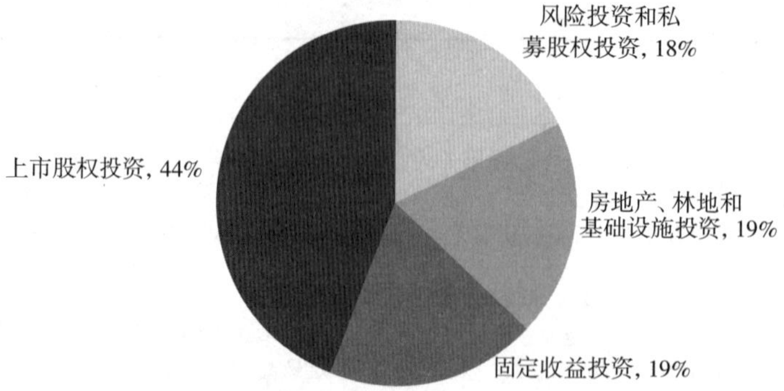

图 2.5　2022 年底 Sitra 按资产类型划分的投资

资料来源：Sitra，https：//www. sitra. fi/en/topics/sitra – as – an – investor/。

2.4.2.2.4　研发创新执行主体

芬兰研究与创新的执行主体包括高等教育、公共研究和企业研究三大体系。

（1）高等教育体系

芬兰的高等教育体系由 13 所综合大学和 22 所应用科技大学①组成，高等教育系统是芬兰教育体系中重要的主体构成部分，如表 2.5 所示，2021 年高等教育系统的研发支出占研发总支出超过 23%，大学也日益成为芬兰最重要的基础性研究创新主体。

（2）公共研究体系

各个政府部门下属的研究机构构成了芬兰研发创新主体中的公共研究体系，这些研究机构能够为部门的科技政策和创新战略决策提供必要的信息和研究支撑。其中最重要的公共研究机构是芬兰国家技术研究中心。

芬兰国家技术研究中心（Technical Research Centre of Finland，VTT）隶属于就业与经济部，目前是芬兰乃至北欧地区最大的综合性应

① 资料来源：https：//www. research. fi/en/science – innovation – policy/research – innovation – system。

用技术研究机构。芬兰国家技术研究中心能够发挥强大的社会作用，在利益相关者（公司、大学、研究机构、研究资助机构、部委、市政和地区管理部门）之间进行积极协调，以促进信息的流动，推动商业和社会中科学技术的利用和商业化，为芬兰社会和工业带来了广泛的价值。

（3）企业研究体系

芬兰国家创新体系中最重要的创新主体是企业，如表 2.5 所示，2016—2021 年企业研发支出在全国总研发支出的占比已经超过 65%，企业不仅是技术研发与创新的重要参与者，也是技术成果转化的直接受益者。

表 2.5　2016—2021 年芬兰创新主体研发支出情况

年份	研发创新主体						研发支出总额		研发占 GDP 比重
	企业		公共部门		大学				
	支出金额/百万欧元	支出占比/%	支出金额/百万欧元	支出占比/%	支出金额/百万欧元	支出占比/%	支出金额/百万欧元	支出占比/%	%
2016	3901.7	65.8	534.6	9.0	1489.8	25.1	5926.1	100.0	2.72
2017	4028.3	65.3	577.7	9.4	1567.2	25.4	6173.2	100.0	2.73
2018	4226.9	65.7	587.2	9.1	1623.8	25.2	6437.9	100.0	2.76
2019	4407.9	65.6	602.6	9.0	1704.6	25.4	6715.1	100.0	2.80
2020	4644.2	67.0	585.6	8.4	1702.8	24.6	6932.6	100.0	2.94
2021	5152.8	68.8	607.0	8.1	1731.3	23.1	7491.1	100.0	2.98

注：包含私营非营利部门。

资料来源：Statistics Finland，https：//stat.fi/en/publication/ckttkovs8fmw0b00q6pvdv90。Statistics Finland，R&D funding grows in the 2022 budget，https：//stat.fi/til/tkker/2022/tkker_2022_2022-02-24_tie_001_en.html。

2.4.2.2.5　区域创新体系及主体

以构建国家创新体系为战略目标，芬兰大力推进科学园、商业园和孵化中心建设，使其逐渐发展为芬兰重要的创新载体，并推动芬兰的区域创新活动开展。奥卢科学园于 1982 年成立，是芬兰成立的第一个科技园区。目前，该科技园已经迅速发展为具备强大经济实力和先进出口产品的高新技术企业联合体。芬兰科技园建设的特点在于依托大学和研究机构布局密集的地区，其发展目标并不追求产值和利润，而在于使企业能够最大限度地吸收邻近大学和研究机构的技术转移和知识外溢，促进研发成果的产业转化，同时为企业提供具备孵化、加速和资金支持等功能的服务。另外，邻近的大学与研究机构也能够及时发现企业需求而调整教学方向以此适应社会的人才需求，进而将科技园区发展为重要的创新区域。2006 年，芬兰政府为了获得国际性创新和发现，开始实施科技创新战略中心计划，已经建成包括能源与环境、森林、信息通信、金属产品与机械加工、建筑环境创新、健康与福利六个科技创新战略中心。

2.4.2.2.6　创新环境支持体系

芬兰创新活动的环境支持体系包括：高等教育、人才培养体系；私人基金、风险投资、商业银行等资金支持机构；公共服务部门、商业服务部门等知识技术服务机构，以及其他对于创新活动存在积极促进作用的环境因素。

2.4.3　芬兰创新体系中的非制度因素

芬兰国家创新体系中除制度因素的影响外，还包括非制度因素对芬兰国家创新体系的影响，具体从芬兰的教育体系、社会因素两个角度来分析其对芬兰国家创新体系的影响。

2.4.3.1　芬兰的教育体系

教育承担着一个国家在社会、经济和文化等各方面广泛而多样化的责任，完善的教育体系更在芬兰国家创新体系的构建和发展中占据着重要位置，在很大程度上对芬兰全球竞争力的提高起到了积极作用。在经济合作与发展组织进行的国际学生评估项目（PISA）中，芬兰连续多年名列前茅，效率与满意度始终保持在领先地位，尤其在 PISA2018 中，芬兰也是唯一将生活满意度与高绩效联系在一起的国家。2021 年芬兰教育经费占 GDP 的 6.31%，高于北美和西欧的平均值 5.7%[①]，这无疑表现出芬兰对于国家教育的重视。芬兰教育体系的最终目标是实现教育质量和教育公平的良好兼顾，在经历了对现代教育体系的不断探索和完善后，秉承着把芬兰建设成为有活力、有创造力的国家和社会的理想目标，芬兰教育最终成功由平庸走向卓越。根据世界经济论坛发布的《2019 年全球竞争力报告》，芬兰的全球高技能劳动力指标排名第二，因此，芬兰拥有许多有创造力的人才，是一个由设计师、工程师和问题解决者组成的国家。

芬兰目前的教育体系建立于 2011 年，由幼儿教育、基础教育、高中教育与职业教育以及高等教育四个部分组成，如图 2.6 所示。

芬兰是全球幼儿教育发展最完备的国家之一，芬兰的幼儿教育秉承以儿童全方位发展为中心的育人理念，通过开设多种类教保机构，制定个性化培养方案，运用科学的教学模式，深度观照每个儿童的成长过程和发展潜力。芬兰幼儿教育体系分为幼儿教育与护理（Early Childhood Education and Care，ECEC）和学前教育（Pre - primary Education）两个阶段。其中，幼儿教育与护理面向 0 ~ 5 岁儿童，学前教育面向年满 6 周岁儿童，两者皆由教育与文化部负责规划和实施。提供幼儿教育的机构类型多样化，包括日托中心、游戏小组、学前班等，该阶段的学习内容和形式也丰富多彩，不仅包含各种形式的科目，也包括各种实践活动，更加注重启发和引导幼儿，为之后的身心发展和学习过程奠定良好的基础。为了保证幼儿教育目的的实现，幼儿教育的师资资质和比例也受到严格的监管，对于日托中心、学前班等幼儿教育机构教师的任职资格，芬兰教育部门采取严格的限制条件。贯穿幼儿教育全过程的教育理

① 资料来源：世界银行数据库。

念，体现着芬兰教育体系的核心精神——“平等”，芬兰教育不强调精英，坚持每个孩子享有公平的教育机会、公平的成长和学习起点，开设学前教育阶段就是为了避免因为出生家庭不同而产生的发展差异，降低之后教育阶段的学习落差，这正体现出芬兰教育体系的成熟之处。

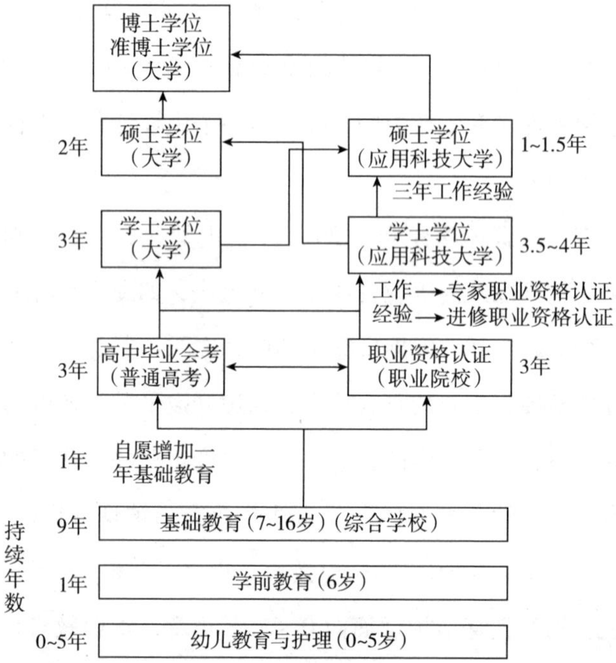

图 2.6　芬兰教育体系

义务教育是芬兰公民接受高质量教育的基石，而芬兰义务教育阶段经历了数次变迁：在 1921 年，芬兰政府颁布《义务教育法》，义务教育涵盖 7 ~ 13 岁青少年；1958 年芬兰颁布《小学法》，义务教育年数延长两年；1972 年，芬兰建立九年一贯的综合学校，义务教育阶段涵盖 7 ~ 16 岁青少年；2006 年起，芬兰将学前教育也纳入义务教育范围，年龄扩大至 6 ~ 16 岁，义务教育变为 10 年制；从 2021 年秋季开始，芬兰政府决定将义务教育延长至 18 岁，所有芬兰学生在九年级之后继续免费上普通高中、职业学校或其他义务教育课程，芬兰因此成为世界上第一个将义务教育年龄延长至18岁并使高中教育完全免费的国家。这些举措对于缩小学习差距、促进教育中的平等和非歧视、提高芬兰教育的水平和能力、提高就业率和加强国家的创新能力产生了重大影响。

高中教育和职业教育两条途径并行是芬兰中等教育的内容，正是在这两条途径并行的教育体系之下，学术型和技术型人才体系之间不存在价值差异，芬兰学生可以完全基于自身兴趣和职业规划选择学校。芬兰的中等教育通过构建灵活、模块化和全面的综合教育体系、制定科学合理的考试制度以及提供广泛的职业教育和培训机会，为学生提供无障碍和无壁垒的教育选择。灵活的学习路径选择能够有效地促进教育公平，提升学习效率，对于芬兰的创新能力提高也奠定了一定的教育基础。

作为芬兰国家创新体系的重要组成部分，高等教育不仅发挥着自身知识创新的作用，并且为企业和其他研究机构输送大量高质量创新型人才，为科技创新发展提供支撑，高等教育已经成为芬兰国家创新体系中不可缺少的一个环节。芬兰的高等教育体系由大学和应用科技大学两类学校构成，目前共有13所综合大学和22所①应用科技大学隶属于芬兰教育与文化部。区别于他国高等教育，芬兰高等教育的主要特征就是高校自治和全面的助学保障体系，其中离不开芬兰成熟的法律保障机制和政府大力支持。芬兰《大学法》规定了大学的一般行政框架，芬兰议会于2009年通过的《新大学法案》使所有芬兰大学获得独立法人地位，第一次在法律上赋予大学自治权力。芬兰政府除了推行高等教育免费制外，还为学生提供各种形式的财政支持，从而为高等教育建立起全面的助学保障体系。

---

① 资料来源：https://www.research.fi/en/science-innovation-policy/research-innovation-system。

在芬兰教育系统内，终身学习的观念始终贯穿其中，芬兰所有公民平等地享有教育机会，能够在人生的任何阶段继续接受教育。正是由于芬兰特别的教育理念以及对教育体系建设的注重，更加强化了教育在芬兰国家创新体系的基石作用。

2.4.3.2　芬兰的社会因素

芬兰在建设国家创新体系进程中，各种社会因素在其中发挥着重要的支持作用，主要体现在优质的数字基础设施、政治环境安全透明、人文特质等方面。

2.4.3.2.1　优质的数字基础设施

对相关信息和通信网络基础设施的建设，为芬兰信息科技产业的迅速发展提供了充分的基础条件，这使得芬兰能够成为世界上重要的战略数据通道国家。

在通信技术层面，芬兰不断推进发展并取得优秀的成果。芬兰是世界上第一批开始建设5G网络的国家，2019年全球首届6G峰会在芬兰举办，并拟定了首份6G白皮书——《6G无线智能无处不在的关键驱动与研究挑战》。在互联网技术迅速发展的同时，芬兰互联网的普及水平也处于世界前列，2021年，在移动宽带普及率（每100位居民中移动宽带用户数）方面，芬兰普及率达到157%，2022年家庭和个人上网率分别为97.59%和97.26%[①]。互联网的快速发展也对数据存储和运行提出了更高的要求。

芬兰积极地建设信息和通信连接网络，与周边国家积极合作海底电缆项目，例如，芬兰分别与爱沙尼亚、瑞典、德国等欧洲国家共同铺设海底电缆，以及北极东北航道海底电缆项目等，这让芬兰与欧洲、亚洲

① 资料来源：OECD数据库。

乃至全世界的数字信息连接更加便捷和紧密，形成更为先进、更为便捷的数字网络。

互联网技术的进步、高普及率以及便利的信息网络，使得芬兰数字产业得到飞速、高质量的发展。与此同时，芬兰稳定可靠的电力生产、传输和高效的分配系统能够很大程度提高企业的运营效率，加上芬兰天然拥有的坚实基岩和凉爽气候的优势，微软、谷歌、atNorth 和 Yandex 等企业大力投资建设位于芬兰的数据中心。

2.4.3.2.2　政治环境安全透明

在和平基金会发布的 2022 年脆弱国家指数数据中，芬兰在 179 个经济体中排在最后一位①，这意味着芬兰是全球最稳定的国家，社会信任程度高。稳定的政治环境有利于国家经济活动的连续性、安全性开展，经济学人智库（EIU）发布的 2022 年第四季度经商环境排名显示，芬兰列第十位②。在透明国际公布的 2022 年腐败感知指数中，全球 180 个国家和地区，芬兰排在第二位③，这表明廉洁也是芬兰国家的鲜明特征之一，这让芬兰商业活动的开展比其他国家或地区更加直接高效。政治因素的稳定和政府等公共部门的透明有效是芬兰企业高效发展的最重要保障，为芬兰各主体进行科技创新提供了最适宜的背景条件。

2.4.3.2.3　人文特质

芬兰地处欧洲北端，独特的地理位置造成了该国严寒的气候条件，从而对芬兰人的生活产生巨大的影响，在这种条件下，芬兰人养成了自力更生、吃苦耐劳、崇尚勤俭、善于创新的精神品质。在历史上，芬兰

① 资料来源：和平基金会（The Fund for Peace），“Fragility in the World 2022”，https://fragilestatesindex.org/country-data/。

② 资料来源：经济学人智库（EIU），https://www.eiu.com/n/。

③ 资料来源：透明国际（Transparency International），CPI，https://www.transparency.de/cpi。

经过了长期的殖民与战争，锤炼了芬兰人坚韧、永不言弃和坚强不屈的性格。正是由于独特的地理和历史因素，芬兰国家形成了自己的民族精神——“SISU”（西苏），芬兰语译为“力量与坚强的意志”“毅力与勇气”。根据联合国开发计划署（UNDP）发布的《人类发展报告 2021/2022》，芬兰的人类发展指数列第 11 名①，在联合国公布的《世界幸福报告》中，芬兰已经在 2018—2023 年连续六年被评为是世界上最幸福的国家②。

芬兰独具特色的人文社会性质，使得芬兰更加注重团队协作，对于创新精神的培养、创新活动的促进同样存在影响。“SISU”在芬兰国家创新体系的建设中一直贯穿存在，自 20 世纪 70 年代起，芬兰逐渐开始自己的创新系统建设，在经历国际金融危机的冲击过程中，芬兰的研发投入仍然保持在较高水平，坚持不懈地进行研发创新活动，不断进行制度性探索与改革，最终成功建设为创新型国家。

2.4.4 芬兰创新体系对中国的启示

芬兰建设创新型国家的过程中，其成功经验可以为中国创新体系的建设和完善提供借鉴，具体从科技与创新的国际化、教育和强化产学研合作三方面对中国建立创新系统提供建议。

2.4.4.1 注重科技与创新的国际化

芬兰在经济发展过程中认识到本国存在国内人口稀少、市场狭小、对外贸易依赖性强等缺陷，想要进一步提高科技创新能力，就必须加强国际交流合作，通过科技与创新的国际化带动本国创新能力的发展。因此，芬兰积极进行国际联系与合作，通过参与联合研究项目和国际多边

① 资料来源：联合国开发计划署（UNDP）. 人类发展报告 2021/2022. https://hdr.undp.org/system/files/docments/global-report-document/hdr2021-22chpdf.pdf.

② 资料来源：World Happiness Report，https://worldhappiness.report/archive/。

合作项目等途径，推动本国科技国际化交流，从而提升创新水平。尽管中国存在巨大的内部市场，但要发展科技、促进创新，仍然需要和国际接轨，进一步扩大国际市场的交流和合作，推动创新国际化。在重要发展领域，密切关注国际动态，聚焦重点产业，加强国际学术文化交流合作，推进研究成果向科技实体转化，实现科技创新合作国际化。

2.4.4.2 重视教育在创新系统中发挥的作用

教育是构成一个国家国际竞争力最突出的要素之一，而芬兰作为世界上最具创新能力和国际竞争力的国家之一，一直非常重视本国教育体系的建设。在政府的支持下，芬兰的教育体系成熟而完善，终身学习理念更是融入芬兰人民的生活中，创新文化也在教育过程中成为必不可少的存在。近年来，中国对教育的投入不断增加，教育水平也在逐步提高，但同时存在创新教育方面有所欠缺的问题。所以在关注教育投入的同时，应更加注重创新在教育中的体现，鼓励学校开展创新竞赛等活动，培养创新意识，将创新教育贯穿于人才培养的各个时期。

2.4.4.3 加强产学研合作，构建特色鲜明的国家创新体系

芬兰科技与创新系统的突出特点是形成了产学研三位一体的高效创新转化机制，通过政府宏观政策的制定，企业、学校与研究机构互相联系、互相合作，从而推动科技创新向前发展，提升创新成果转化效率，提高国家创新能力和水平。中国根据国情发展，将建设国家创新体系的突破口确定为完善的产学研合作创新机制，需要聚焦和整合国家技术创新的各项要素，充分发挥政府作用，将各个创新部门联合起来，充分探讨产学研深度融合发展中的难点，提出解决对策，并积极讨论新思路和新途径，使产学研合作水平更高，有利于构建具备本国特色的国家创新体系，从而贯彻落实国家创新驱动发展战略，推动高水平科技自立自强。

2.5 德国创新体系

作为二战的发起者和战败国，德国的经济和社会发展遭受毁灭性的打击，同时流失了大量优秀的科技人员，科技发展整体水平一度落后。二战后，德国政府高度重视科技创新的复苏和发展，制定了一系列促进科技创新的战略规划并辅以政策举措的配合，不断加大科技投入，建立完善的科技管理体系和研发体系，德国重新回到了科技大国和创新强国的行列。并且在2011年提出进入“工业4.0”时代的概念。根据世界知识产权组织发布2022年全球创新指数，德国在全球排名居第8位。除此之外，根据欧盟委员会发布《2022年欧洲创新型联盟记分牌》，虽然受到新冠疫情等因素的影响，与2021年相比，德国的创新绩效有所下降，但是德国仍然是强大创新者，表现高于欧盟平均水平。在疫情席卷全球以及各个地区灾害和冲突频发的背景下，德国经济一直保持在全球前列，这与其实行的创新驱动发展战略密不可分，为进一步促进德国的创新活动，联邦政府着力加强创新环境建设，促进创新要素自由流动，建立了一套行之有效的国家创新体系及国家支持科技活动的机制，为德国走向世界科技强国奠定了体制和制度基础。

2.5.1 德国创新体系研究综述

作为代表欧洲制造业较高水平、创新体系最为完善的国家，同时也是《欧洲创新型联盟记分牌》的亚军得主，德国的创新体系长期以来受到国内学者的关注。近年来，我国学者对德国创新体系的研究主要集中在两个方面：一是对德国创新体系的发展历程及其构成的研究；二是对德国创新转化机制及对德国经济特别是德国制造业发展的影响的研究。

王海燕等（2014）对德国创新体系的特征进行了分析，认为德国创新体系的成功在于以下五个方面：一是专业化的中介服务机构有效地促进了德国创新主体间的互动；二是大、小企业协调发展，共同打造了德国可持续的企业创新生态系统；三是清晰的公共科研体系定位，为德国创新体系提供了知识和技术供给；四是德国具有特色的研究—职业双重教育体系，为德国企业培养了创新所需的全方位人才；五是科技投入与管理规范科学，不断提高科研经费的使用效率，使得德国创新体系中的政策性资金扶持更好地发挥了作用。在此基础上，王海燕等认为，一个良性健康的创新体系应像德国创新体系一样，政府作为体系的设计者而非主要参与者，在政策性资金扶持上应兼顾大中小三类企业不同的创新需求，创新体系中的科研环节应力求精专而非全面。

陈强等（2013）将德国创新体系发展历程划分为战后恢复振兴阶段、统一前后调整阶段、21 世纪至今发展阶段三个时期，通过对德国创新体系发展的三个时期的共同点归纳出德国创新体系在战略规划、政策机构、执行方式、研发投入四个层面的发展路径。通过分析陈强等认为德国创新体系在创新战略和创新政策方面具有系统性、连续性，在这种系统性和连续性的基础上形成了对内整合、对外聚合的良性互动机制，同时充分激发区域创新能力潜力、调动企业创新积极性，形成区域协调、整体统一的国家创新体系。

德国创新体系对经济发展产生的影响方面，刘华（2005）较早分析了德国创新体系中的科技转化机制对经济发展的影响。刘华认为德国科技创新成果的市场化是德国经济保持稳定发展的重要原因，而德国科技创新成果市场化率较高是因为德国创新体系中对中小企业创新能力的扶持和对中小企业创新成果市场化的制度性保障，刘华以此为依据提出中小企业的创新活力是德国创新体系成果的关键因素所在，并认为应把鼓励小企业创新，推动小企业创新市场作为重要内容。在欧债危机持续发酵的背景下，梁洪力等（2013）将德国创新体系与德国经济的稳定发展联系起来进行研究，认为由于德国创新体系中各类微观主体的协调发展和创新机制对市场波动的自我调节，使得德国经济在欧债危机的负面环境下仍能呈现较为稳定的发展态势，得出了良好的创新体系可以成为一国经济发展稳定器的结论。

史世伟（2009）认为德国制造业的竞争优势来源于技术创新，而技术创新不仅取决于企业对研发的高投入，更重要的是有一个高效的国家创新体系；国家创新体系是一种制度，它不仅指产、官、学、研之间复杂的交互作用和反馈，还包括影响研究、探索以及学习过程的经济结构和制度组织的所有部门和方面。史世伟以此为依据，从产、官、学、研四个子系统出发，对德国创新体系与制造业之间的关系进行了探讨，得出了德国制造业的优势得益于德国国家创新体系制度安排中政治、经济、科技、社会和文化各子系统间的自适，同时指出德国创新体系中人才双元制培养、研究投入平均主义已经开始对德国制造业的发展产生了负面影响。杨文硕等（2022）对德国全国创新体系及其科技服务业的发展逻辑进行分析，认为其核心经验在于以政策推动和市场拉动两个动力机制激活科技服务业态向高水平发展，其技术要素市场以科技服务业为枢纽，治理、供给、服务、需求四侧形成生态循环。具体从四个侧面进行分析：一是长期主义政策为研发助力提供资金支持，为创新主体营造更好的利益格局；二是各个科研组织机构互联互通，形成大型的创新网络；三是自身软实力强；四是校企合作，自主创新需求深入持续。总而言之，可以将其发展逻辑归纳为“增值—加速”。周红芳（2021）认为无论是二战前还是现在，德国都自始至终占据科技强国的地位，这与其不断完善的国家创新体系密不可分。周红芳认为德国的创新发展体现在“包容”二字上，不仅是针对各个主体，更是针对各个区域，实现协同发展。同时包容还体现在对人才的包容上，广泛吸纳各个国家的人才。在包容的基础上，德国针对不同国家的特长实行有差别的国际科技合作策略。除此之外，德国的创新能不断进行的原因是它不仅仅是科技创新，更是社会创新，即创新的更深层目的是提高人们的生活品质，推动社会发展。

德国于2011年提出“工业4.0”战略，其意图通过国家创新体系助力“工业4.0”的落实发展，形成“政产学研”通力合作的良好态势。蒙禹霏（2020）在此背景下，对德国创新体系对其经济发展产生的影响进行分析。欧洲债务危机期间，由于德国坚实的工业基础，恢复期短。德国国内生产总值、人均国内生产总值、进出口额等在2013年以后持续上升。“工业4.0”背景下德国的创新体系不断发展，对于德国经济的恢复和平稳增长起到重要作用，同时推动国内经济高质量增长，具体体现为产业的转型升级和宏观经济的增长。

2.5.2 德国创新体系中的制度安排

2.5.2.1 德国创新体系中的战略与规划

德国政府高度重视战略规划对科技创新的引领作用，将创新置于国家发展的核心位置。为保障战略规划的有效实施，20世纪80年代以来，德国政府先后出台一系列法规以不断强化战略规划的宏观引领作用。1982年，联邦政府制订促进创建新技术企业的计划，将建立更多高技术公司作为国家的一项战略措施。1996年7月，德国内阁通过《德国科研重组指导方针》，明确了德国科研改革的方向。1998年，联邦政府颁布《INFO2000：通往信息社会的德国之路》白皮书，有力推动了德国信息产业的发展。2002年2月16日，联邦议院通过联邦政府提交的《高校框架法第5修正法》草案，为在大学建立青年教授制度提供了联邦法律依据。2004年11月，联邦政府与各州政府签订《研究与创新协议》，规定大型研究协会（马普学会、亥姆霍兹联合会、弗劳恩霍夫协会、莱布尼兹科学联合会）的研究经费每年保持至少3%的增幅。2006年，联邦教研部制定《科技人员定期聘任合同法》，该法规定将公立科研机构研究人员的定期聘任合同的最长期限放宽至12年或15年，以留住青年科技人才。同年，联邦政府首次发布《德国高科技战略》报告，继续加大特别是17个创新领域的投入，以确保德国未来在世界上的竞争力和技术领先地位。

2012年3月28日，德国政府推出《高科技战略行动计划》，计划从2012年至2015年投资约84亿欧元，以推动在《德国2020高科技战略》框架下10项未来研究项目的开展。2012年10月，联邦议院通过《科学自由法》，即《关于非大学研究机构财政预算框架灵活性的法律》。2013年1月16日，德国联邦内阁通过《联邦政府航空战略》，以保持德国航空工业在欧洲乃至全球的竞争力。标准在德国工业体系中拥有举足轻重的地位，“工业4.0”是德国面向未来竞争的总体战略方案。2013年4月，在汉诺威工业博览会上，德国正式推出《德国工业4.0战略计划实施建议》，旨在支持德国工业领域新一代革命性技术的研发与创新，确保德国强有力的国际竞争地位。2014年，德国出台的《新高科技战略——为德国而创新》继续围绕多元协同和中小企业创新等要素提出行动计划；2018年，出台《高科技战略2025》，加大促进科研创新的力度，就产业界和科学界的研究方向提供战略规划。2019年2月，德国经济和能源部正式发布《国家工业战略2030》，该战略尤其强调了国家对产业结构干预的重要性。《国家工业战略2030》同时还提出了五大目标，其中一个目标就是到2030年，将德国工业生产总值占德国国内生产总值的比例提升至25%，占欧盟的比例提升到20%（见表2.6）。

表 2.6 德国创新战略与规划

战后恢复振兴阶段	统一前后调整阶段	21 世纪至今发展阶段
《德意志联邦共和国基本法》	《促进创建新技术企业》计划	《高校框架法第 5 修正法》
《核研究核技术发展规划》	《德国科研重组指导方针》	《研究与创新协议》
	《多媒体法》	《科技人员定期聘任合同法》
	《循环经济与垃圾法》	《德国高科技战略》报告
		《INFO2000：通往信息社会的德国之路》
		《21 世纪信息社会创新和就业行动计划》
		《联邦政府航空战略》
		《德国工业 4.0 战略计划实施建议》
		《高科技战略行动计划》 《新高科技战略——创新德国》 《科学时间合同法》
		《科学自由法》 《可再生能源法》 《联邦政府航空战略》 《新高科技战略——为德国而创新》 《高科技战略 2025》 《国家工业战略 2030》

2.5.2.2 德国创新体系中的科研机构设置

作为二战战败国，德国在 20 世纪 50 年代的科技政策重点是恢复科研及教育体制，重建被战争摧毁的教育基础设施和大学研究中心，同时恢复科学学会的工作，并建立新的科研促进机构。通过大幅增加科研经费、不断调整科技行政管理部门、新建一批科研机构及大力引进先进技术，到 20 世纪 60 年代末集中协调型的科技体制初步建立，多层次、配套齐全的科研机构基本定型。德国强大的创新能力与其分工明确、统筹互补、高效运作的多层次科研系统密不可分。科研机构的改革和发展为完善德国科学研究体系、增强科技创新能力奠定了坚实基础。德国的科研系统结构如图 2.7 所示。

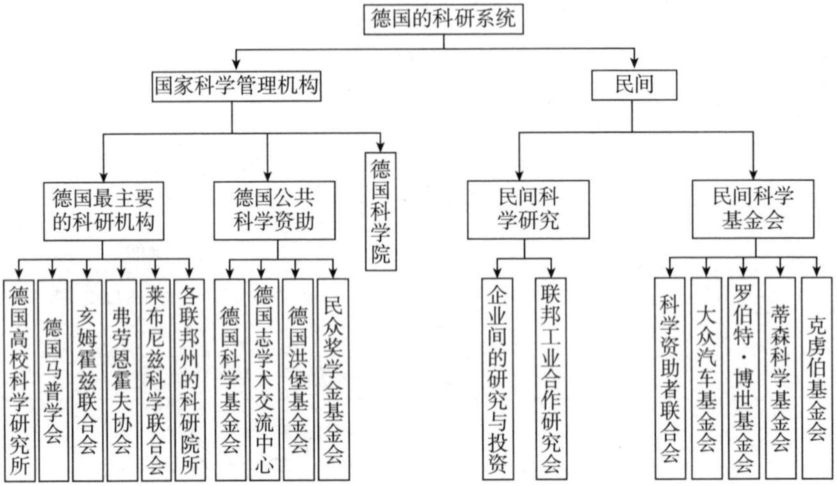

图 2.7　德国的科研系统构成

德国科研系统的各组成部分各司其职，共同推动德国科研体制和科研机构的改革，尤其是以马普学会、亥姆霍兹联合会、弗劳恩霍夫协会、莱布尼兹科学联合会为代表的四大科研机构发挥了决定性作用。例如，“马普制造”持续为来自世界各地的科学家提供一流的研究环境，架起了科学界与经济界的桥梁；亥姆霍兹联合会成立由政府、科技、经济及社会团体代表人物组成的参议会，共商发展战略，加强各大研究中心之间及其与企业的合作，从而提高了科研体系的灵活性。

2.5.2.3　德国创新体系中的政策与体制机制设置

德国在 20 世纪 60 年代末集中协调型的科技创新体制就已初步建立，进入 21 世纪以后，德国不断改革与发展其研究与创新体系，形成分工明确、统筹互补、高效运作的多层次的科研与创新系统。德国国家创新体系的多元性不仅体现在其研发领域的多样化与高度专业化上，同时反映在来自政治、经济与社会各界的不同角色之间的通力合作，共同推动德国科研与创新健康发展。德国拥有一套结构完整、分层运作、多网融合的科技创新体系：由德国政府部门承担立法、规划、管理监督等职能，由高等院校、国立和非营利性科研组织、企业研究机构共同承担科技研究和开发责任，由中介组织提供技术转移和与研究、创新相关的服务。

2.5.2.4 德国创新活动的政策性资金扶持

自 1990 年“两德”统一后，德国研发投入总量逐年大幅度增加。作为一个统一的联邦制国家，德国联邦和 16 个州政府各自行使科技管理职能，每个州对其教育都具有立法权，并进行研发活动资助，每个州约有 50% 的公共研发支出来自州政府。联邦政府和州政府的共同目标是，到 2015 年，将德国研发投入占国内生产总值的比例提高到 3%。2012 年 12 月，德国科学资助者联合会公布，2011 年德国的研发投入为 746 亿欧元，约占国内生产总值的 2.9%，远高于欧盟 2% 的平均水平。德国研发支出的增加促进了研发创新活动，使得研发人员的数量不断增长，德国全时当量研发人员的数量从 2000 年的 48.5 万名增长至 2010 年的 54.9 万名，2011 年达到 57.1 万名。2014 年德国企业创新投入总计 1450 亿欧元，保持较高水平。根据经合组织的数据，2020 年就研究强度（研发投资占 GDP 之比）而言，德国为 3.13%。科学基金赞助者联合会数据显示，2021 年德国企业的研发支出增长近 6%，达到 750 亿欧元，扭转了 2020 年急剧下滑的局面①。

---

① 参见 2022 年德国《商报》。

2.5.3 德国创新体系中的非制度因素

2.5.3.1 德国人的文化特质

德国人的文化特质是严谨、理性、重视时间。德国人是一个讲究秩序的民族。每个人都有自己应守的岗位，每一样东西都放在适当的位置。从办公室到家庭住宅，德国人习惯把各种东西摆放得整整齐齐。外国人在德国旅游，第一个感觉是那里的空间、田地和建筑物分布得井井有条。维持秩序的标志牌和禁令牌到处可见。德国人讲究理性，做事认真。德国人对于产品质量的追求世人皆知。在德国，不管去什么地方购物，不管去大商场还是小商店，无论购买的是什么东西，都不用担心产品的质量问题。在德国，也很少有厂家宣传或保证自己产品的质量，这在他们已经成为一种“潜意识”，是不必受外在约束和监督的自发行为。德国人非常重视时间。每个人都有一个时间日程表，并严格地按照安排去做。拜访别人要事先预约，并按时到。德国年轻人的独立意识很强。很多德国人在满 18 岁后就自己在外面租房子住。很多大学生一边学习一边工作，尽量不要或少要父母给的钱。

严谨的民族性格使得在科研领域德国人呈现出对研究内容专注、肯钻研，对研究成果谨慎、反复论证的特点，这样的研究更易于带来实质性的创新和改变，取得成功的概率也越大，典型的例子就是自诺贝尔奖设立以来，德国人（含移民美国、加拿大等国的德裔）获得的诺贝尔奖人数将近总数的一半。目前德国在精密制造领域拥有极强的国际竞争力，包括汽车、精密机床和设备、制药和化工产品、光学仪器、精密仪器等领域，这与德国人严谨、理性的文化特质是密不可分的。

德国人民族性格中的严谨并不等同于呆板，当出现意外情况时德国人也善于应变，同时善于运用自己严谨的民族性格从意外中发现创新点。聚苯乙烯的发明是一个例子。BASF 的研究人员设法在一个较小的沸点下聚合成一烷基代甲醇和聚苯乙烯的混合物，非常偶然，他们把装有混合物的容器忘在烘干柜里长达24个小时。但出乎他们的意料，研究人员发现容器的盖子被掀开了并且容器中的原料变成了固体的泡沫塑料。另一个例子是肾结石碎石钳的开发。为了查明雨天战斗机在超音速下飞行时其机翼受到极大损坏的原因，德国空军签订了一个研究合同，在对冲击波进行试验的研究过程中，一个工程师的手突然被一个冲击波击中，他感觉好像是受到了电击，但手却并没有受伤。这位工程师以此为基础开始研究冲击波对人体的影响，并研究出了对人体无害的传输冲击波。这个突发事件为肾结石碎石钳的发明奠定了基础。由于德国企业在精密制造领域拥有优势地位，德国企业专利主要集中在上述领域。

2.5.3.2 德国的“双元制”教育

德国实行“双元制”产学研培养模式：通过企业和高校共同合作方式，以理论知识为基础，以应用实践为主导，将人才培养融入整个教学过程的一种人才培养模式。学校或者科研机构与企业单位相互联系，通过它们之间的协同合作，在实践的过程中，有效保障了人才培养质量。主要分为两种模式：弗朗霍夫协会模式和大学科技园模式。

弗朗霍夫协会模式是政府与企业、高校之间的协作，共同承担相关职能。大学承担科研工作，培养优秀的人才，由政府资助，降低费用，公司提供实践环境，并充分利用市场力量。同时，协会培训了专门的人员从事基础研究和应用研究。这样的分工和协作能够最大限度地利用各方面的优势，从而使企业获得最大的经济效益。该模式的一个主要优点是，政府提供了大部分资金支持，占到了全部资金的30%；同时，积极与建设区域内的高校、研究机构进行合作，建立起与市场的有效联系。高校为企业提供优秀的、急需的人才，在规划指导下，在系统中形成有效的知识溢出，既可以降低成本，又可以提高学生的实际操作能力。

大学科技园模式，德国最近几年建立了 300 多个科技园和企业孵化中心，其中以德国政府出资建设的慕尼黑高新技术产业园区为典型。高科技园区拥有世界一流的机电、电子、微电子等科研机构，并享有巴伐利亚硅谷的美誉。同时，德国知名大学也在积极地向科技园提供高素质的人才和技术。许多科研机构也因为规模效应聚集在此。“科技园区”建设的主要目的是依托大学、研究机构，利用其孵化机构的作用，为企业的发展和毕业生就业创造机会，形成产学研结合的发展格局。科技园拥有完善的配套服务，既能为企业和大学提供基本的科研合作环境，又能提高产学研合作的效率。

“双元制”与德国的职业教育思想息息相关。在德国的中等教育中，职业教育占有很大的比重，而且与许多国家不同，德国的职业教育也属于义务教育的范围。德国法律甚至规定：凡没有经过职业培训的人是不能就业的。根据德国的规定，主要学校和实科中学的学生将来绝大多数都是职业教育的对象，而这两类学校学生的人数基本上占到学生总人数的 70%。据统计，在 16～18 岁的青年中，有 80% 的人在接受着各类不同形式的职业教育。德国“工业 4.0”的提出，需要更多的具有创新精神的人才推动产业转型升级。因此，德国提出“职业教育 4.0”的官方倡议。2016 年 1 月，“职业教育 4.0”概念首次出现在德国联邦教育与研究部的宣传册——《职业教育中的数字媒体：联邦教育与研究部资助项目》中；同年 4 月该倡议被启动；同年 10 月和 12 月，德国联邦教育与研究部和德国文教部长联席会分别发布了《数字型知识社会的教育战略》和《数字世界中的教育》，二者共同构成了“职业教育 4.0”的行动框架。这使得本就在德国中等教育中占据很大比重的职业教育更加重要。正是由于德国杰出且不断发展完善的职业教育，才使得德国工人具有更好的生产率，在精密制造领域具有极强的竞争力，帮助德国企业在精密制造领域的产品创新和工艺创新得以实现。

2.6 中国创新体系

自从1985年科技体制改革至今，中国的国家创新体系发生了巨大的变化。目前中国的国家创新系统和各地方的区域创新系统初步形成。经过多年积累，我国逐步从跟随者变为并行者，2021年，全国研发经费比2020年增长14.6%，已连续6年保持两位数增长。从投入规模看，我国R&D经费总量目前已突破2.8万亿元，稳居世界第二。企业R&D经费占全国的比重为76.9%，比2020年提高0.3个百分点。按折合全时工作量计算的全国研发人员总量为562万人·年，比2012年增长73.1%，连续9年居世界第一①。中国卓越科技论文共计48.05万篇，比2020年增加了1.67万篇，其中卓越国际科技论文21.13万篇、卓越国内科技论文26.92万篇，相比2020年增长了8.6%②。技术市场交易额达到37294.3亿元，连续4年增速保持在26%以上，增速达到32%，交易额及增长率创历史新高。全国高新技术企业数量增加到33万家，上交税额由2012年的0.8万亿元，增加到2021年的2.3万亿元。截至2022年底，发明专利有效量为421.2万件，其中国内（不含港澳台）发明专利有效量为328.0万件。中国发明专利有效量已经位居世界第一。我国已经成为具有重要影响的科技大国和创新大国。

2.6.1 中国创新体系研究综述

关于中国创新机制、创新系统的研究非常丰富，近期有代表性的研究包括：

---

① 参见国家统计局《中国统计年鉴2022》。

② 参见《2022年中国科技论文统计报告》。

OECD 于 2008 年发布了《中国创新政策研究报告》。该报告是 OECD 组织对中国创新政策与国家创新体系的综合研究成果。也是迄今为止幅度最大、层次最深入的调查，全面展示了中国国家创新体系的发展与变革。该报告评估了中国国家创新体系的发展速度与主要特征；分析了中国科技和创新政策，以及创新治理问题；研究了中国创新体系发展与研发全球化的关系；考察了上海、四川和辽宁三个区域创新系统。

谈毅（2013）对我国创新政策绩效进行了评价。以我国中小企业板上市公司为研究对象，研究了创新政策与企业研发活动及经营绩效的关系。认为政府研发资助对于企业 R&D 投入有一定的诱导作用，从整体上看对企业的经营绩效并没有直接的影响，但对制造业企业的经营绩效有一定的促进作用。谈毅分析了社会资本和知识资本对于企业创新绩效的影响，认为企业的社会资本对于企业的技术创新绩效具有显著的正向影响。聂颖（2013）分析了我国支持科技创新的财政政策存在的主要问题，包括在科技投入、政府采购、财政风险投资以及税收支出政策体系中存在的一些问题，认为法律机制不健全、缺乏统筹规划，政策手段单一落后、缺乏有效的预算考核体系是影响政策执行效果的主要制度性原因。崔维军（2012）基于欧盟创新指数，分析了中国创新能力在主要科技创新大国的排名情况，比较分析了中国创新能力与美国、日本、俄罗斯、印度、巴西及欧盟的差距。他认为，中国的创新能力在主要科技创新大国中排名靠后，与美国、日本和欧盟有非常大的差距，在金砖四国中明显低于俄罗斯，与巴西和印度比较接近。阮芳等（2022）对中国现行的创新体系进行了重估分析，梳理了中国创新体系的发展脉络，可以总结出三大特点：首先，始终和国家战略、产业升级紧密相连。其次，从单一关注技术向创新生态转变。最后，政府逐渐从主导者向使能者角色转换。从资源配置的角度来看，中国的创新体系具有“混搭共生”的特点。针对中国当前情况提出采用“蛙跳模式”，积极寻找颠覆式机会。中国想要进一步完善创新体系需要从以下六个方面努力：让创新成为优先议程；对创新持续充足投入；制定长期规划以保持战略定力；对创新进行集中式管理；借力外部资源以提高创新效率；积极寻找跳跃式发展机会。

2.6.2 中国创新体系中的制度安排

2.6.2.1 中国科技创新战略

2006年我国出台了《国家中长期科学和技术发展规划纲要（2006—2020年)》，该纲要指出，到2020年我国科学技术发展的总体目标是：自主创新能力显著增强，科技促进经济社会发展和保障国家安全的能力显著增强，为全面建设小康社会提供强有力的支撑；基础科学和前沿技术研究综合实力显著增强，取得一批在世界上具有重大影响的科学技术成果，进入创新型国家行列，为在21世纪中叶成为世界科技强国奠定基础。

为实现“双一流”和全面建成小康社会的经济发展与社会进步，破解关键技术难题，加快推动科技创新体系改革，促进创新驱动发展，保障传统优势企业进行深入转型升级，全面推进供给侧结构性改革，推动社会经济高质量发展，我国政府继2016年《国家中长期科技发展规划纲要（2016—2020年)》之后又出台了《国家中长期科技发展规划纲要（2021—2035年)》（以下简称《纲要》)，构建以突出核心竞争力、建设创新强国为重点的长期科技发展战略。

根据《纲要》，至2035年，我国先进制造业和信息技术（IT）行业的发展水平和国际竞争力将具有显著优势，具备各类高精尖功能的新材料技术正在实现快速崛起，新能源、清洁能源、节能减排技术和产品在市场上整体竞争力进一步增强，农业信息化和智能农业正在蓬勃发展，并且化学、材料、生命科学、人文科学等传统优势领域的技术也在飞跃发展。

为此，《纲要》指出，要坚持以国家战略性新兴产业和重大科研技术领域为主线，全面提升我国科技创新能力水平，振兴和加强科技创新支撑体系，建设以技术创新为核心、技术核心企业为引导、产业变革升级为支撑、新增长潜能开发为目标的现代科技创新体系。第一，以国家战略性新兴产业和重大科研技术领域为重点，构建先进制造和新一代信息技术为主线的科技创新体系。要坚持科学研究与技术创新协同发展，加强中高端装备、先进材料、高性能芯片、信息通信、特种设备、移动互联网、大数据计算和智能化等优势领域的技术研发，建设世界一流的技术创新体系。第二，以经济结构调整和宏观经济统筹为抓手，加快推动科技创新体系改革。要以市场机制为主要支撑，加快改革技术发明专利对市场活跃度和新兴企业实力的作用机制，减少国有控股企业对技术发明和研发投入的控制，以及进一步完善实体现代农业的技术支撑系统。第三，优化科技创新支撑体系，加强技术创新服务能力。要支持高科技企业充分发挥主体作用，健全市场对技术创新支撑资源和服务平台，完善和落实创新创业贷款、技术服务投资和担保贷款等政策，以及鼓励和引导技术服务的创新发展。

2.6.2.2 中国支持技术创新的主要政策和法规

目前我国支持技术创新的主要政策包括国家研发计划、税收激励、金融支持、政府采购、引进消化吸收再创新、产业园区、人才支持、知识产权等方面的政策和法规。

国家研发计划包括促进高科技产业发展的国家“973 计划”、“863 计划”、科技支撑计划等，以及实现科技成果商业化的火炬计划和星火计划等。国家设立了自然科学基金鼓励基础研究，科技部设立了中小企业创新基金鼓励企业创新。

税收激励主要是对企业实施税收优惠，激励企业从事研究开发工作。包括允许企业研发投入抵扣当年的所得税应税税额；非营利性科研机构自用的房产、土地，免征房产税、城镇土地使用税；允许企业加速研究开发仪器和设备的折旧；高新技术企业享受所得税的税收优惠；允许初创科技型企业可以按照投资额的 70% 在股权抵扣应纳税所得额；因科技创新获得奖励或者推动科技成果转化的个人享受税收优惠；对符合相关规定的用于科学研究和技术开发的进口商品，免征进口关税和进口环节增值税等。

金融支持包括低息贷款、抵押贷款、无担保贷款、资本市场融资和风险投资等，为创新企业提供所需的资金。包括政策性金融机构，例如国家开发银行向高科技企业发放贷款；进出口银行为高科技企业的进出口业务提供融资支持；支持有条件的高新技术企业在国内主板、中小企业板和创业板市场上市，简化程序，加快创新企业上市进程等。各地方政府也可根据当地实际情况出台相关金融政策，例如北京市政府支持创新型中小企业到北京证券交易所上市。对符合条件的高新技术企业在全国中小企业股份转让系统（新三板）挂牌的，分层给予资金支持，即企业在新三板基础层挂牌、基础层调层后进入创新层或直接进入创新层挂牌的，均给予资金支持。

政府采购是指财政性资金优先采购自主创新产品。对境内自然人、法人和非法人组织的科技创新产品、服务，在功能、质量等指标能够满足政府采购需求的条件下，政府采购应当购买；首次投放市场的，政府采购应当率先购买，不得以商业业绩为由予以限制。政府采购的产品尚待研究开发的，通过订购方式实施。采购人应当优先采用竞争性方式确定科学技术研究开发机构、高等学校或者企业进行研究开发，产品研发合格后按约定采购[①]。扩大高校、科研院所的科研仪器设备采购自主权，简化高校、科研院所科研仪器设备采购项目，变更政府采购方式审批流程，并实行优先审批等。

引进消化吸收再创新政策。主要包括通过制定实施《中国鼓励引进技术目录》鼓励企业引进国外先进技术；通过制定并实施《中国禁止进口限制进口技术目录》限制国内企业盲目、重复引进技术；支持产学研联合开展引进消化和再创新等。

产业园区政策是指我国成立了国家级和省级高科技产业园区、经济技术开发区等，为创新企业提供良好的基础设施，为入园企业提供各种服务，提供孵化器帮助创新企业，增强园区内企业的互动，强化高科技企业的集聚效应。

人才支持政策主要包括人才发现、教育、使用、激励、合作、安全六个方面。人才发现方面，包括科技人才分类评价、扭转评价过度利益化倾向等，侧重于对人才的识别、挖掘。人才教育方面，包括推行创新型教育、推行创业教育、产学研融合培养人才、加强职业教育和技能人才培养等政策。人才使用方面，包括优化科技计划立项和组织实施方式、优化科研经费管理使用方式、加大青年科技人才支持力度、加快博士后人员在使用中成长、加大对领军人才和优秀创新团队的支持力度、促进人才项目基地结合、促进科技人才合理有序流动、引导科技人才服务企业、实行重大决策专家咨询、加大女性科技人才支持力度等政策内容。人才激励方面，包括提高薪酬收入、实行绩效激励、实行津贴激励力度、加大科技成果转化收益激励力度、扩大科技成果享有权益、加大

① 参见《中华人民共和国科学技术进步法》第九十一条规定。

科技成果转化金融支持力度、优化管理激励机制、强化奖励荣誉和表彰、建立激励约束机制等政策内容。人才合作方面，包括积极引进国际人才、扩大科技计划对外开放、推进高等教育国际化、搭建国际人才发展与交流合作平台、支持人才走出去、加强国际人才服务与保障、完善海外人才来华创业政策、加强职业资格国际认证、优化海外人才评价、强化国际人才荣誉授予与奖励等政策内容。人才安全方面，包括人才安全法律法规、人才安全预警等方面的政策内容。

知识产权政策包括允许将政府投资的科研项目形成的知识产权商业化，允许政府投资的科研项目具体承担方拥有所形成知识产权的所有权，对参与政府投资项目的个人发明者按照知识产权的授权许可费进行一定比例的奖励等。

2.6.3 中国创新体系中的非制度因素

中国人一直有吃苦耐劳的精神，吃苦耐劳也被认为是中国人的传统美德。中国经济的快速发展与中国人能吃苦、勤奋工作是分不开的。也许吃苦耐劳是农耕文明的产物。与游牧民族不一样，游牧民族是逐水草而居，哪里水草丰美，就迁移到哪里从事牧业生产。而农耕文明是定居生产，每年都需要在同一块田地中劳作，才能有收获，随着人口的增加，在同样的土地上必须精耕细作才能提高产出，因此逐渐形成了中国人吃苦耐劳的精神。

中国人习惯于横向思考，不为常规所约束，即中国人有变通的精神。中国的佛教是从印度传来的，但传入中国后，却进行了许多改变。中国的建筑传统自汉朝开始几乎在不停的变化中，表面上，匠人尊重一定的规范，建筑的原则似乎没有改变，但每隔一定时间，建筑就出现完全不同的面貌。这种情况有时又称作本土化或中国化，我们善于利用学习其他国家、其他地区的知识，并加以改变以满足自己的需要。因此有学者称这是一种“和”的文化。

随着时代发展，中国人的企业家精神，即企业家具备勇于创新、积极进取、敢于冒险、风险掌控等特质，是社会资源配备、技术创新、社会经济发展的动力与源泉。首先，企业家精神中的勇于创新和积极进取是一种积极的工作状态，在提升企业创新效率上起到了至关重要的作用，能带动企业员工创新积极性和创新能力，创新能力能使企业获取核心竞争力从而提升企业创新绩效；其次，企业家精神中的敢于冒险和风险掌控是一种良好的心理特质，说明企业家不仅敢于积极主动面对市场风险、迎接外部挑战、规避风险，为企业带来新的发展机遇，而且有着较高的心理韧性和风险掌控能力，在面对外部的挑战和挫折时能表现出坚持、坚守、不放弃的特质，这种心理特质会给员工带来正向影响，为员工营造良好的工作环境，使员工乐意进行创新和进取，形成积极的创新效应。

但是，封建传统思想在中国还根深蒂固。现代市场经济是一种契约文化，是依靠契约来约定人与人之间的交换关系。契约文化要求人与人之间地位是平等的，但传统中国文化则重视的是血缘的关系、师生的关系、君臣的关系，人与人之间的地位在很多情况下是不平等的。契约关系通常依靠法律来维系，因为只有保证了私人产权，才能签订契约，进行交换。但中国社会较少依靠法律，而是依靠习俗在维持稳定，因此封建社会是“人治”社会而非法治社会。这种传统思想反映在现代社会中，就是契约意识淡薄，法律意识淡薄。

如果说吃苦耐劳、善于变通、企业家精神是中国文化中有利于创新的因素，那么缺乏契约意识和法律意识则是阻碍创新的因素。因为创新过程是把发明引入到市场中的过程，是现代市场经济中的一个必不可少的重要功能，因此创新过程与市场经济是相辅相成的。现代市场经济必然是一种契约经济，也需要靠强有力的法律来保护产权。因此缺乏契约意识和法律意识必然会损害一个社会的创新意识。

2.6.4 中国创新体系的不足

我们认为，经过多年的发展，中国的创新系统已经具备雏形，但仍存在以下若干问题。

创新系统内部各要素的互动和联系欠缺。毕竟与发达国家长期的市场经济、长期对创新的扶持不同，我们建立市场经济的时间相对较短，真正重视创新的时间也不长，还处于学习曲线上的早期阶段，因此创新系统还有待于进一步磨合。

开放创新类型失衡。中国过往的创新模式基本上是遵循“模仿、引进和消化吸收”的追赶路径，创新体系开放的进程中模式相对单一。开放创新的方式多为“引进来”的内向型开放，以“走出去”为主的对外开放，其规模和成效都不尽如人意。中国创新系统若只限于目前的开放水平，势必导致创新系统效率和结构的提升出现低层次现象，不利于中国在更高层次、更大范围和更深层次的国际创新交互和博弈中，实现或重塑我国创新系统的竞争力。数量优于质量，整体优于局部。整体来看，我国创新成果丰富，但质量与转化率低，以及行业产出占比高，但尖端创新不足。中国内部不同区域间发展不均匀、不平衡的现象较为明显。随着全球经济形势的减弱和国内经济转型期的调整，研发经费投入量和投入强度在一定时期内会接近天花板，增加值和增速相对有限。

新的知识体系亟须重新搭建。在高等教育方面，我国对于国外科研人才的吸引力不足。高等教育入境流动率较低，国际吸引力低，很难留住国外人才。在知识生产方面，仍存在“两头在外”的问题。在自然科学、技术科学和人文社科领域，还有不少主动权没有掌握在中国人手里，导致在知识生产的分工中处于劣势位置。中国创新体系还未形成具有中国特色的标识性概念、新的治理理念、原创性理论，包括改进和开发新的研究方法和工具。

监管环境较差。中国科研机构及高等学校在管理机制和管理制度上存在较多不足，在科研团队结构、多元化、影响力及国际上尚存在较大改善空间，尤其是科研项目的国际性、科研团队的开放性和信息的公开性方面。中国虽然出台了很多支持科技创新的政策，但是较差的监管环境使得这些政策很难真正落实。中国支持科技创新的战略、政策法规形式上可以参照一些发达国家的经验，但是一项政策最终能否达到预期效果，不仅仅依赖于政策本身，更取决于政策的执行力。而在这方面，我国与发达国家相比还存在一定的差距。比如，知识产权的保护相对薄弱。在中国现有体制下，进行法律诉讼成本很高，对于中小企业而言，根本无力承担诉讼所需要花费的时间、精力。我们在调研中了解到知识产权的保护效果并不令人满意。目前，中国企业所处的商业环境不好，企业之间缺乏信任、缺乏契约意识。企业往往签订了很多的合同，但大部分合同并没有去履行。企业之间因合同产生的纠纷非常普遍，但企业往往不愿采用法律诉讼的方式，因此，产生了中国特有的催债现象。尽管有规定明确了申请高新技术企业的条件，但在实际运行过程中，中小企业往往很难拿到高技术企业认定书。申请时间过长、申请手续烦琐，是我们在调研中所了解的普遍现象。因此，必须提高政策的执行力，让这些政策落到实处，改善我国的监管环境。

3　北京市技术创新系统

北京市是全国重要的技术创新城市之一，技术创新资源投入、创新能力和创新效率在全国居于前列。本章我们分析北京市技术创新系统的特点。

3.1　北京市技术创新发展战略

3.1.1　科技北京发展战略

2009年，北京市委、市政府提出“科技北京”发展战略，制定发布了《“科技北京”行动计划（2009—2012）——促进自主创新行动》。其发展目标是保持高水平科技投入、增强自主创新能力；提高科技对首都经济社会发展支撑能力，增强科技成果产业化能力，让科技创新成为推动经济结构优化升级的主要驱动力；充分发挥中关村国家自主创新示范区高等院校、科研院所、高新技术企业等创新资源密集的独特优势，加快示范区的发展；整合首都人才、资金、政策等各类创新资源，重点支持电子信息、生物医药、新能源和环保、汽车、装备制造、文化创意、科技服务、都市型现代农业等产业发展，推广一批具有自主知识产权，并能带动形成新的市场需求，改善民生的新的技术和产品，提升科技惠民能力。

到2012年底“科技北京行动计划”完美收官，八项主要指标超额完成，全市科技工作取得了新的重要进展，为首都经济社会发展提供了重要支撑。2014年5月，北京市政府又制定了《北京技术创新行动计划（2014—2017年）》。该计划站在新的起点上，立足首都新时期城市战略定位，坚持需求导向，聚焦解决首都技术创新薄弱环节，以实施一批重大专项为重点任务，推进政府科技创新组织方式改革，发挥北京市作为科技创新中心的核心功能，变科技优势为发展优势，推动首都创新驱动发展。

“行动计划”确定了两类共12个重大专项。第一类紧密围绕大气污染治理、交通管理等市民关心的热点难点问题进行攻关，包括首都蓝天行动、首都生态环境建设与环保产业发展、城市精细化管理与应急保障、首都食品质量安全保障、重大疾病科技攻关与管理等；第二类则是紧密围绕产业发展的高端化、服务化、集聚化、融合化、低碳化，着力以技术创新引领产业转型升级、高端发展，构建“高、精、尖”的产业格局。包括新一代移动通信技术突破及产业发展、数字化制造技术创新及产业培育、生物医药产业跨越发展、轨道交通产业发展、面向未来的能源结构技术创新、先导与优势材料创新发展、现代服务业创新发展等。

在“行动计划”的指导下，北京市自主创新能力显著增强，高端创新要素不断聚集，“高精尖”经济结构初步显现。2016年，在“行动计划”将要收官之际，北京市人民政府又印发了《北京市“十三五”时期加强全国科技创新中心建设规划》。该规划强调要把人才作为第一资源，把中关村国家自主创新示范区作为主要载体，把握全面创新改革主线，注重增强自主创新能力，注重推动科技创新服务于经济社会发展，注重服务国内国际开放合作，注重营造良好创新创业环境，向着把北京建设成科技创新引领者、创新人才首选地、高端产业聚集地、文化创新先行区而努力。

“十四五”时期，我国开启了全面建设社会主义现代化国家的新征程，这是我国向着第二个百年奋斗目标进军的首个五年，同时也是北京提高“四个服务”水平、落实国家首都战略定位、探索构建新发展格局的关键五年。2021 年，“十四五”开局之年，北京市人民政府印发了《北京市“十四五”时期国际科技创新中心建设规划》，为北京国际科技创新中心建设描绘了发展蓝图、指明了行动纲领。该规划以习近平新时代中国特色社会主义思想为指导，立足新发展阶段、贯彻新发展理念、构建新发展格局，坚持创新驱动发展、京津冀协同发展、科技北京战略，以促进北京高质量发展为主线、以科技和体制机制创新为动力、以“三城一区”为平台、以中关村国家自主创新示范区为阵地，着力强化战略科技力量，着力构建开放创新生态，着力打好关键核心技术攻坚战，为建成国际科技创新中心、建设国际一流城市、实现高水平科技自立自强提供强大支撑。

3.1.2 中关村国家自主创新示范区发展战略

建设和增强中关村科技园区示范作用是党中央、国务院做出的重大战略决策。1988 年 5 月，国务院批准成立我国第一个高新技术产业开发区——北京市新技术产业开发试验区（中关村科技园区前身）。在 30 多年的创新和发展历程中，中关村科技园区成为我国最重要的创新中心。

中关村在 30 多年的创新和发展历程中，以企业为主体，围绕国家战略、首都发展，在电子信息、网络通信、航空航天、生物医药、新材料、环保新能源等领域研发出了一大批具有自主知识产权的新技术、新标准和新产品，初步形成了我国规模最大、实力最强、结构最完善的区域创新体系，探索了产学研相结合、开放式的协同创新。创新创业人才快速集聚，成为我国创业最活跃、高素质人才最集中的区域。初步形成了以人才为本、创新驱动的发展模式，在提升国家自主创新能力和推动高新技术产业发展方面发挥了聚集、引领、辐射的龙头作用。

2008年，北京市制定了《中关村科技园区发展战略纲要（2008—2020）》。该纲要的总体目标是：按照建设创新型国家和首都创新型城市的战略要求，自主创新能力全面提升，激励创新的机制体制更加完善，创新创业环境开放良好，电子信息、航空航天、生物工程、新材料、能源环保产业的技术水平进入世界先进行列，世界领先的科技成果和科技领军人才不断涌现，形成以企业为主体、市场为导向、产学研相结合的技术创新体系，把中关村建设成为全球科技创新中心和世界一流的科技园区。

2011年，国家发展改革委出台《中关村国家自主创新示范区发展规划纲要（2010—2020）》。该纲要提出，中关村国家自主创新示范区要秉承面向世界、辐射全国、创新示范、引领未来的宗旨，坚持“深化改革先行区、开放创新引领区、高端要素聚合区、创新创业集聚地、战略产业策源地”的战略定位，服务于首都世界城市的建设，力争用10年时间，建成具有全球影响力的科技创新中心和高技术产业基地。纲要提出，到2015年，中关村国家自主创新示范区创新发展的主要目标是：初步形成有利于自主创新的体制机制，重大科技成果的转化率大幅提高，科技进步对经济增长的贡献进一步增强；自主创新能力显著提升，基本建成具有全球影响力的知识创造中心和技术创新中心；形成国内外高端人才集聚格局，将中关村建设成为我国人才发展的战略高地；创新创业高度活跃，成为全球最活跃的创业投资中心之一；产业国际竞争力居世界前列，创新国际化水平大幅提升。

2021年，中关村国家自主创新示范区领导小组印发《“十四五”时期中关村国家自主创新示范区发展建设规划》（以下简称《规划》）。“十四五”时期，开启全面建设社会主义现代化国家新征程，持续推进经济发展质量变革、效率变革、动力变革，加快建设现代化经济体系，对科技创新提出了更高要求。《规划》提出，中关村国家自主创新示范区要牢牢把握中华民族伟大复兴战略全局和世界百年未有之大变局，强化使命担当，抓住机遇，应对挑战，在推进科技自立自强，实现高质量发展上走在前列、做出示范，努力成为全球科技创新新思想、新范式、新技术、新经济、新生态的引领者。根据《规划》的系统部署，“十四五”时期中关村国家自主创新示范区要重点落实七大任务：坚持自立自强，提升自主创新能力；深化先行先试改革，营造世界一流创新创业生态；促进科技成果转移转化，打造全球创新创业高地；强化数字经济引领，建设世界级创新型产业集群；推动一区多园协同发展，提升园区引领带动作用；全球视野招才引智，集聚世界一流人才；深度融入全球创新网络，建设高水平开放的中关村。同时，《规划》还谋定了示范区2025年和2035年“两步走”的发展目标。到2025年，中关村国家自主创新示范区将率先建成世界领先的科技园区，为北京形成国际科技创新中心提供有力支撑；展望2035年，中关村国家自主创新示范区将成为全球科技创新的重要引擎和世界创新版图重要一极，为实现高水平科技自立自强、加快建设科技强国提供战略支撑。

3.2 北京市技术创新扶持政策

北京市一直以来都非常重视技术创新能力建设，为了加快建设步伐，北京市制定了资金扶持政策、税收优惠政策、促进科技成果转化和产业化政策、鼓励产学研合作政策、科技人才引进和培养政策等。

3.2.1 资金扶持政策

3.2.1.1 科技型中小企业技术创新基金

2006年，北京市科委为扶持科技型中小企业创新，设立了北京市科技型中小企业技术创新基金。北京市支持申请科技型中小企业技术创新基金的对象包括：符合国家产业、技术政策，技术含量高，创新性较强，知识产权清晰，技术处于国内领先水平；必须是以生产、销售、技术服务和盈利为目的，产品或服务有明确的市场需求和较强的市场竞争力，可以产生较好的经济效益和社会效益，并有望形成新兴产业的项目。

一般而言，承担创新基金支持项目的企业应具备以下条件：主要从事高新技术产品的研究、开发、生产或服务业务，申请支持的项目必须在其企业法人营业执照规定的经营范围内；具有大专以上学历的科技人员占职工总数的比例不低于30%，直接从事研究开发的科技人员占职工总数的比例不低于10%；有良好的经营业绩，资产负债率不超过70%；每年用于高新技术产品研究开发的经费不低于销售额的5%。

根据企业的不同特点和项目所处的不同阶段，创新基金分别以无偿资助、贷款贴息两种主要资助方式支持科技型中小企业的技术创新活动。无偿资助主要用于科技型中小企业技术创新中新项目、新技术、新产品研究开发及中试放大阶段的必要补助；项目新增投资一般在1000万元以下，资金来源基本确定，投资结构合理，项目实施周期不超过2年；企业需有与申请创新资金资助等额以上的自有资金匹配；无偿资助数额一般不超过60万元，重大项目不超过200万元。

贷款贴息主要用于支持产品具有一定的技术创新性、需要中试或扩大规模、形成小批量生产、银行已经贷款或有贷款意向的项目；项目新增投资在3000万元以下，资金来源基本确定，投资结构合理，项目实施周期不超过3年；贴息总额一般不超过60万元，重大项目不超过100万元。

此外，北京市科技型中小企业技术创新资金还支持技术转移项目和创业项目。技术转移项目是由企业与技术研究单位共同实施的项目，重点支持科研院所、行业研发机构、大学以及国际机构向科技型中小企业的技术转移，加速应用技术开发到商品化的进程，提升企业在价值链中的作用，实现产业集群中的链条升级。创业项目是在国家高新技术创业服务中心、国家留学人员创业园示范建设试点、国家大学科技园、国家火炬产业基地和火炬创业园中确定部分单位作为创新基金创业项目的服务机构，以无偿资助方式支持其孵化场地内注册并经营的初创期科技型企业的创新项目。

3.2.1.2 中小企业创业投资引导基金

为缓解创业期中小企业融资难问题，支持中小企业自主创新，完善创业发展环境，北京市2008年推出了中小企业创业投资引导基金，主要用于引导社会资金重点投资于符合北京城市功能定位和相关产业政策、产业投资导向的创业期科技型、创新型中小企业。引导基金资金主要来源于北京市用于扶持产业发展的各项资金及其他政府性资金，引导基金收益和其他社会资金。引导基金其宗旨是不以营利为目的，通过发挥财政资金的杠杆放大效应，引导民间资金进入创业投资领域并鼓励其增加对中小企业的投资。引导基金以参股支持方式引导创业投资机构共同设立创业投资企业。

申请引导基金的股权投资需满足下列条件：实收资本在5000万元人民币以上，所有投资者以货币形式出资；有明确的投资领域；至少有3名具备5年以上的创业投资或相关业务经验的专职高级管理人员；至少有3个对中小企业投资的成功案例，即投资所形成的股权年平均收益率不低于20%，或股权转让收入高于原始投资20%以上；管理和运作规范，具有严格合理的投资决策程序和风险控制机制；按照国家企业财务、会计制度规定，有健全的内部财务管理制度和会计核算办法；承诺出资设立的创业投资企业重点投资于符合北京城市功能定位和相关产业政策、产业投资导向的创业期科技型、创新型中小企业。

2022年，为进一步降低北京市中小企业融资成本，改善中小企业融资环境，充分发挥财政资金的帮扶作用，北京市经济和信息化局、市政务服务局、市金融监管局、北京银保监局、市财政局五部门联合制定并颁布了《北京市中小微企业首次贷款贴息及担保费用补贴实施细则》，按照该细则的规定，符合条件的中小企业“首次贷款”时，可以享受40%的贴息比例。这一政策的颁布落实在一定程度上缓解了科技型中小企业的融资难问题。

3.2.1.3　中关村“瞪羚计划”

“瞪羚企业”是指在高新技术产业领域已跨越了“创业死亡谷”进入快速成长阶段的企业，其具有与瞪羚相似的特征——个头不大，但跑得快（增长速度快）、跳得高（创新活跃）。通常情况下，一个地区的“瞪羚企业”数量越多，则创新能力越强、发展速度越快。但是“瞪羚企业”同样面临着信贷融资瓶颈问题，尤其是首次从银行贷款十分困难。为切实缓解科技型中小微企业融资难问题，中关村管委会于2003年推出“瞪羚计划”，旨在通过公共政策引导，以企业的信用自律为基础，支持企业进行专业的信用评级，鼓励担保机构与银行为信用好、成长性好的“瞪羚企业”提供担保和贷款，降低融资担保过程中的交易成本、提高审批速度。同时，通过建立由担保公司、企业信用促进会、商业银行、企业、相关政府部门和中介机构组成的企业信贷融资促进平台，实施“信用评级、融资担保、政策引导、中介服务支持”等举措，营造良好的金融生态环境。为此，“瞪羚计划”创造性地采取了市场化筛选机制，通过政府政策引导、多方合作的方式，在完善中关村信用体系、聚集金融资源、优化科技金融生态环境等方面发挥了重要作用。

2012 年，中关村管委会在“瞪羚计划”的基础上选出一批重点培育企业，并出台了相关支持政策。2013 年又推出“展翼计划”，专门扶持尚未达到“瞪羚计划”标准却具有高成长性的科技型中小企业。

作为“瞪羚计划”实施主体，中关村担保公司不断创新担保业务产品，面向园区“瞪羚企业”先后推出“北京中小成长之星”集合信托计划，中关村高新技术企业集合债券、集合票据，中关村上市企业公司债券等直接融资产品。此外，还通过搭建中关村科技金融信用综合服务平台、打造投保贷一体化的投融资体系、开展担保主动授信业务等。

中关村国家自主创新示范区实施自“瞪羚计划”以来，在帮助科技型中小企业拓宽融资渠道、促进高成长性科技型企业实现跨越式发展方面发挥了重要作用。截至 2012 年，中关村国家自主创新示范区已经有 3295 家“瞪羚企业”。2012 年，中关村国家自主创新示范区“瞪羚企业”实现总收入 2750. 5 亿元，为 2003 年的 3. 77 倍，年均增长率达 15. 90%；实现利润总额 354. 2 亿元，为 2003 年的 4. 21 倍，年均增长率达 17. 32%，“瞪羚企业”的收入、利润等指标增速高于中关村国家自主创新示范区整体水平。目前，中关村“瞪羚企业”中已有 92 家企业在国内外资本市场上市。

3. 2. 1. 4 中关村企业创新能力支持资金

2022 年，为进一步贯彻落实《“十四五”时期中关村国家自主创新示范区发展建设规划》，推进中关村高水平科技自立自强先行先试改革，提升企业的自主创新能力，打造世界一流企业，支撑世界领先科技园区和创新高地建设，北京市市科委、中关村管委会印发了《中关村国家自主创新示范区提升企业创新能力支持资金管理办法（试行）》。该办法支持的主要对象为中关村国家自主创新示范区内的国家高新技术企业、中关村高新技术企业或评价入库的科技型中小企业，以及高等院校、科研机构等。

该办法的主要支持内容包括：一是支持新一代信息技术、医药健康、智能制造等高精尖行业的科技型小微企业、相关赛事获奖优胜企业，引导企业持续加大科研投入，开展关键技术创新；二是挖掘培育掌握前沿技术的优质硬科技初创期企业，支持企业开展前沿技术研发、转化和产业化；三是推动一批具有较高科技含量和高成长潜力的中小型国家高新技术企业加快具备持续创新能力和一定的规模经济效益，支持此类纳入“小升规”培育清单的企业；四是支持新一代信息技术、医药健康、新材料领域企业独立或者与高等院校、科研机构以及其他企业合作开展颠覆性技术创新，且在京转化落地创新成果；五是支持领军企业、符合条件的独角兽企业牵头，围绕重点产业链关键环节，遴选研发合作单位和团队，组建产学研协同、上下游衔接的创新联合体，开展联合技术攻关，完善产业链供应链；六是支持领军企业、符合条件的独角兽企业牵头，联合高等院所、科研机构以及产业链上下游中小企业，建设技术创新中心，开展共性关键技术研发和示范应用，加强知识产权创制保护，聚集技术创新领军人才以及开展体制机制创新等；七是支持属于关键领域“补短板”、填补国内外空白、技术水平国内外首创的技术产品实现首次应用；八是对北京市首台（套）重大技术装备的研制单位给予保险费补贴支持，推动首台（套）重大技术装备的市场应用；九是围绕首都经济社会发展重大需求以及关系国计民生的重点行业领域，对技术创新度高、行业带动性强、示范效果好的应用场景建设项目给予支持。

3.2.1.5 给予科创企业金融支持的若干措施

2022年，为了切实加大对科技创新企业的创业投资、银行信贷、上市融资等方面的支持力度，北京市地方金融监督管理局、北京市科委、中关村管委会等多方主体联合制定并颁布了《关于对科技创新企业给予全链条金融支持的若干措施》。该措施的制定颁布旨在打造多层次、专业化、特色化的科技金融体系，建立“产品创新、上市支持、被投企业服务、考评激励、风险补偿、协调对接、试点先行”七大机制，以北京国际科技创新中心核心区为载体，支撑北京国际科技创新中心的建设。

具体而言，该措施明确了七条扶持科技创新企业的举措：一是建立产品创新机制，发挥“带动提升”效应。鼓励银行等金融机构加大对科创企业的信贷投放力度，鼓励资产管理机构创新资产管理产品发行投资科技创新型企业股权的私募理财产品，鼓励保险机构丰富适应科创企业研发、生产、销售等各环节的保险产品和服务等。二是建立上市支持机制，发挥“资本引擎”效应。加大企业上市培育力度，加强上市资金补贴支持等。三是建立被投企业服务机制，发挥“杠杆撬动”效应。大力发展天使和创业投资，加大政府投资基金引导作用，给予投资效果较好的长期资本风险补贴等。四是建立考评激励机制，发挥“靶向引导”效应。优化科创信贷营商环境，支持企业获得知识产权质押贷款，支持企业获得科技保险服务等。五是建立风险补偿机制，发挥“协同共担”效应。给予知识产权质押贷款风险补偿，提高担保代偿补偿资金使用效率等。六是建立协调对接机制，发挥“制度保障”效应。强化科创人才服务保障，深化科创金融政银企对接机制，构建跨行业、跨领域、跨层级的信息合作机制等。七是建立试点先行机制，发挥“示范样本”效应。支持在海淀区建立科创金融服务中心、全国创业投资中心，进一步加大中关村科创企业跨境融资支持力度等。

3.2.2 税收优惠政策

北京市对高科技企业、科技创新型企业提供各类税收优惠。主要有所得税优惠、营业税优惠和增值税优惠等政策。

所得税优惠。高新技术企业自开办之日起（指企业营业执照上的成立日期），三年内免征企业所得税，第四年至第六年可按7.5%的税率，减半征收企业所得税，第七年开始减按15%税率征收企业所得税；企业出口产品产值达到当年总产值40%以上的，经税务部门批准，减按10%税率征收企业所得税；高新技术企业当年发生的技术开发费比上年实际增长10%（含10%）以上的，当年经主管税务机关批准，可再按技术开发费实际发生额的50%抵扣当年应纳税所得额；对社会力量，包括企业单位（不含外商投资企业和外国企业）、事业单位、社会团体、个人和个体工商户资助非关联的科研机构和高等学校研究开发新产品、新技术、新工艺所发生的研究开发经费，经主管税务机关审核确定，其资助支出可以全额在当年度应纳税所得额中扣除；凡在我国境内投资于符合国家产业政策的技术改造项目的企业，其项目所需国产设备投资的40%可从企业技术改造项目设备购置当年比前一年新增的企业所得税中抵免。

营业税优惠。对企业和个人（包括外商投资企业、外商投资设立的研究开发中心、外国企业和外籍个人）从事技术转让、技术开发业务和与之相关的技术咨询、技术服务业务取得的收入，免征营业税。

增值税优惠。对增值税一般纳税人销售其自行开发生产的软件产品，2010年前按17%的法定税率征收增值税，对实际税负超过3%的部分实行即征即退政策。所退税款由企业用于研究开发软件产品和扩大再生产，不作为企业所得税应税收入，不予征收企业所得税。

3.2.3 促进科技成果转化和产业化政策

科技成果转化和产业化是促进技术创新市场导向机制的关键环节，是将北京科技智力资源优势向经济发展优势转化的有效途径。2011 年，北京市制定了《关于进一步促进科技成果转化和产业化的指导意见》（以下简称《指导意见》）。《指导意见》强调突出制度创新，充分发挥政府的引导作用和市场配置资源的决定性作用，打造有利于科技成果转化和产业化的良好环境。

《指导意见》强调要开展高等院校、科研院所和国有企业的考核评价制度改革试点，鼓励科技人员创办企业或以科技成果入股参与创办企业，转化科技成果；强化对科研院所的科技成果转化和产业化的考评，强化对国有企业的技术创新能力和成效的考评；深化股权激励改革试点，在高等院校、科研院所和国有企业中，对做出突出贡献的科技人员、经营管理人员、成果转化人员，开展职务科技成果股权和分红激励试点；财政性资金资助科研项目形成的科技成果，授权项目承担者依法取得，项目承担者可自主决定转化科技成果，转化收益归项目承担者所有；开展股权激励个人所得税政策试点和科研经费分配管理改革试点。

《指导意见》提出，要培育一批专业的成果转化服务机构，将技术市场作为科技成果转化的重要渠道，推行北京技术转移示范基地挂牌制度，对成效显著、机制创新的服务机构给予专项资金支持；加强科技孵化体系建设，引导科技企业孵化器、大学科技园、留学人员创业园、中试基地、大学生创业基地等孵化机构向专业化、市场化发展；鼓励高等院校和科研院所采用市场机制，向企业开放科研基础设施和大型科学仪器设备、自然科技资源、科学数据、科技文献等公共科技资源，鼓励社会公益类科研院所为企业提供检测、测试、标准等服务；积极支持民营科技企业通过公平竞争，承担国家各类计划项目和基地建设任务，并在贷款、担保、贴息等方面为民营科技企业提供支持；加大创业投资和股权投资支持力度；完善科技企业与银行信贷、科技保险和资本市场之间的市场联动机制等。

北京市在全国率先提出以财政科技资金入股的方式支持企业。当企业走向成功时，政府股份按照原值退出，再用来支持其他企业的创新活动。这种投入方式，既能在企业最困难时得到政府的支持，又能在企业获得发展后政府收回股本继续支持其他企业。

为进一步加快科技成果转化和产业化，将其落到实处，北京市于2014年又相继印发了《加快推进高等学校科技成果转化和科技协同创新若干意见（试行)》和《加快推进科研机构科技成果转化和产业化的若干意见（试行)》，为高等学校和科研机构的科技成果转化制定了更加细致的规定。《加快推进高等学校科技成果转化和科技协同创新若干意见（试行)》指出要开展高等学校科技成果处置权、科技成果收益分配方式改革；建立高等学校的科技创新和成果转化项目储备制度；对高等学校产学研用合作加大经费支持力度；支持高等学校开放实验室资源、建设协同创新中心、搭建国际化科技成果转化合作平台；鼓励高等学校的科技人员参与科技创新和成果转化；鼓励高等学校设立成果转化岗位；制定高等学校在校生的创业支持办法。《加快推进科研机构科技成果转化和产业化的若干意见（试行)》指出要深化科技成果管理、财政经费管理改革；推进科研资产管理改革；强化科研人员激励机制；加强对科研机构新技术新产品的应用和推广；优化科技金融服务环境；支持科研机构深入开展协同创新；完善科研机构成果转化平台；鼓励科研机构广泛开展国际交流。

2019年，北京市第十五届人民代表大会常务委员会第十六次会议审议通过了《北京市促进科技成果转化条例》（以下简称《条例》），

《条例》是北京市贯彻党的十九大和十九届二中、三中、四中全会精神，落实《中华人民共和国促进科技成果转化法》等法规，为构建北京市高精尖经济结构、实现首都高质量发展、建设具有全球影响力的国际科技创新中心提供强有力制度保障的一部意义非凡的地方性法规，它标志着北京市促进科技成果转化、推动高质量发展的法治建设进入了崭新阶段。《条例》以全方位保障创新主体的合法权益、全维度提升高校院所成果转化动力、全链条支持和服务企业科技成果转化、全要素构建转化良好生态环境和全主体适用科技成果转化工作为创新点，为北京市科技成果转化破除了体制机制障碍。2022 年，为落实党中央、国务院关于中关村新一轮先行先试改革部署，更好发挥其示范引领作用，推动建设世界科技强国的任务部署，进一步激活科技成果转化动力，科技部等九部门联合印发了《关于允许在中关村国家自主创新示范区核心区（海淀园）的中央高等院校、科研机构及企事业单位等适用〈北京市促进科技成果转化条例〉的通知》，扩大了《条例》的适用范围。

3.2.4 鼓励产学研合作政策

为鼓励企业与高校、科研院所进行产学研合作，促进企业成为创新主体，提高企业的核心竞争力，北京市于 2007 年制定了《鼓励企业与高校、科研院所进行产学研合作的若干意见》（以下简称《若干意见》）。

《若干意见》指出，鼓励产学研合作的目标是：积极拓宽产学研的合作渠道，努力探索产学研合作新模式，建立起创新资源有序流动、运行机制较为完善、合作内容较为丰富、合作形式较为规范的产学研相结合的技术创新体系，形成企业与高校、科研院所良好合作的局面，使以企业为主体的产学研合作成为北京市提升自主创新能力的主要途径。

支持产学研合作的政策和实施方式主要包括：设立市级中小企业创业投资引导基金，优先支持创业投资机构对产学研联合创新项目进行投资；鼓励企业引入高校、科研院所的科技资源，建立企业技术研发机构；市级政府采购向产学研联合创新产品和服务倾斜；对企业与高校、科研院所合作产生的技术转让、技术开发以及相关的技术咨询、技术服务合同，经认定登记，所获得的收入可享受免征营业税的优惠。

《若干意见》指出，要调整政府科技管理模式和科技计划体系的重心，大力支持以企业为主体、产学研联合开展技术创新；市科技计划每年安排不少于50%的科技项目经费用于支持企业牵头开展产学研联合创新，并鼓励企业通过招标、委托研发等形式，将承担的计划任务与高校、科研院所进行产学研合作创新；对市属及中央在京转制科研院所与企业进行合作，实现招商引资3000万元以上，并且能够在京实现产业化的科研项目，市科委“科技资源招商”专项给予重点支持；市科委“企业创新应用知识产权与技术标准试点”专项重点支持企业引进国外或港澳台地区技术或知识产权，并联合高校、科研院所消化吸收再创新，形成自主知识产权或技术标准；北京市自然科学基金和市科委“基础研究”专项资金以不低于20%的比例重点支持企业联合高校、科研院所在农业、环境与资源、能源、人口与健康等领域开展基础研究，在电子信息、生物医药、新材料、航空航天等领域开展前瞻性、先导性和探索性的前沿技术研究。

3.2.5 科技人才引进和培养政策

为了加快中关村人才特区建设，北京市于2010年制定了《中关村人才特区行动计划（2011—2015年）》（以下简称《计划》）。《计划》提出，要确立人才优先发展战略布局，以人才引领科技创新，以科技推动产业发展，以产业聚集人才资源，形成人才、科技、产业协同发展格局。2011 年中组部、发展改革委等 15 个中央单位和北京市联合印发了《关于中关村国家自主创新示范区建设人才特区的若干意见》（以下简称《意见》），提出从 2011 年到 2015 年，面向以海外高层次人才为代表的国家发展所特需的各类人才，建设“人才智力高度密集、体制机制真正创新、科技创新高度活跃、新兴产业高速发展”的中国特色人才特区。

《计划》和《意见》中明确了人才激励的 10 项政策。一是资金奖励及财政扶持政策，对入选“北京海外人才聚集工程”等的高层次人才给予 100 万元人民币的一次性奖励；二是股权激励政策，对于科技创新创业企业转化科技成果，以股份或出资比例等股权形式给予本企业相关技术人员的奖励；三是人才培养政策，支持具有博士和硕士学位授予权的高校、科研机构聘任其他企业或科研机构具备条件和水平的高层次人才担任研究生兼职导师，联合培养研究生；四是人才兼职政策，面向北京地区各高校、科研院所，协调推动教师、研究人员到人才特区创办企业或到相关企业兼职；五是居留与出入境政策；六是落户政策，具有中国国籍、愿意落户北京的海外高层次人才，不受其户籍所在地的限制，直接办理落户手续；七是进口税收相关政策，对符合现行政策规定的企业与科研机构，在合理数量范围内进口境内不能生产或性能不能满足需要的科研、教学物品，免征进口关税和进口环节增值税、消费税；八是医疗政策，人才特区的高层次人才享受医疗照顾人员待遇；九是住房政策，为符合条件的高层次人才提供定向租赁住房；十是配偶安置政策，愿意在本市就业的高层次人才随迁配偶，纳入全市公共就业服务体系，优先推荐就业岗位，积极提供就业服务。

2018 年，为进一步优化人才队伍结构，规范人才引进流程，北京市人民政府、人社局印发了《关于优化人才服务促进科技创新推动高精尖产业发展的若干措施》和《北京市引进人才管理办法（试行）》（以下简称《办法（试行）》）。根据《办法（试行）》规定，在坚持政治站位、首善标准的前提下，北京市要立足于经济社会发展所必需的多样化人才需求，多措并举、不拘一格地为各类创新主体引进高质量人才。该政策明确了 11 类共 27 条人才落户渠道，政策中对国家和北京市重大人才工程入选人、科技奖项获奖人、重大科研任务领衔人等优秀人才设置了人才引进的“绿色通道”，规定了优秀创新创业团队人才、文化创意人才、科技创新人才、金融人才、高技能人才、国际交往中心建设人才等的具体引进政策。

2022 年，为全面贯彻落实中央人才工作会议精神，深入实施新时代人才强国战略，着力培育壮大首都青年科技人才队伍，推进高水平人才高地建设，北京市科委、中关村管委会印发了《北京市科技新星计划管理办法（修订版）》，为北京国际科技创新中心和中关村世界领先科技园区建设提供科技人才保障。该新星计划由市财政经费支持，市科委、中关村管委会组织实施，旨在发现并培养一批政治素质高、创新能力强、发展潜力大的青年科技骨干，为国家科技创新能力提升储备人才力量。新星计划分为创新新星和创业新星两大类，一年一次评审工作，通过“人才 + 项目”的模式，支持青年人才开展前沿科技攻关、跨学科领域合作和科技成果转化。

3.3　北京市技术创新现状

3.3.1　技术创新资源投入

在研究开发人力资源投入上，北京在全国具有比较明显的优势。2020 年北京市拥有研发人员 47.33 万人，其中博士生 11.06 万人，硕士生 10.79 万人，本科生 20.31 万人，本科以上学历者占全部研发人员总数的 89.1%，该比例居全国第一位，且远高于全国平均水平。2020 年北京市研究开发人员全时当量是336280人·年，居全国第五位。详见表3.1、表3.2。

表3.1 2020年全国及部分省份研究开发人员构成

地区	研究开发人员/人	博士毕业/人	硕士毕业/人	本科毕业/人	本科以上比例/%
全国	7552986	636370	1111011	3054063	63.6
北京	473304（5）	110589（1）	107860（2）	203147（5）	89.1
广东	1175441（1）	58664（2）	165536（1）	429882（1）	55.6
江苏	914510（2）	51255（3）	98472（3）	383011（2）	58.3
浙江	775778（3）	34139（5）	67869（4）	260035（3）	46.7
山东	518955（4）	34033（6）	60675（5）	210904（4）	58.9

注：括号内数字是在全国的位次。

资料来源：《中国科技统计年鉴2021》。

表3.2 2020年全国及部分省份研究开发人员全时当量

地区	总全时当量/人	基础研究		应用研究		试验开发	
		全时当量/人	比例/%	全时当量/人	比例/%	全时当量/人	比例/%
全国	5234508	426772	8.2	643130	12.3	4164620	79.6
北京	336280（5）	75082（1）	22.3	95186（1）	28.3	166014（6）	49.4
广东	872238（1）	38655（2）	4.4	69225（2）	7.9	764360（1）	87.6
江苏	669084（2）	25979（4）	3.9	42112（3）	6.3	600994（2）	89.8
浙江	582981（3）	15839（10）	2.7	29465（7）	5.1	537679（3）	92.2
山东	341159（4）	23105（5）	6.8	34857（5）	10.2	283197（4）	83.0

注：括号内数字是在全国的位次。

资料来源：《中国科技统计年鉴2021》。

研究开发经费投入上，2020年北京市共投入研发经费2326.6亿元（见表3.3），全国研发经费投入超过千亿元的省份有8个，北京排名第三，居广东（3479.9亿元）、江苏（3005.9亿元）之后。研发经费投入强度（研发经费投入与该地区生产总值之比）超过全国平均水平的省份有7个，北京居全国第一位。在研发经费投入中，从活动类型看，北京市基础研究经费 373.1 亿元、应用研究经费 571.1 亿元、试验发展经费 1382.4 亿元，三者所占比重分别为 16.0%、24.5% 和 59.4%；从活动主体看，各类企业研发经费支出 1008.0 亿元，科研机构经费支出 1006.3 亿元，高等学校经费支出 262.4 亿元，事业单位经费支出 49.9 亿元；从行业门类看，制造业经费支出 6.2 亿元，信息传输、软件和信息技术服务业经费支出 8.4 亿元，科学研究和技术服务业经费支出 18.0 亿元，教育业经费支出 12.3 亿元。

表 3.3　2020 年全国各省份研发经费情况

地区	R&D 经费/亿元	R&D 经费投入强度/%
全国	24393.1	2.4
广东	3479.9	3.14
江苏	3005.9	4.17
北京	2326.6	6.44
浙江	1859.9	2.93
山东	1681.9	2.30
上海	1615.7	4.17
四川	1055.3	2.17
湖北	1005.3	2.31
河南	901.3	1.64
湖南	898.7	2.15
安徽	883.2	2.28
福建	842.4	1.92
河北	634.4	1.75
陕西	632.3	2.42
辽宁	549.0	2.19
重庆	526.8	2.11
天津	485.0	3.44
江西	430.7	1.68
云南	246.0	1.00
山西	211.1	1.20

续表

地区	R&D 经费/亿元	R&D 经费投入强度/%
黑龙江	173.2	1.26
广西	173.2	0.78
贵州	161.7	0.91
内蒙古	161.1	0.93
吉林	159.5	1.30
甘肃	109.6	1.22
新疆	61.6	0.45
宁夏	59.6	1.52
海南	36.6	0.66
青海	21.3	0.71
西藏	4.4	0.23

资料来源：国家统计局。

研究开发基础设施建设上，截至 2020 年，北京市有研究与开发机构 445 个，R&D 人员共 9.6 万人，R&D 人员折合全时当量 7.6 万人·年，R&D 经费内部支出 509.2 亿元；截至 2020 年，北京地区共有高等院校 138 所，在校大学生（本科和专科）403.85 万人，硕士生有 27.81 万人，博士生有 10.85 万人；截至 2020 年，北京市有科学技术协会及所属学会 192 个，相关从业人员 1127 人，2020 年举办国内学术会议 886 次，境内国际学术会议 18 次，港澳台地区学术会议 4 次，会议参加人数上千万，交流论文上万篇；截至 2020 年，北京市主办科技期刊种数有 22 种，2022 年科技期刊总印数 986090 册，发表论文数 6064 篇；2020 年，北京市规模以上高技术制造业总产值 5128.9 亿元，营业收入 6570.1 亿元，规模以上工业战略性新兴产业总产值 5794.7 亿元。

3.3.2 技术创新能力和效率

根据第 5 章所述，我们可以从知识创造、知识产权创造、企业创新和创新合作这四个方面来分析北京市技术创新能力和效率。

3.3.2.1 知识创造能力和效率

北京市在知识创造能力和效率上都远超全国其他地区。北京市科技论文发表和引用在全国具有显著优势。2016 年，为引导和鼓励我国科研机构和科技工作者增加高水平的科研发现与产出，中国科学技术信息研究所（以下简称“中信所”）开始公布中国卓越科技论文产出情况。中国科研工作者发表在国际和国内期刊的高质量论文均被统计在中国卓越科技论文里。国际部分主要选取国际上具备高度影响力的文献数据库，如《科学引文索引》（Science Citation Index，SCI）、《工程索引》核心期刊（Ei Compendex）和《科技会议录引文索引》（Conference Proceedings Citation Index - Science，CPCI - S），以及美国的《医学索引》（Medline）、《社会科学引文索引》（Social Science Citation Index，SSCI）和 Scopus 数据库；国内部分选取近 5 年发表在中国科技论文与引文数据库（Chinese Scientific and Technical Papers and Citation Database，CSTPCD）的高质量论文。

2020 年，中国有卓越国际科技论文 21.60 万篇，卓越国内科技论文 24.78 万篇，共计 46.38 万篇。按地区统计，我国 31 个省份均有发表，其中北京发表的卓越科技论文最多，数量达到 76519 篇，比第二名江苏的 44268 篇多出 32251 篇（见表 3.4）。

表 3.4　2020 年中国卓越科技论文发表数量前 10 的地区

位次	地区	论文发表数量/篇
1	北京	76519
2	江苏	44268
3	上海	31331
4	广东	31207
5	湖北	26257
6	陕西	24637

续表

位次	地区	论文发表数量/篇
7	山东	22568
8	浙江	20449
9	四川	20234
10	辽宁	16104

资料来源：中国科学技术信息研究所。

2020 年，北京是我国发表 SCI 论文篇数最多的地区，共发表论文 7 万多篇，比第二名的江苏高出 39%，同时，北京也是 SCI 论文被引用篇数和被引用频次最多的地区，在全国主要创新地区中同样是优势极为明显（见表 3.5 和表 3.6）。

表 3.5　2020 年中国发表 SCI 论文数量最多的 6 个地区

位次	地区	SCI 论文数量/篇
1	北京	71149
2	江苏	51197
3	上海	38727
4	广东	38643
5	山东	28775
6	湖北	27408

注：按照 SCI 论文第一作者的第一单位为标准进行统计。
资料来源：《中国科技论文统计报告 2021》。

表 3.6　2011—2020 年中国发表 SCI 论文被引用数量最多的 10 个地区

位次	地区	被引用数量/篇	总被引频次/次
1	北京	413127	7441309
2	江苏	262951	4270349
3	上海	221749	3983324
4	广东	162472	2691999
5	湖北	134950	2446701
6	浙江	130740	2132313
7	山东	129711	1830049

续表

位次	地区	被引用数量/篇	总被引频次/次
8	陕西	129065	1831916
9	四川	105926	1428785
10	辽宁	93683	1481221

资料来源：《中国科技论文统计报告2021》。

2020年，在自然科学领域，北京市的论文发表数量仍然稳居全国第一，数量为61229篇，第二名的江苏省发表了38552篇，拉开了22677篇的差距。同时，在论文发表被引用方面，我国发表论文总被引用频次排名前10的高等院校中，有3所位于北京市，我国发表论文总被引用频次前10的研究机构中，有8所位于北京市，我国发表论文总被引用频次前10的医疗机构中，有5所位于北京市（见表3.7～3.9）。

表3.7 2020年我国发表论文数量最多的6个地区

位次	地区	自然科学领域发表论文数量/篇
1	北京	61229
2	江苏	38552
3	上海	27645
4	广西	25665
5	陕西	25583
6	湖北	22782

资料来源：《中国科技论文统计报告2021》。

表3.8 2020年我国论文总被引频次排名前10的研究机构

位次	研究机构	总被引频次/次	论文数量增长率/%
1	中国科学院地理科学与资源研究院（北京）	14973	34.12
2	中国中医科学院（北京）	12438	49.60
3	中国疾病预防控制中心（北京）	9259	33.84
4	中国林业科学研究院（北京）	6589	21.77
5	中国科学院西北生态环境资源研究所（甘肃）	6124	—
6	中国水产科学研究院（北京）	5676	18.77

续表

位次	研究机构	总被引频次/次	论文数量增长率/%
7	中国科学院地质与地球物理研究院（北京）	5056	4.72
8	中国科学院生态环境研究中心（北京）	4297	33.53
9	中国医学科学院肿瘤研究所（北京）	3599	10.70
10	中国科学院南京土壤研究所（江苏）	3320	29.13

注：论文总被引频次按照1988—2020年我国发表的论文在2020年被引用的次数进行统计。

资料来源：《中国科技论文统计报告2021》。

表3.9 我国论文总被引频次排名前10的医疗机构

位次	医疗机构	总被引频次/次	论文数量增长率/%
1	解放军总医院（北京）	15043	12.44
2	四川大学华西医院（四川）	7979	34.03
3	北京协和医院（北京）	7441	23.98
4	华中科技大学同济医学院附属同济医院（湖北）	5458	49.04
5	武汉大学人民医院（湖北）	4648	37.03
6	郑州大学第一附属医院（河南）	4413	32.44
7	北京大学第三医院（北京）	4369	24.83
8	北京大学第一医院（北京）	4306	16.50
9	中国医科大学附属盛京医院（辽宁）	4197	21.34
10	中国中医科学院广安门医院（北京）	3885	33.92

注：论文总被引频次按照1988—2020年我国发表的论文在2020年被引用的次数进行统计。

资料来源：《中国科技论文统计报告2021》。

3.3.2.2 知识产权创造能力和效率

2013年，北京知识产权创造能力在全国居第三位，知识产权创造效率居全国首位（见第5章）。在国内专利申请、授权和有效专利数量方面，北京居领先地位。2020年，北京国内专利申请受理量为254165件，居全国第五位，不过与第一位的广东申请量967204件相比，差距很大，只占其26%；2020年北京国内专利授权数为162824件，居全国第五位；2020年北京国内有效专利数为768090件，居全国第四位，在广东、江苏和浙江之后（见表3.10）。

表3.10　2020年全国及部分地区专利申请量、授权量和有效专利量

地区	专利申请量/件	专利授权量/件	有效专利量/件
全国	5016030	3520901	11236868
北京	254165（5）	162824（5）	768090（4）
广东	967204（1）	709725（1）	2296261（1）
江苏	719452（2）	499167（2）	1483781（2）
浙江	507050（3）	391700（3）	1276423（3）
山东	337280（4）	238778（4）	662211（5）

注：括号内数字是在全国的位次。

资料来源：《中国科技统计年鉴2021》。

可见，在知识产权创造方面，专利申请、专利授权和有效专利数量，北京尽管在全国处于领先水平，但与江苏、广东和浙江三省相比差距明显。

3.3.2.3　企业创新能力和效率

2020年，北京在企业创新能力上居全国第六位，企业创新效率上居全国第三位，整体而言，北京企业创新和效率全国属于领先水平，但与处于首位的广东差距较大。在规模以上企业创新方面，总体上，2020年北京开展创新活动的规上企业有12368家，在全部企业中占比42.8%，第一名的广东是58335家。在北京的12368家企业中，有10711家企业实现创新，有1368家企业同时实现四种创新。具体而言，2020年，北京市开展产品或工艺创新活动的规上企业有9303家，在全部企业中占比32.2%，其中4829家企业实现产品创新，4822家企业实现工艺创新。在开展产品或工艺创新活动的企业中，内部研发、相关培训和获得机器设备和软件是其主要的活动形式，分别占比38.3%、

36.7%和32.0%；2020年，北京实现组织或营销创新的规上企业有8368家，在全部企业中占比29.0%，其中6456家企业实现组织创新，5420家企业实现营销创新（见表3.11）。

表3.11 2020年我国部分地区规上企业创新活动情况

地区	开展创新活动企业数/个	在全部企业中占比/%	开展产品或工艺创新活动企业数/个	在全部企业中占比/%	实现组织或营销创新企业数/个	在全部企业中占比/%
北京	12368（12）	42.8	9303（10）	32.2	8368（12）	29.0
广东	58335（1）	47.3	45718（1）	37.1	43640（1）	35.4
江苏	49274（2）	48.9	38104（2）	37.8	33909（2）	33.6
浙江	44716（3）	51.4	37848（3）	43.5	29804（3）	34.3
山东	27419（4）	43.8	19815（4）	31.7	20768（4）	33.2

注：括号内数字是在全国的位次。
资料来源：《中国科技统计年鉴2021》。

2020年北京市高技术产业实现营收6573亿元，居全国第七位，第一名的广东省营收50185亿元；2020年北京市高技术产业利润额为555亿元，不到第一位的广东省3001亿元的1/4，差距很大；2020年北京市共有884家企业属于高技术产业，平均用工人数256474人。2020年在北京有R&D人员29460人，R&D人员折合全时当量23546人·年，二者与位居榜首的广东省均有一定差距。可见，在高技术产业方面，北京市各方面与领跑者广东省存在着比较大的差距（见表3.12）。

表3.12 2020年我国部分地区高技术产业生产经营情况

地区	营业收入/亿元	利润总额/亿元	企业数/个	平均用工人数/人	R&D人员/人	R&D人员折合全时当量/人·年
北京	6573（7）	555（6）	884（13）	256474（14）	29460（13）	23546（10）
广东	50185（1）	3001（1）	10670（1）	4015335（1）	398766（1）	320479（1）
江苏	27193（2）	1841（2）	5973（2）	2163717（2）	190287（2）	147662（2）

续表

地区	营业收入/亿元	利润总额/亿元	企业数/个	平均用工人数/人	R&D 人员/人	R&D 人员折合全时当量/人·年
浙江	10138（3）	1095（3）	3622（3）	890946（3）	119891（3）	97364（3）
四川	9434（4）	476（8）	1576（6）	624590（4）	44591（6）	30781（9）

注：括号内数字是在全国的位次。

资料来源：《中国科技统计年鉴 2021》。

3.3.2.4 创新合作能力和效率

2013 年，北京市创新合作能力和效率在全国处于领先水平，后者效用值居全国首位（见第 5 章）。北京市始终注重推进技术转移服务业发展，截至 2012 年，拥有国家级技术转移示范机构达 44 家，占全国的 16%。中意技术转移中心组织近 500 家企业达成合作意向 368 项，落地合作项目 153 项；国际技术转移协作网络（ITTN）成员单位拓展至 200 家；建设北京市国际科技合作基地 45 家，与 32 个国家 137 家机构建立合作关系，引进国际先进技术 40 项、高端人才 150 名。建设国际技术转移中心和国家技术转移集聚区，借助中美企业创新中心、中芬企业创新中心等渠道，吸引企业、技术、人才（团队）和技术转移机构等国际高端资源落地北京市。通过成果推广、技术转移、专家指导等方式，扎实开展与新疆、青海、西藏、内蒙古、宁夏、云南等地区的科技支援与交流合作。围绕产业转移互补、区域生态环境、科技资源共享等方面，加强首都经济圈科技交流合作①。

2020 年北京市技术合同数 84451 件，实现成交额 6316.2 亿元，超过了全国绝大部分地区，技术合同成交额占 GDP 比重达到了 17.5%，该比例也是远超全国其他地区；2020 年北京市技术交易实现金额 898.5

① 引自《北京年鉴 2013》，第 375 页。

亿元，占地区生产总值的比重达 2.5%。2020 年北京市 R&D 经费外部支出额为 288.5 亿元，居全国第二位，第一位是广东省；北京 2020 年规上企业引进、消化吸收和购买国内技术金额为 46.7 亿元，居全国第五位，占主营业务收入比重为 0.4%，该比重居全国首位。可见，在企业、高校、科研机构之间的创新合作方面，北京市在全国居于领先地位。

3.4 北京市技术创新系统存在的主要问题

北京市经过多年发展，已经初步形成了独具特色的区域创新系统。技术创新能力和效率在全国都居于领先地位，但是目前还存在以下一些问题。

3.4.1 企业创新主体地位相对薄弱

从上述的企业创新能力和效率的测度中，可以看出北京市企业创新能力和效率与主要创新大省广东、江苏相比，还有较明显的差距。此外，北京市研发投入中，政府研发投入占比较高，而企业资金投入则比较少，远低于全国平均水平。从表 3.13 可以看出，与其他技术创新大省相比，北京市研发投入中政府资金比重远远超过其他地区，而企业资金比重远远低于其他地区。上海市政府资金比重为 32.6%，企业资金比重为 63.6%，而江苏、浙江和广东三省研发投入中政府资金比重都仅占 10% 左右，企业资金比重均高达 85% 以上。当然，北京市研发投入中政府资金比重过高的主要原因是北京市研究机构和高校科研能力在全国居首位，而研究机构和高校研发资金中政府资金投入比例很高，造成企业研发投入相对过低。因此，从创新资源投入上、创新能力和效率上可以看出北京市企业创新主体地位相对薄弱。

表 3.13 2020 年研究开发投入资金来源情况

地区	经费总额/亿元	政府资金		企业资金	
		资金额/亿元	比例/%	资金额/亿元	比例/%
全国	24393	4826	19.8	18895	77.5
北京	2327（3）	1084	46.6	1074	46.2
上海	1615（5）	527	32.6	1027	63.6
江苏	3006（2）	281	9.3	2669	88.8
浙江	1860（4）	165	8.9	1676	90.1
广东	3480（1）	441	12.7	2988	85.9

注：括号内数字是在全国的位次。

资料来源：《中国科技统计年鉴 2021》。

3.4.2 领军企业研发投入偏低

波士顿咨询公司发布的《2020 年最具创新力公司：连续创新势在必行》研究报告评选出世界上最具创新力的 50 家公司，中国的华为、阿里巴巴、腾讯、小米和京东 5 家企业上榜，分别居于榜单第 6 位、第 7 位、第 14 位、第 24 位和第 31 位，其中小米和京东创立于北京。在企业规模 R&D 投入金额和创新投入强度等方面，我国的企业与位居榜首的苹果、Alphabet、亚马逊还存在着一定的差距，与全球科技巨头相比，北京领军企业实现创新驱动发展的目标还有很长的路要走。

2017 年中国人民大学企业创新课题组打造了《中国企业创新能力百千万排行榜》。该榜单是国内理念最新、规模最大的企业创新能力排行榜，排行榜一年一次，对中国所有高新技术企业的创新能力进行全方位、全覆盖的综合评价。根据该榜单，2020 年中国企业创新能力 1000 强中，广东省排名第一，有 215 家企业上榜，北京以 205 家企业的成绩排名第二，接下来是上海（96 家）、江苏（86 家）、浙江（65 家）、山东（44 家）、湖北（33 家）、安徽（31 家）、福建（28 家）、陕西（25 家）、四川（22 家）、湖南（21 家）、天津（21 家）、河北（19 家）、河南（18家）、辽宁（17家）、重庆（12家）、江西（10家）、黑龙江（7家）、山西（6家）、广西（5家）、贵州（4家）、云南（3家）、甘肃（2家）、海南（1家）、吉林（1家）、内蒙古（1家）、青海（1家）、新疆（1家）。北京市是全国知名高校的聚集地，拥有最大额度的政府研发资金扶持，种种优惠加身，可是企业的创新能力却屈居广东省之后，可见，北京市的企业创新能力还有待提高。

3.4.3 产学研机制不够完善

北京市科研机构和高校科研能力居全国首位，但企业与科研机构、高校之间的合作相对较少。2020年，北京市科研机构和高等院校研发经费内部支出中来自企业的资金分别有46亿元和82亿元，所占比例仅为4.6%和31.3%，而来自政府的资金有824亿元和169亿元，占比分别为81.9%和64.5%。

产学研机制不够完善表现在对中小型高新技术企业的扶持和培育力度不够上。科技企业孵化器是致力于培育和扶持中小型高新技术企业成长的服务机构，它为初立的中小型高新技术企业提供一系列支持，降低创业者的风险和成本，助力创业成功，促进科技成果转化。科技企业孵化器对推动高新技术产业发展、推动产学研融合发挥着重要的作用。如表3.14所示，2020年科技企业孵化器，全国有5971个，排在第一位的广东省有1104个，北京市只有261个，不到广东省的1/4。

表3.14 2020年各地区科技企业孵化器主要指标

地区	在统孵化器数量/个	孵化器内企业总数/个	当年获得风险投资额/千元
全国	5971	307737	78635423
北京	261（6）	23446	15022598
广东	1104（1）	48717	11457090
江苏	940（2）	46118	16655991
浙江	438（3）	23511	8012107

续表

地区	在统孵化器数量/个	孵化器内企业总数/个	当年获得风险投资额/千元
山东	320（4）	17103	2001886

注：括号内数字是在全国的位次。

资料来源：《中国科技统计年鉴2021》。

产学研机制不完善表现在技术成果转让不畅上。在北京市的技术交易中，首先是技术服务合同，按照技术合同成交额计，2020年技术服务合同成交额在总技术合同中所占比例高达72.8%，其次是技术开发合同，所占比例为21.3%，而技术转让合同比例仅为5.1%。技术转让合同包括技术秘密转让、专利实施许可、专利权转让、专利申请权转让、计算机软件著作权转让、集成电路布图设计专有权转让、动植物新品种权转让、生物医药新品种权转让等方面的合同，即广义上讲的技术成果转让所订立的合同。如表3.15所示，2013—2020年，虽然北京市技术转让合同成交额年均增长率较高，但是所占合同比例仍然只是个位数。

产学研机制不完善还表现在企业与高校、科研机构之间技术交易相对较少上。如表3.15所示，按合同成交额计，2020年卖方为事业单位法人的合同成交额仅为222.6亿元，而事业单位法人多属于高校和科研机构，可见技术交易主要在企业和企业之间进行，在企业与高校、科研机构之间进行的比例很低。

表3.15　北京技术合同数与成交额

项目	合同数/项		成交额/亿元		
	2020年	2013年	2020年	2013年	2013年—2020年年均增速/%
合计	84451	62743	6316.2	2851.2	17.4
按合同类别分类					
技术开发合同	26039	24000	1343.5	610.4	17.2

续表

项目	合同数/项		成交额/亿元		
	2020 年	2013 年	2020 年	2013 年	2013 年—2020 年年均增速/%
技术转让合同	2185	1570	322. 5	58. 0	65. 1
技术咨询合同	4179	4938	49. 1	48. 8	4. 3
技术服务合同	52048	32235	4601. 0	2133. 9	16. 6
按合同卖方类别分类					
事业法人	14055	10274	222. 6	102. 4	16. 8
企业法人	64825	52388	5440. 9	2746. 0	14. 0
其他组织和个人	5571	81	652. 7	2. 7	34. 4

资料来源：《北京市技术市场统计公报》(2013 年和 2020 年)。

4　完善北京市技术创新市场导向机制

4.1　完善科技创新政策体系

目前，北京市创新政策繁多，有资金扶持政策、税收优惠政策、促进科技成果产业化的政策、促进产学研的政策，以及人才政策、知识产权政策、政府采购政策等。此外还有支持行业发展的，如支持现代农业、现代服务业、现代制造业发展政策；以及促进经济发展的政策，如促进经济发展方式转型政策、产业结构升级政策、生态经济及绿色经济政策等都与创新政策相关联。这些直接和间接支持创新的政策构成了一个繁杂的政策体系。

4.1.1　现有政策的不足

现有政策的主要问题在于对企业创新支持力度不够。这主要表现在以下几个方面。

一是政策门槛高，申请周期长。目前各类资金直接扶持政策都需要企业去向相应政策主管部门申请，相应审批过程不够规范，制度设计不够灵活，导致实际申请的门槛较高，时限较短、审批手续烦琐。由于很多企业对相应流程不熟悉，往往需要花费大量的时间、精力去申请，极大地影响了企业申报科研项目的积极性和成功率。

二是有些政策不够灵活，实际支持力度小。比如目前中小企业和大企业适用的税率基本相同，中小企业多处于竞争性领域，利润较为微薄，同样的税费占各自利润的比例，大企业要明显低于中小企业。而对中小企业的税收优惠主要是所得税优惠，但是中小企业利润少，所得税优惠基本上无法享有。而且往往创新扶持的政策或项目申请时间过短，导致不少企业往往错过申请时间，难以享受优惠政策。

三是政策之间缺乏协调。上述这些政策往往都是相关主管部门制定的，政策制定、项目管理也是归各个部门负责，因此在制定政策时，各个部门都是从本部门角度出发去设计扶持政策，而很少从政策受益者角度去制定，因此各个政策没有形成合力，导致政出多门而缺乏协调。据不完全统计，2021—2022 年，国家和北京市共颁布或修订与科技创新相关的政策法规文件 804 项，涉及国家重点产业发展、“十四五”科技规划、“科技北京”建设、中关村国家自主创新示范区建设、财税与金融改革、科技人才培养、专利知识产权与技术转移等各个方面。由于政策之间缺乏协调，降低了政策的总体效率。

四是政策效果缺乏深入研究。任何一项政策都需要去分析其效果是否达成预期目标，在多大程度上达成预期目标。实施效果评估既是政策制定的基础，也是政策修改、调整的重要参考，但目前政策制定之前就缺乏深入的研究分析，制定之后更缺乏实施效果评估。由于现有的统计数据有些没有公开，大多数政策效果未知。

4.1.2 完善创新政策体系建议

科学技术是第一生产力，是一个国家或地区经济增长的决定性因素。因此，国家和北京市都大力支持企业创新行为，大力支持高科技产业发展，希望能够促进经济更快增长，希望能够占领未来科技、产业发展的制高点。北京市对创新企业的资金扶持、税收优惠等措施，从理论上讲是为了补偿创新企业在研发过程中因技术外溢效应而形成的正外部性，从而使得企业私人收益等于社会收益。但我们在第 1 章已经指出，创新过程中不仅存在市场失灵，还存在政府失灵和系统失灵的情况。政府制定的各种支持创新的政策并不能够纠正市场失灵，反而会导致政府失灵和企业寻租行为出现。因此，我们认为应从以下几方面去完善创新政策体系。

一是加强政策之间的协调。所有的政策严格来说都是为北京市经济社会发展服务的。北京市目前经济社会发展战略是围绕人文北京、科技北京、绿色北京战略和建设中国特色世界城市的目标，按照在推动科学发展、加快转变经济发展方式中当好标杆和火炬手，走在全国最前面的要求，率先形成创新驱动的发展格局。各项扶持创新的政策都要服务于上述目标，因此，在创新政策及相关政策制定之初就要加强政策之间的协调，要从政策受益者角度出发制定政策，既要保证政策的严肃性，又要保证政策的灵活性。

二是加强政策指导和宣传。扶持创新企业的政策其目的就是要支持企业的创新行为，因此，必须要加强政策指导和宣传。现在北京市科委确实非常重视对各项科技政策的宣传工作，几乎每周都有不同的科技政策宣讲会，例如有“国家高新技术企业研究开发费用加计扣除政策培训会”“北京服务外包行业创新发展政策专题宣讲会”“首都创新大联盟科技政策宣讲会”“服务企业政策宣讲活动”“服务高新技术企业政策宣讲活动”“中关村先行先试改革财税政策宣讲会”等。北京市科委网站上也提供了各类培训会、宣讲会的材料和课件等资料，让更多的企业了解到了政策申请条件、流程、相关材料等，极大地方便了企业。我们认为还应当进一步加强政策指导和宣传。首先，可以根据培训会和宣讲会上企业提出的共性问题，统一制作一份详细政策说明（如 F&Q 等），这样可以提高政策宣传效率。其次，应充分发挥市场机制，鼓励相关中介组织代理企业优惠政策申请工作，发挥中介机构的规模经济效应。目前，已有一些中介机构代理申请高技术企业认定、专利申请等工作，但远远不能满足企业的需求，还需要进一步鼓励支持相应中介机构的发展。最后，编制政策汇编文件，让企业充分了解政策体系。目前中关村国家自主创新示范区有政策汇编手册，但欠缺更详细的分类指导。我们建议北京市科委编制更全面的政策汇编文件，并利用现代信息技术，将各项政策按照不同分类方式进行整理，如按照企业规模、企业所处行业等不同角度去解释和说明政策，让不同类型的企业都能清晰地了解自己能享受哪项政策。

三是加强政策研究工作。在政策制定之前需要进行政策预评估，即政策模拟，研究如果一项政策出台后，将会导致何种后果出现。在政策制定后，还需要定期对政策实施效果进行评估，通过评估发现政策在具体实施过程中存在的问题，并对政策进行调整、修改甚至取消。加强政策研究工作需要对主要政策进行成本收益分析，创新企业的任何扶持政策的实施都是有成本的，只有一项政策的收益超过成本，该政策才是可行的。需要指出的是，政策的成本和收益不仅包括经济成本，还包括其他社会效应成本收益，如时间的节省、环境的好转等，要充分衡量一个项目的总社会收益和社会成本。

4.2 完善科技创新成果转化机制

目前，北京市初步形成了科技创新成果转化机制，技术交易额在全国始终处于首位。但第3章我们已经指出，北京市目前产学研合作机制不完善，企业和高校、研究机构之间合作少，技术成果转让少。这说明目前的科技创新成果转化机制还存在一定的问题。

4.2.1 科技创新成果转化机制不畅的原因

区域创新体系是一个由企业、高校、研究机构、政府、中介组织等众多主体构成的复杂系统。创新系统中企业是最核心的主体，只有企业承担着将科技成果产业化的任务。创新系统最重要的功能就是系统内部各主体之间相互沟通、相互协作、相互促进的功能。一个良好的创新系统，其内部各主体之间联系密切，相互学习、相互交流，从而促进信息和知识在系统内各主体之间充分流动，最终使得企业获得足够的知识，将科技成果在市场上形成新产品、新工艺，企业在市场上的成功使得企业能够投入更多的资源用于知识的创造，加强与其他系统主体的合作，从而形成良性循环。目前，北京市科技创新成果转化机制不畅的主要原因在于创新系统内部各主体之间互动少，相互学习过程不足，信息和知识流动不够畅通。

4.2.1.1 高校、科研机构的原因

北京市科研机构和高校其主要资金来源是政府，而政府不同于企业，对市场信号不能做出快速、有效的反应，因此，政府资助的研究项目中直接与市场相关的比较少，从表 3.2 可以看出，北京研发人员中有 22.3% 的人员从事基础研究，大幅高于其他主要创新地区。由于研发资金来源中以政府资金为主，因此，科研机构和高校在研究开发过程中主要精力放在申请各级政府课题上，而对企业需求相对关注较少。

目前高校和科研机构其内部考核机制对成果转化重视不够。高校和科研机构主要以研究为主，科研人员注重的是自身科研水平的提高，自身学术成就和学术威望，因此关注重点在于研究性的工作而非技术成果的转化。目前对科研人员的考核机制和职称晋升制度也主要着重于学术论文、学术著作的发表，即国家级、省部级项目注重的是

学术成就。

可喜的是，高校和科研机构开始注重专利申请和科技成果转化，开始将专利授权量和成果转化与推广的经济效益加入到对科研人员的考核中。而且《中华人民共和国科学技术进步法》第二十条规定，“利用财政性资金设立的科学技术基金项目或者科学技术计划项目所形成的发明专利权、计算机软件著作权、集成电路布图设计专有权和植物新品种权，除涉及国家安全、国家利益和重大社会公共利益的外，授权项目承担者依法取得”。即课题承担单位享有政府出资的科研项目所形成的知识产权的所有权。这些政策和措施理论上对高校科研机构的科技成果转化具有一定激励作用。但由于高校和科研机构关注的重点是自身的学术声誉，科研人员关注的是科学研究工作，都对市场不熟悉，对市场信息和价格变化也不够敏感，因此尽管有一些激励科研成果转化的政策，但效果并不令人满意。所以，科研人员通常重视专利申请工作，而相对忽视成果转化工作。

4.2.1.2 企业的原因

目前，国家和北京市的政策对于企业申请专利具有明显的激励作用，但专利的经济效益反而被一些企业忽略了。在高科技企业的认定中，企业是否具有专利是一项重要的条件。《北京市高新技术企业认定管理工作实施方案》中明确规定，申请高新技术企业资格认定的企业的条件之一是：企业是在北京市行政区域内注册的企业，近 3 年内通过自主研发、受让、受赠、并购等方式，或通过 5 年以上的独占许可方式，对其主要产品（服务）的核心技术拥有自主知识产权（包括专利、软件著作权、植物新品种权、集成电路布图设计专有权）。由于认证高科技企业后，能得到税收上的优惠，企业热衷于申请专利或购买专利，由于产品或服务中的核心技术事实上难以准确认定，因此有部分专利实际上并没有发挥出经济效益①。

我们在调研中还了解到，对大中型企业而言，申请专利并非为了获得知识产权来保护自身的核心技术，而是出于其他原因。对外部而言，企业需要证明自己具有较强的技术实力，而拥有的专利数量多少就是最重要的证明方式。企业申请专利并不是为了保护核心技术，也不是为了构建技术壁垒或者用于交叉授权，而是为了向政府和金融机构证明自己具有较强的技术实力，从而获得政府的资金扶持和银行的贷款支持。对内部而言，企业需要为内部研发人员设定一种考核方式。研究开发工作具有较大的不确定性，很难准确地考核评价研发工作成果，而专利数量就是最简单且便于实施的一种考核方式之一。通常企业为了鼓励申请专利，会对发明人提供一定金额的奖励②。无论是哪种情况，企业关注的仅仅是专利数量，而不关注专利成果的经济效益。

此外，北京市工业发展相对滞后，在一定程度上制约了企业与高校、科研机构的合作。北京市高技术产业发展与其他主要创新地区相比，在整体规模上比较滞后，从第 3 章的表 3.12 可以看出，北京高技术产业营业收入不到广东的 1/7。任何一个产业发展都需要其他产业的支撑，高科技产业发展同样需要相关支持性产业的发展，而北京由于工业发展基础较弱，在一定程度上限制了高科技产业的发展。

中小企业的创新能力直接影响高校和科研机构专利技术实施的成败。调查发现，研发能力强的企业与高校的合作往往容易成功，一是企业能找到合适的高校专利；二是企业能够对高校专利技术的实施风险进行一定的评估；三是实施阶段碰到困难时，企业能与高校一起提出解决

① 我们在调研中了解到，某手机代工厂为了申请高科技企业认定，购买了一批专利，但实际上这些专利在企业生产经营中几乎没有任何实际作用。

② 我们在调研中了解到，有些企业对于内部科研人员申请发明专利的奖励金额高达 1 万元。

问题的建议与方案。如果企业自身技术实力弱，就无法对高校、科研机构的研究能力、技术成果做出准确的判断，难以寻找到适合自身的技术成果，也难以准确地评估技术成果的市场价值；在引进外部技术时由于企业自身消化吸收能力也较弱，在专利技术成果转化过程中，会遇到更多的问题，造成企业与高校、科研机构之间的相互不信任感，相互指责，企业认为是专利技术有问题，无法进行转化，而高校认为是企业缺乏足够的技术消化能力，甚至导致合作失败，从而影响技术成果在企业中的转化。

4.2.1.3 科技中介机构方面的原因

技术的特点决定了技术交易比较困难。技术具有非竞争性的特点，可以反复出让，复制的成本几乎为零，不能按照边际成本来定价，所以技术市场不是完全竞争的市场。另外，技术市场上，出让方拥有全部的信息，而受让方很难拥有全部信息，而且无法对各方提供的技术做充分的比较。因此决定技术价格的主要因素除待转让的技术特性（包括该技术与其他同类技术相比的技术优势）以外，技术研发所处的阶段（即处于研发起步、试验、成长、成熟还是衰退期的哪一阶段），使技术发挥作用需要的其他条件（如厂房、设备、技术人员、管理、生产制造环境甚至运输条件等），技术引进方使用这项技术所能获得的经济效益（包括降低成本的幅度、使用该技术生产产品的市场表现等），双方的谈判能力（对信息掌握的多少、在谈判中的地位）等都会影响技术转让的价格。此外与一般商品贸易相比，技术转让合同比较复杂，比如会限制技术受让方的使用范围，禁止向第三方转让等内容（如果转让的是所有权，则没有这些限制）。而且有些技术转让的期限相当长，涉及的法律较为复杂，除了合同法外，还涉及知识产权法、投资法和技术转让法等。因此技术转让非常复杂和困难，从买卖双方接触到达成协议，最终形成合同予以实施，要经过多次谈判和协商，会经历较长时期。因此技术中介组织熟悉技术信息和市场信息，能够起到技术买卖双方的桥梁，能够降低技术交易中的不确定性和机会主义行为，因此能够促进技术交易，加快科技成果转化。

早在1997年，我国就已经制定了《技术经纪资格认定暂行办法》和《全国技术经纪人培训大纲》，对技术经纪人和技术经纪人资格的认定做了明确的规定。科技部确立2003年为“科技中介机构建设年”，明确提出要在5年内健全我国科技中介服务体系。随后研究和制定了一系列政策措施推进中国科技中介服务机构的发展，包括制定税收扶持政策、培育骨干科技中介服务机构、建设公共信息平台、加强培训、充分发挥行业协会的作用等。但到目前为止，科技中介机构发展仍然比较滞后，既懂技术、管理，又懂法律、金融，且善沟通协调的复合型技术经纪人才匮乏，远不能满足社会对科技中介机构的要求。

北京高校、科研院所众多，大量的科技成果需要进行转化，对科技中介机构的需求更加迫切，但目前科技中介机构少，从业人员少，未能有效地承担促进研究机构和企业之间成果转化的任务。2008年，北京市有技术转移机构98家，其中企业56家，从业人员3069人（专职人员2432人、兼职人员637人），而到2019年，北京80家技术转移服务机构中，专职从事技术转移服务工作人员减少到1335名；经培训的技术经纪人371名①。由于成果转化市场主体之一的技术经纪人严重缺位，形成了科技成果供、需方转化信息不畅通的瓶颈问题。

除了人才匮乏外，现有的扶持政策还没有从根本上促进技术中介的发展。政策的扶持是促进技术中介健康发展的基本保证。但从目前的实

---

① 资料来自《北京技术市场统计公报》(2019年和2008年)。

际看，《中华人民共和国合同法》《中华人民共和国促进科技成果转化法》等对技术中介都没有足够的扶持政策。体制机制问题也是阻碍科技中介机构发展的原因。我国目前的技术中介机构大多隶属于政府某些职能部门，或者隶属于国企、高校、研究院所。条块分割、资源分散、缺乏活力的状况普遍存在，影响了技术中介机构的社会化、产业化发展。

4.2.2 完善科技创新成果转化机制建议

4.2.2.1 完善财政性科技项目管理方式

北京市科技计划项目等市财政支持的项目，应当将项目区分为基础研究、应用基础研究、行业共性技术研究、成果转化研究、产业化前期研究等不同层次，针对不同层次的科技项目设计不同的立项审核和结项考核标准。对于偏向基础研究的项目，在立项阶段应主要考虑技术的基础性、先进性、新颖性，结项时应主要考核研究成果的质量、发明专利数量等情况，而对于偏向于产业化的项目在立项时应主要考核项目的经济社会效益、项目技术上的可行性，在结项时应主要考核科技产品或工艺的技术优势、市场前景等指标。

不同类型的项目对于参与者的要求也应有所区别，对于偏向基础研究的项目鼓励企业去参与，但不宜做硬性要求，而对偏向产业化的项目则必须要求以企业为主来申请。不同类型的项目支持的重点领域也应有所区别，偏向基础研究的项目可以支持当前科技研究的热点领域、北京市优势技术领域，如生命科学、新品种设计育种等；而偏向产业化的项目则应重点支持北京市规划发展的高精尖产业，如新一代信息技术、区块链技术等。

不同类型的项目财政支持的方式也应有所区别，对于偏向基础研究的项目，仍应实行传统的一次性拨款方式，并应实行较宽松的管理方式，赋予项目承担个人和承担单位较大的自主权，比如可以拥有一定的预算调整权利，对研究内容调整的权利。对于偏向产业化的项目，可以灵活地采用分期拨款方式，在满足一定的条件下才拨付下一阶段的经费，可以采取后补助的方式，根据项目的实际进展给予一定程度的补助等。

但无论是哪种类型的研究，都不应对项目时间安排做过于严格的限制，无论是基础研究性质的还是产业化性质的，在项目进展中总是会面临各种不确定性，包括技术上、工程上和市场上的不确定性，因此，不一定总是能够按照预期的时间安排完成任务；也不应过分强调成果，任何性质的创新并不一定总能成功，失败是不能完全避免的，因此应当以较为宽容的态度对待项目成果未达到预期的情况。

4.2.2.2 要注意保护中小企业利益

在财政性科技项目中，大企业往往是项目的重要参与成员。大企业通常拥有自己的研发机构，与高校、科研机构也保持了较密切的联系，对市场信息也具有足够的敏感性，吸引大企业参与财政性科技项目似乎是不错的选择。但我们在第1章指出，创新不仅是创造过程，同时还是一个毁灭过程。大企业并不必然成为创新的领导者，也可能会成为阻碍创新的力量。创新作为一个创造性毁灭的过程是推动经济发展的重要驱动力。在创造性毁灭的威胁下，企业为了避免陷入困境，不得不去开发新的产品、技术、组织方式等。由于创新内在的不确定性，有些创新最终成功了，而有些则会失败，被市场所抛弃，创新取代了旧事物。但暂时的成功者也无法确保自己会永远成功，也需要防止自己成为被毁灭的对象，因此，必须不断地开发新产品、技术和组织方式。创新作为对旧事物的毁灭，在创新过程中，必然会遭受到很多阻力。大企业具有较高的市场地位，通常是行业标准、行业规范的制定者，也与政府保持良好的关系，如果创新威胁到大企业的市场地位，则大企业利用各种非市场行为就能够极大地阻碍创新的扩散。特别是中国这样的市场经济还不够发达，市场机制还不够完善的国家，大企业，特别是国有控股的大企业的非市场行为非常普遍。

即使大企业对创新抱着积极的态度，但由于大企业往往机构庞大，利益关系复杂，也不一定能够对创新有关的市场信息做出快速反应。创新可能会让一部分企业高层管理人员失去工作岗位，会让一部分供应商失去订单，会损害一部分股东的利益，这些都会导致大企业内部形成对创新的阻力。当今世界，技术进步的步伐不断加快，大企业一旦不能及时应对创新，也将面临困境，甚至倒闭或被并购，即使是摩托罗拉、诺基亚这些曾经的霸主依然难逃被并购的结局。

大企业尽管有优势，但在科技成果转化过程中，不一定会快速地反应，也可能会利用自己的市场力量和非市场力量去阻碍创新，因此在财政性科技项目中，既要鼓励大企业参与，也要注意保护中小企业的利益，要保证市场中的竞争机制能够充分发挥作用，只有这样，才能激发企业创新的动力。为此，在财政性科技项目中，要鼓励技术研发能力突出的中小企业参与进来，另外，财政性科技项目形成的知识产权可以归企业所有，但应当以合理的价格对其他企业进行授权，允许其他企业，特别是中小企业参与进来。

4.2.2.3　要注重成果转化的多元性

科研成果转化具有多种形式，有的科研成果经济效益明显，有的则是社会效益明显，有的是环境效益明显等。市场经济条件下，经济效益明显的科研成果转化可能会更加顺利，企业参与意愿强烈，而社会效益、环境效益明显的成果由于企业私人收益小于社会收益，转化过程可能不顺利，甚至没有企业愿意去转化。

因此，财政支持的科研成果转化项目中，要注重成果转化的多元性。对社会效益、环境效益明显，特别是北京市经济社会发展所急需的这类科技成果转化，财政性资金要积极参与，并综合运用其他相关政策全力支持。而对经济效益明显的成果，财政性资金可以适度参与，甚至不参与，主要依赖市场机制来决定成果转化进程。

4.2.2.4 支持科技中介机构发展

要提高技术中介服务水平。政府应引导技术中介向专业化发展，积极培养技术经纪专业人才。应鼓励技术中介组织对外交流，学习国内外先进经验。各级科技管理部门、行业协会等机构应对从业人员的专业技术、业务水平、职业道德等方面进行培训。要鼓励高等院校设立相应的专业，培养一批技术中介专门人才，鼓励高等院校、科研院所建立技术转移部门，鼓励一批既懂专业技术又懂技术中介业务的专业人员向技术中介机构流动。

要鼓励民营技术中介机构发展。目前北京市的技术中介组织中，有相当一部分中介机构属于国有、事业单位性质，这类中介机构长期享受相关政府部门支持，但由于体制和机制原因，其服务能力和水平还不能适应快速发展的技术市场的需求。民营中介机构由于目前较高的门槛和资金、信息等方面的劣势很难在市场中立足。当前，为了促进技术中介机构发展，应适当降低技术中介机构的门槛，并对技术中介机构给予更加优惠的政策，大力支持和鼓励民营技术中介机构发展。要逐步放松对技术中介机构的政府管制，引入市场竞争因素，形成技术中介机构自身的良性竞争，提高技术中介的服务水平。

建立和维持公平、公开、公正竞争的市场秩序，对于技术经纪市场的发展与壮大不可或缺。因此要加大技术市场的执法力度，完善法律约束机制。必须严厉制裁违反公平交易和不正当竞争的行为，对于在技术交易过程中侵犯他人合法权益、非法垄断技术和采用欺诈手段进行交易活动的行为，应当依法追究当事人的民事责任和刑事责任。

4.3　完善创新资源共享机制

我们在第1章指出，在现代社会中，知识和生产知识的机构越来越呈现专业化的特点，知识具有显著的异质性和互补性。企业的创新过程因此是一个学习过程，需要同创新系统中其他组织相互作用、相互学习，获取并整合来自内部和外部的知识，因此促进创新系统中信息的流动，能够加速知识的流动，从而提高整个创新系统的效率。而且，要发挥市场机制在资源配置中的决定性作用，就必须保证信息在市场主体之间充分流动。如果创新系统各主体之间信息严重不对称，在技术交易时会出现逆向选择问题，劣质技术驱逐优质技术，在技术合作过程中会出现道德风险问题，技术开发代理人会隐瞒关键信息，而侵害技术开发委托人的利益。另外，由于信息不对称还会出现机会主义行为，增加技术合同的交易成本，这些都会严重抑制技术市场的交易行为。因此，要想让市场机制充分发挥作用，就要尽可能地消除技术转让、成果转化过程中的信息不对称。为此，北京市应进一步完善创新资源，尤其是信息资源的共享机制。

一是要做到统计信息资源共享。科技创新信息的统计工作目前尽管取得了一定的成绩，但还存在较多不足之处。北京市相关科技创新信息的统计由多个部门负责，包括北京市科委、统计局、教委、经信委、知识产权局、科协、技术市场管理办公室、经济技术开发区管委会、中关村国家自主创新示范区管委会等部门。有的部门统计数据资料的信息化工作做得比较好，比如北京市统计局和技术市场管理办公室，有定期的统计公报可供查阅，或者是年鉴可以参阅；有的则较差，比如北京市知识产权局等。但总体而言，统计信息过少、信息过时问题比较突出。上述部门都是财政拨款部门，这些统计资料大多并不涉及保密信息，完全应该向公众公开，即使一些涉及保密的信息也可以将涉密部分去除，部分公开。统计数据公开有助于对创新政策进行政策模拟和政策评估，对于推进创新政策研究至关重要。

二是科技信息资源共享。我们在第1章就已经指出，企业创新过程实际上是一个学习知识的过程。由于创新的不确定性，创新企业无法拥有完美的知识，因此在创新过程中不可避免地会出现各种各样的错误，企业在创新过程中需要学习并寻找技术、工程、生产、市场的各种组合，不断收集信息，不断学习，不断改进，直到创新产品或工艺被市场所接受。在这个过程中，企业需要收集各种与创新相关的信息，并整合在一起，既是一个试验过程，也是一个学习知识的过程。目前科技成果转化的政策鼓励点都在技术成果的卖方，这些政策的制定大多在改革开放初期，科技成果大量被锁在保险柜里，科技人员的科技成果转化积极性没有充分调动起来，从这一基点入手制定了相应的财税减免和奖励等政策，推动了科技成果向现实生产力转化。然而在今天，科技成果转化已经成为一个复杂的社会课题，科技成果转化的风险更大程度地由买方承担，市场经济作用的结果也由卖方市场转为买方市场，形成了以需求拉动技术供给的新的市场机制。2018年，《国家科技资源共享服务平台管理办法》指出，地方政府科技管理部门负责平台规划布局和建设等，为科学研究、技术进步和社会发展提供网络化、社会化的科技资源共享服务。北京市作为国家创新的重要地区，承担国家创新引领作用，应当积极响应国家政策，利用现代信息技术建立科技信息平台。如建立科技中介机构信息库，所有登记的科技中介机构的基本信息可供企业查询；建设一批可检索国内外相关知识产权、技术标准等信息的数据库，如专利、软件著作权、动植物新品种、技术标准等网络数据库；建立财政性资金形成的科技成果信息库，将这些科技成果的详细信息，如先进性、新颖性、优势与不足等建立数据库，以供企业查询。为了降低中小企业成本，这些数据库对中小企业可以适当降低费用，甚至完全免费。

三是科技研究资源共享。目前财政性资金支持科技研究由多个部门负责，有北京市科委、发展改革委、教委、中关村国家自主创新示范区等部门支持的研究，有北京市自然科学和社会科学基金课题研究，还有各个区县发展改革委等部门支持的研究等。但遗憾的是，在目前的体制下，这些来自各个部门的科技研究都是独立进行的，相互之间缺乏协调，难以形成合力，对创新研究推动作用有限，很容易造成研究资源的浪费。2009 年以来，北京市科委打造首都科技条件平台，通过所有权和经营权分离，引入专业服务机构并约定技术收入在资源方、服务人员、专业服务机构三者之间的分配比例等一系列制度创新，实现了对在京高校院所企业科技资源的有效整合、高效运营和市场化服务。从 2012 年起，条件平台从单纯的仪器设备开放应用，拓展到以测试服务为基础的联合开发和联合研究，但科技研究数据，双向互动方面还存在一些不足。2014 年 12 月发布的《关于深化中央财政科技计划（专项、基金等）管理改革的方案》指出，要将中央各部门管理的科技计划（专项、基金等）整合形成国家自然科学基金、国家科技重大专项、国家重点研发计划、技术创新引导专项（基金）、基地和人才专项这五类科技计划（专项、基金等），纳入统一的国家科技管理平台管理，加强项目查重，避免重复申报和重复资助。北京作为全国创新引领地区，我们建议，北京应积极响应中央决定，建立一个综合的科技研究资源平台。首先，将市里各个部门、各个区县的相关研究进行整合，对北京市重点支持的科技项目在各个部门、各个区县之间进行统筹安排，既要保证课题研究的系统性、连贯性，同时应当允许课题研究之间的竞争性，对同一个课题可以安排两个课题研究小组进行研究；其次，进一步完善首都科技条件平台，强化高校、科研机构资源的共享，促进高校、研究机构科研资源为北京市和外省市企业服务；最后，在不涉及保密信息的前提下，将高校、研究机构，以及市财政支持的科技研究课题、研究报告、实验数据等进行公开，供相关研究人员参考，这样能够更好地推动科技研究进展，避免资金浪费，同时让科技研究课题接受其他机构和个人的监督，有助于提高研究效率。

4.4 完善人才激励机制

企业创新过程是一个学习知识的过程。我们在第1章已经指出，知识是一种独特的财产，它始终并且仅仅存在个人的头脑中，而且，也只有在个人的头脑中，新的概念和想法会出现，即新的知识才会出现。而且，创新主体之间的相互作用、相互合作，仅仅是信息的流动，而非知识的流动。知识的产生、累积和更新都只能发生在个人的头脑中，企业作为一个组织需要将获取的信息重新转化为知识，并吸收和消化从而变成人脑中的知识。因此，企业的创新过程依赖于人才，尤其是掌握各类专业技术知识的高端人才，只有他们才能更好地理解、分析科技信息，并进行知识的更新和创造，最终形成新产品和新工业。因此，一个良好的创新体系离不开优秀的个人及其团队。

4.4.1 人才激励政策存在的不足

尽管目前北京市制定了人才激励的各种相关政策，但存在以下一些不足之处。

4.4.1.1 政策之间缺乏协调

目前北京市初步形成了包括人才引进、培养、使用、管理服务在内的配套政策支撑，但各项政策散见于各类文件中且由相关部门分别执行，政策之间缺乏协调，没有形成合力。目前的人才激励政策来自科委、教工委、教委、人社局、人事局、人才工作领导小组办公室、留学人员创业管理委员会、海外学人中心等部门。政策由多个部门负责，各个部门之间由于体制问题协调难度大，难以形成合力，影响了人才激励政策总体实施效率。

4.4.1.2 政策落实不到位、对高端人才吸引力不足

据统计，硅谷地区外籍人员占地区从业人员的比重超过36%，在国外出生的科技人员接近65%，由外国人创办的高科技公司超过25%。伦敦的创业公司中国际人才约占46%。截至2020年底，在京常住外籍人员13万名，而在京长期工作外籍人才不足3万人①。

《国际科技创新中心指数报告2021》显示，美国15个样本城市平均拥有13.2名顶级奖项获得者，而北京仅有5名；在高被引科学家比例方面，美国城市平均值为4.61%，而北京仅为2.24%；在入围人工智能与图像处理全球百名科学家中5名中国籍专家均未在北京；在新材料、生命科学、人工智能领域全球前百名科学家中也无北京地区专家入围。

此外，高端人才效能发挥不够充分。尽管北京已经具备了高端人才聚集的产业基础和事业平台，但部分已引进高端人才认为工作绩效很少能达到其在国外工作时的80%。首先，由于长居海外，回国后大多需

① 北京市科学技术委员会，中关村科技园区管理委员会课题组．多措并举打造高层次科技创新人才梯队：基于北京地区科技人才队伍专项调研[M]//张天扬．北京人才蓝皮书：北京人才发展报告(2022)．北京：社会科学文献出版社，2022：45－56.

要调整适应，尤其受困于复杂的人际关系和繁杂的办事手续等。其次，高端人才普遍认为科研或项目经费不足且管理过于僵化和烦琐，使用不便且脱离实际。政府相关部门与高端人才之间以及高端人才群体内部的沟通渠道较少，沟通有效性不足；引进后的跟踪服务、反馈和绩效评价机制缺失。这些问题不同程度地降低了高端人才的绩效，影响了对高端人才的吸引力。

4.4.1.3 人才激励政策覆盖面有限

中关村人才政策体系中超过90%的专项政策面向企业高端人才，对区域内央属高校、科研院所、国有企业的人才覆盖不足。《关于中关村国家自主创新示范区建设人才特区的若干意见》提出的13项特殊政策，主要面向北京市入选“海聚工程”“高聚工程”等的人才，其他单位人才参与和推动人才特区建设的积极性还没有充分发挥出来。由于受落实政策的行政资源和服务资源所限，大部分政策主要扶持高端人才创新创业。2019年，仅有17人入选“海聚工程”，2020年，仅有80人入选“高聚工程”，而中关村企业拥有各类人才138万。因此，迫切需要提炼和推广普适性政策，进一步扩大政策覆盖面。

4.4.1.4 对储备人才的吸引力有所下降

目前，北京市聚集不经济初显，对青年人才后备军的吸引力开始下降。首先，北京市的生活成本日益提升。2022年7月，国际知名的人力资源管理咨询机构Mercer发布报告，在全球城市生活成本排名中，北京居全球第10位（上海、深圳和广州分别列第12位、13位和18位）。而洛杉矶和巴黎仅排在第17位和第35位，低于北京排名。其次，房价和租金上涨快。2016年4月，北京市区住宅每平方米月租金为70.91元，到2021年4月，上涨到近年来的最高值102.90元，上涨幅度为45.11%，2016年北京市商品房平均销售价格为27497.00元/平方米，2020 年达到 37665.00 元/平方米[①]，上涨幅度为 36.98%。再次，交通拥堵越发严重。2020 年全市工作日高峰时段综合出行时间指数 4.19 分钟/千米。2020 年中心城区高峰时段道路交通指数 5.07 分钟/千米，处于“轻度拥堵”级别，其中，早高峰年平均交通指数 4.87 分钟/千米，晚高峰年平均交通指数 5.26 分钟/千米。最后，北京空气质量有待提高。2022 年北京空气质量优良的天数为 286 天，优良率为 78.4%，PM2.5 年均浓度 30 微克/立方米。而上海 2021 年空气优良天数为 335 天，优良率为 91.8%。由于生活成本增加、地租上升、交通成本增加、空气质量差，北京对年轻人的吸引力下降了，许多年轻优秀人才选择离开北京，将逐渐影响到北京人才储备。

4.4.2 完善人才激励机制建议

我们建议从以下几方面完善人才激励机制。

4.4.2.1 明确引进领军人才和高端人才的重点

北京市属于特大城市，根据《北京市统计年鉴 2021》，2021 年末北京全市常住人口为 2188.6 万人，比 2020 年末减少 0.4 万人，其中常住外来人口为 834.8 万人，比 2020 年末减少 4.8 万人。尽管常住人口规模有所下降，但由于人口基数过大，人口控制压力依然很大。因此，北京市要明确人才引进的重点方向。要根据北京市经济社会发展战略，确定未来 5 年内北京市的重点发展领域、重点支持行业，对这些领域、行业中的高端人才优先引进。同时要准确预测各重点领域、重点行业的发展趋势，以及这些行业高端人才的需求缺口，制订合理引进人才的年度计划。并根据经济社会发展需求，及时调整和完善该年度计划，保证计

---

① 宋光．2021 年北京房地产业发展及政策建议[M]//李孟刚，贾晓俊．北京产业蓝皮书：北京产业发展报告(2022)，社会科学文献出版社，2022：178－192.

划的可行性和有效性。

在引进高端人才时，政府应主要关注高校、研究机构等非市场机构的人才引进，而企业高端人才引进时则应更多地依赖市场机制，利用猎头公司等中介机构，让市场机制来决定人才引进。在市场经济不完善的环境下，政府为了加快人才建设，通过财政资金直接给予激励，对促进人才聚集、加快创新发展发挥了举足轻重的作用。但随着市场机制逐步完善，市场人才中介机构逐渐增多的情况下，由政府主导的人才引入机制可能会扭曲企业行为，误导企业投资方向，反而会降低企业创新效率。因此，政府对于企业高端人才的引进应更多地让市场机制发挥作用。

4.4.2.2 制定合理的人才引进标准和规范

要改变目前人才激励政策过分关注高端人才的情况，扩大人才激励政策覆盖面，关键在于建立并完善人才引进科学评价体系。可以参考发达国家对于人才引进的措施。大部分发达国家都对外国人才进行了详细、科学的分类，并建立量化评估体系。通过对人才的科学分类和有效评估，强化了对不同人员资格的审查和管理力度，确保国家只引进需要的人才，同时通过对不同类别人员实行不同的审批标准，为国家调控人力资源的引进结构，吸引高技术人才提供了有力的手段。如加拿大技术移民甄选标准为100分评分机制，从教育、语言、工作经验、年龄、适应能力等方面对申请人打分，达到75分的即可申请移民。北京市有些部门已经开始实行打分制，比如外地户口常住居民子女就近上学就已经开始推行打分制，但总体来说，没有形成全市统一的政策。我们建议按照教育程度、职称、特殊技能、语言能力、工作经验、在北京市服务年限、信用评级等资料构建评价系统，并根据实际需求定期调整和完善评价系统，为人才引进建立规范的制度。

4.4.2.3　吸引优秀年轻人才

高端人才是现在科技创新的主力军，但是年轻人才也是不可或缺的，是未来的高端人才。吸引和留住外国留学生，是美国的一贯政策。早在1946年美国就开始实施“富布赖特计划”，提供奖学金接受各国学生赴美学习；20世纪60年代，美国又推出“共同教育和文化交流”和“国际教育法”等政策，使得国外留学生大量涌进美国。2006—2007年，外国学生注册入学人数自“9·11”事件以来又大幅跃升。在美国名牌大学理工科专业博士研究生中，外国留学生的比例甚至超过了70%。因此，北京市必须重视对年轻优秀人才的吸引力。目前北京市新毕业大学生和研究生平均工资不高，而生活成本、住房成本很高，生活压力很大，对于新毕业大学生的吸引力开始下降。因此，北京市在制定人才激励政策、制定人才引进规范制度时，必须考虑到年轻人的实际情况。比如目前北京市在全市范围内推行人才公寓等政策，我们建议除了继续扩大人才公寓的建设，还应当在人才公寓中拿出一定的比例对年轻人适当倾斜，提高北京市对年轻人才的吸引力。

5 北京市创新能力和创新效率评价

国内外学术界、业界、政府对区域创新评价体系进行了较为广泛的研究，取得了一定的研究成果。本章的目的是希望能够将北京市创新系统按照创新能力和创新效率两个方面进行区分，分别构建能够准确描述创新能力和创新效率的指标体系。本章总结了国内外对于区域创新指标体系的研究成果，在此基础上，提出适合北京市创新能力和创新效率的评价指标体系。

5.1 国内外主要区域创新评价指标体系借鉴

目前较为成熟的区域创新评价指标体系包括硅谷指数、欧盟创新型联盟记分牌、中国科技发展战略研究小组的中国区域创新能力评价指标体系、中国人民大学发布的中国区域自主创新能力评价指标体系，此外还有首都科技发展战略研究院的首都科技创新发展指数体系等。本节通过对国内外具有代表性的区域创新评价指标体系进行梳理和研究，对其主要特点和趋势进行总结剖析，形成对北京创新能力和效率评价的重要指引和有益借鉴。

5.1.1 国外主要区域创新评价指标体系

5.1.1.1 硅谷指数

“硅谷指数”是由硅谷网络联合投资机构（Joint Venture：Silicon Valley Network）编制和发布的，自 1995 年以来，硅谷指数已连续发布 20 余年，综合反映了硅谷经济、社会等多方面的发展状况。该指标体系在 2007 年进行过一次重要调整。2007 年以前，指数主要分为两大部分，第一部分是区域发展趋势性指标，如经济增长、就业率、工资、出口等；第二部分是年度进展观察，包含经济创新发展、居住环境、社会包容性和社区民主等内容。2007 年之后，确定了人口、经济、社会、空间和地方行政的主体框架，一直沿用至今。硅谷指数紧密追踪了硅谷经济繁荣和萧条的历程以及其他主要社会结构的改变，不仅是反映硅谷健康状况的晴雨表，也是全美科技发展的风向标，更嬗变成为全球衡量创新区域创新能力的经典指标。硅谷指数指标体系包括 3 个层次，一级指标涵盖人口、经济、社会、空间和政府管理 5 个维度；二级指标包括创新、就业、企业等 15 个综合指标；三级指标包括专利、创业投资等 60 余项指标。

硅谷指数指标体系的特点是重视人力资源。硅谷指数从基础性人才储备（硅谷地区高中毕业率）、专业化人才储备（硅谷地区高校科学与工程学位授予人数）、国外人才（硅谷地区人口出生在国外比例）、人才培养（硅谷地区人口教育程度）、人才年龄结构特征（硅谷地区主要劳动力人口占比）等多个维度测度硅谷人力资源情况。

硅谷指数重视企业的主体地位。硅谷指数对企业的考察从初创企业（新创办企业）、企业的发展壮大（上市、并购）、企业衰退（关闭企业）以及小企业经营状况（小企业贷款）等多个维度考察企业的发展情况。

硅谷指数关注优势产业的发展。硅谷历年指数都详细分析本地区优势产业——软件、生物医药、清洁技术等——的发展状况，包括各产业的就业人数、薪资、经济比重、排序等方面，从而评估硅谷地区产业结构、核心竞争力和经济增长点的发展变化。

硅谷指数关注经济与社会、环境的协调发展。硅谷指数将文化艺术、健康、治安、交通、土地、住房等因素也涵盖在内，体现了“以人为本”的发展理念（见表5.1）。

表5.1 硅谷指数

一级指标	二级指标	三级指标
人口	人口流动和多样性	人口变动和人口净流入
		人口的年龄分布
		每个家庭的平均人数
		受教育水平
		获取科学和工程学位的人数、非固定居民中获取科学和工程学位人数占比
		外国出生的人口
		说非英语人口的比重
经济	就业	从业人员数
		主导行业的经济活力（就业情况）
		失业率
		科学与工程人才占全部就业岗位比重
	创新	人均增加值
		硅谷专利授权数及占美国和加利福尼亚州的比重
		软件、生物医药等领域专利授权数
		创业投资额占美国及加利福尼亚州的比重
		清洁技术等领域创业投资额
		小企业创新和技术资助额
	企业	IPO企业数
		并购案例数
		小企业贷款
		无雇员企业数
		创业活跃度（新创办及关闭企业数）

续表

一级指标	二级指标	三级指标
社会	经济腾飞的基础	高中毕业率
		高中辍学率
		在 CST 代数Ⅱ考试中各个基准分数所占的比重（优、良、中、差、很差）
	早期教育	3～5 岁儿童的学前教育入学率
		育儿安排
		三年级学生的阅读能力
	文化与艺术	每十万居民拥有的艺术中心
	健康状况	儿童疫苗注射率
		健康保险的覆盖率
		婴儿死亡率
	安全	千名儿童虐待案件率
		公立学校开除率
		团伙凶杀案数
空间	生态环境	人均用水量
		人均电力消费量
		电力生产率
		商用太阳能装机总量
		新能源系统建设项目批准时间
	交通	人均汽车行驶里程
		单独开车上班人员所占比例
		人均乘坐公共交通次数
	土地使用	住房密度
		邻近公交的住房数量
		非住房类建设总量
	住房	新建保障性住房占比
		平均月租金
		首次购房者能够购买中等价位住房的比例
		租房费用占租房者总收入
		居民住房丧失赎回权

续表

一级指标	二级指标	三级指标
政府管理	市民政治参与	市民政治选举参与率
		市民投票选出的地方公债措施
	税收	财政收入与支出
		公共安全税收
		政府债务

5.1.1.2 创新型联盟记分牌

欧洲创新型联盟记分牌是欧盟发布的评价欧盟国家创新绩效的年度报告，最新一期报告《创新型联盟记分牌 2014》于 2014 年 3 月发布。创新型联盟记分牌其前身是欧洲创新记分牌（European Innovation Scoreboard，EIS）。EIS 是欧盟根据里斯本策略发展而来的综合性国家创新评价指标体系，用以评价欧洲各国的创新绩效。首份 EIS 报告于 2001 年发布，此后每年发布新报告，直到 2011 年 2 月改名为创新型联盟记分牌。该报告通过 25 个基本指标构成的评价指标体系对欧洲 28 个国家（2014 年增加了克罗地亚）的创新情况进行考察。

创新型联盟记分牌经过不断探索、发展和完善，已经形成了较为成熟稳定的评估指标和方法，成为具有重要国际影响力的国家创新能力评价体系，其评估结果成为欧盟各国乃至世界主要创新体测度自身创新表现的重要参考，影响广泛而深远。创新型联盟记分牌指标体系涵盖创新驱动、企业创新、创新产出 3 个一级指标，人力资源、知识产权、创新企业等 8 个二级指标，以及 25 个三级指标。该指标体系突出了对创新驱动、企业创业、知识密集型服务业等高新技术产业的描述。

创新型联盟记分牌重视知识产权。历年都会详细分析国际知识产权的发展状况，2011 年的欧洲创新记分牌通过“每十亿欧元 GDP 中 PCT

国际专利申请数”“每十亿欧元 GDP 中有关社会变化的 PCT 国际专利申请数”“每十亿欧元 GDP 中欧盟商标数量”“每十亿欧元 GDP 的外观专利数量”四个指标来描述知识产权的发展情况。

2017 年创新型联盟记分牌的指标体系相较以前进行了较大的调整，2017 年的指标体系中增加了五个新指标，分别是宽带渗透率、为员工提供培训以升级其 ICT 技能的企业、机遇驱动型创业、终身学习、私营部门对公共研发支出的联合资助。这些新指标代表着创新中日渐重要的要素——数字化和创业（见表 5.2）。

表 5.2　2017 年创新型联盟记分牌指标体系

<table>
<tr><th>一级指标</th><th>二级指标</th><th>三级指标</th></tr>
<tr><td rowspan="8">框架条件</td><td rowspan="3">人力资源</td><td>25～34 岁人口中，新获博士学位（ISCED 6 级别）的毕业生比例/‰</td></tr>
<tr><td>30～34 岁人口中，获得第三阶段教育（高等教育）的比例/%</td></tr>
<tr><td>20～24 岁人口中，受过高中教育的比例/%</td></tr>
<tr><td rowspan="3">有吸引力的研究体系</td><td>每百万人发表的国际合作的科学论文数</td></tr>
<tr><td>引用率居世界前 10% 的期刊所刊登的科学论文数占国家全部科技学文数的比例/%</td></tr>
<tr><td>非欧盟博士研究生占全部博士研究生的比重/%</td></tr>
<tr><td rowspan="2">创新友好的环境</td><td>公共部门研发支出占 GDP 比例/%</td></tr>
<tr><td>风险投资占 GDP 比例/%</td></tr>
<tr><td rowspan="5">创新投资</td><td rowspan="2">财政与支持</td><td>公共部门的研发支出</td></tr>
<tr><td>风险资金支出</td></tr>
<tr><td rowspan="3">企业投资</td><td>企业部门研发支出</td></tr>
<tr><td>非研发创新支出</td></tr>
<tr><td>为员工提供培训以升级其 ICT 技能的企业：新指标</td></tr>
<tr><td rowspan="3">创新活动</td><td rowspan="3">创新企业</td><td>在产品或流程方面有创新的中小企业</td></tr>
<tr><td>在市场营销或组织管理方面有创新的中小企业</td></tr>
<tr><td>中小企业内部创新</td></tr>
</table>

续表

一级指标	二级指标	三级指标
创新活动	联系	与其他机构开展合作的创新型中小企业
		公私合著论文
		私营部门对公共研发支出的联合资助：新指标
	知识产权	PCT 国际专利申请数
		商标申请：修改的指标
		设计申请
创新影响	就业影响	知识密集型活动中的就业
		创新部门中快速成长企业的就业：修改的指标
	销售影响	中高技术产品出口
		知识密集型服务出口：修改的指标
		市场新产品和企业新产品销售额

5.1.2 国内主要区域创新评价指标体系

5.1.2.1 中国科技发展战略研究小组的指标体系

自 1999 年起，中国科技发展战略研究小组每年都会发布《中国区域创新能力报告》。中国科技发展战略研究小组以中国区域创新体系建设为主题，以区域创新体系理论为指导，经过研究形成了一套评价国内创新能力的指标体系。该指标体系利用大量的统计数据，综合地、动态地给出各省（区、市）的创新能力排名和各项创新能力分析。中国科技发展战略研究小组的中国区域创新能力评价指标体系已经成为研究中国技术创新国情，了解中国区域创新能力的多样性以及区域未来科技与经济竞争力，进行区域创新能力比较的重要体系，成为政府和企业进行技术创新决策的重要参考。

中国区域创新能力评价指标体系主要从知识创造、知识获取、企业创新能力、技术创新环境与管理、创新的经济效益五个方面进行测度。二级指标包括研发投入、科技合作、技术转移、金融环境和宏观经济等

20 余项指标；三级指标包括研究与试验发展人员全时当量、发明专利授权数等百余项指标。

从历年的中国区域创新能力评价指标体系变化趋势和特点来看，一是强调科技论文的重要性，在指标体系中科技论文指标占有 14 项；二是强调了技术转移的重要性，引入了大中型企业技术成交情况的一些指标；三是强调了创新基础设施的重要性，引入电话、互联网、公路交通等指标；四是强调了就业的重要性，有两个与就业有关的指标；五是强调了可持续发展与环保因素的作用，引入了能耗、污水排放量、废气排放量等指标。

该指标体系另一个特点是，将区域创新能力分解为创新的实力、效率与潜力。其中实力是指一个地区拥有的创新的资源，如绝对的科技投入水平、科研人员规模、创新的产出水平、专利的数量、新产品的数量等；效率是指一个地区单位投入所产生的效益，如单位科技人员和研究开发经费投入产生的论文或专利数量；潜力是指一个地区发展的速度，即与上年相比的增长率水平（见表 5.3）。

表 5.3 中国科技发展战略研究小组的中国区域创新能力评价指标体系

一级指标	二级指标	三级指标
知识创造	研发投入	研究与试验发展人员全时当量/人·年
		每万人平均研究与试验发展人员全时当量/人·年/万人
		研究与试验发展人员全时当量增长率/%
		政府科技投入/亿元
		政府科技投入占 GDP 的比例/%
		政府科技投入增长率/%

续表

一级指标	二级指标	三级指标
知识创造	专利	发明专利申请受理数/件
		每十万人平均发明专利申请受理数/件/十万人
		发明专利申请受理数增长率/%
		每亿元科技活动经费内部支出产生的发明专利申请数/件/亿元
		发明专利授权数/件
		每百万人平均发明专利授权数/件/百万人
		发明专利授权数增长率/%
		每亿元科技活动经费内部支出产生的发明专利授权数/件/亿元
	科研论文	国内论文数/篇
		每十万人平均发表的国内论文数/篇/十万人
		国内论文数量增长率/%
		国际论文数/篇
		每十万人平均发表的国际论文数/篇/十万人
		国际论文数增长率/%
		作者同省异单位科技论文数/篇
		每十万人作者同省异单位科技论文数/篇/十万人
		同省异单位科技论文数增长率/%
		作者异省、异国合作科技论文数/篇
		每十万人作者异省科技论文数/篇/十万人
		作者异省科技论文数增长率/%
		每百万人作者异国科技论文数/篇/百万人
		作者异国科技论文数增长率/%
知识获取	科技合作	高校和科研院所科技活动筹集资金中来自企业的资金/万元
		高校和科研院所科技活动筹集资金中来自企业资金的比例/%
		高校和科研院所科技活动筹集资金中来自企业资金的增长率/%
	技术转移	技术市场交易金额（按流向）/万元
		技术市场企业平均交易额（按流向）/万元/项
		技术市场交易金额的增长率（按流向）/%
		大中型工业企业国内技术成交金额/万元

续表

一级指标	二级指标	三级指标
知识获取	技术转移	大中型工业企业平均国内技术成交金额/万元/项
		大中型工业企业国内技术成交金额增长率/%
		大中型工业企业国外技术引进金额/万元
		大中型工业企业平均国外技术引进金额/万元/项
		大中型工业企业国外技术引进金额增长率/%
	外资企业投资	外商投资企业年底注册资金中外资部分/亿美元
		人均外商投资企业年底注册资金中外资部分/万美元
		外商投资企业年底注册资金中外资部分增长率/%
企业创新能力	企业研发投入	大中型工业企业研发人员数/万人
		大中型工业企业就业人员中研发人员比重/%
		大中型工业企业研发人员增长率/%
		大中型工业企业科技活动经费内部支出总额/万元
		大中型工业企业科技活动经费内部支出总额占销售收入的比例/%
		大中型工业企业科技活动经费内部支出总额增长率/%
		大中型工业企业技术中心或研究所数量/个
		大中型工业企业中有科技机构的企业占总企业数的比例/%
		大中型工业企业技术中心或研究所数量增长率/%
	设计能力	实用新型专利申请数/件
		每十万人平均实用新型专利申请数/件/十万人
		实用新型专利申请增长率/%
		外观设计专利申请数/件
		每十万人平均外观设计专利申请数/件/十万人
		外观设计专利申请增长率/%
	制造和生产能力	大中型工业企业生产经营用设备原价/亿元
		大中型工业企业平均生产经营用设备原价/亿元/个
		大中型工业企业平均生产经营用设备原价增长率/%
		大中型工业企业技术改造的投入额/万元
		大中型工业企业平均技术改造的投入额/百万元/个
		大中型工业技术企业技术改造的投入增长率/%

续表

一级指标	二级指标	三级指标
企业技术创新能力	新产品销售收入	大中型工业企业新产品销售收入/亿元
		大中型工业企业新产品销售收入占销售收入的比重/%
		大中型工业企业新产品产值增长率/%
技术创新环境与管理	创新基础设施	电话用户数/万户
		电话用户数增长率/%
		每百人平均电话用户数/户/百人
		因特网用户数/万人
		每百人平均因特网用户数/人/百人
		因特网用户数增长率/%
		公路拥有量/千米
		每万人平均公路拥有量/千米/万人
		公路拥有量增长率/%
		四种交通方式的旅客吞吐量/万人
		每单位里程四种交通方式的旅客吞吐量/万人
		四种交通方式的旅客吞吐量增长率/%
		四种交通方式的货邮吞吐量/万吨
		每单位里程四种交通方式的货邮吞吐量/万吨
		四种交通方式的货邮吞吐量增长率/%
	市场环境	政府财政支出/亿元
		单位 GDP 政府财政支出/元
		政府财政支出增长率/%
		进出口差额/亿美元
		每工业总产值进出口差额/%
		进出口差额增长率/%
		国内固定资产投资额/亿元
		人均国内固定资产投资额/千元/人
		国内固定资产投资增长率/%
		居民消费水平/元
		居民消费水平增长率/%

续表

一级指标	二级指标	三级指标
技术创新环境与管理	劳动者素质	教育经费支出/亿元
		对教育的投资占 GDP 的比例/%
		对教育的投资的增长率/%
		6 岁及以上人口中大专以上学历人口数（抽样数）/人
		6 岁及以上人口中大专以上学历人口所占的比例/%
		6 岁及以上人口中大专以上学历人口增长率/%
	金融环境	国家创新基金获得资金/万元
		每个项目国家创新基金获得资金/万元/项
		国家创新基金获得资金增长率/%
		地方创新基金匹配资金/万元
		每项目地方创新基金匹配资金/万元/项
		地方创新基金匹配资金增长率/%
		大中型工业企业科技活动获得金融机构贷款额/万元
		大中型工业企业科技活动平均获得金融机构贷款额/万元/个
		大中型工业企业科技活动获得金融机构贷款增长率/%
	创业水平	高新技术企业数/家
		高新技术企业数占规模以上工业企业数比重/%
		高新技术企业数增长率/%
创新的经济效益	宏观经济	地区生产总值/亿元
		人均 GDP 水平/元
	产业结构	第三产业增加值/亿元
		第三产业增加值占 GDP 的比例/%
		第三产业增加值增长率/%
		电子信息产业制造业工业增加值/万元
		电子信息产业制造业工业增加值占 GDP 比例/%
		电子信息产业制造业工业增加值增长率/%
		高新技术产业产值/亿元
		高新技术产业产值占工业总产值的比例/%
		高新技术产业产值增长率/%

续表

一级指标	二级指标	三级指标
创新的经济效益	产业国际竞争力	出口额/亿美元
		出口额占 GDP 比重/%
		出口额的增长率/%
	就业综合指标	城镇登记失业率/%
		城镇登记失业率增长率/%
		高技术产业就业人数/万人
		高技术产业就业人数占总就业人数比例/%
		高技术产业就业人数增长率/%
	可持续发展与环保综合指标	地区生产总值增长率/%
		能耗总量/万吨标准煤
		每万元 GDP 能耗总量/吨标准煤/万元
		能耗总量增长率/%
		电耗总量/亿千瓦时
		每万元 GDP 电耗总量/千瓦时/万元
		电耗总量增长率/%
		工业污水排放总量/万吨
		每万元 GDP 工业污水排放量/吨/万元
		工业污水排放总量增长率/%
		工业废气排放总量/万吨
		每亿元 GDP 工业废气排放总量/吨/亿元
		工业废气排放总量增长率/%

5.1.2.2 中国人民大学的指标体系

中国人民大学竞争力与评价研究中心同欧盟研究机构在创新研究上保持了很好的合作与交流关系，通过深入借鉴国外研究经验和理论，开展了金砖国家（中国、印度、俄罗斯、巴西）创新指数的国际比较研究、中国 31 个省（区、市）创新指数研究、中国制造业产业和企业群创新类型的创新指数研究。依据中国创新指数的研究，区域自主创新能力包括八大要素：创新资源能力、创新攻关能力、创新技术实现能力、创新价值实现能力、创新人才实现能力、创新辐射能力、持续创新能力和创新网络能力。该研究根据这八大要素，选取了39个评价指标，基于该指标体系，计算出全国31个省（区、市）创新指数，并在此基础上将全国划分为三个梯队，即强势创新区域、优势创新区域和弱势创新区域。

中国人民大学的区域自主创新能力评价指标体系强调了创新公关能力，引入了国家自然科学基金面上项目经费额、国家工程技术研究中心数量、国家实验室数量等指标（见表5.4）。

表5.4　中国人民大学的区域自主创新能力评价指标体系

<table>
<tr><th>要素</th><th>指标名称</th><th>解释力</th></tr>
<tr><td rowspan="5">1.1
创新资源能力</td><td>1.1.1 科技活动人员</td><td rowspan="3">多层次测度创新人员投入</td></tr>
<tr><td>1.1.2 科学家和工程师</td></tr>
<tr><td>1.1.3 R&D 人员</td></tr>
<tr><td>1.1.4 科技经费支出额</td><td rowspan="2">资金投入的基础和支持</td></tr>
<tr><td>1.1.5 R&D 经费支出额</td></tr>
<tr><td rowspan="4">1.2
创新攻关能力</td><td>1.2.1 国家自然科学基金面上项目经费额</td><td rowspan="3">重点投入和攻关基础</td></tr>
<tr><td>1.2.2 国家工程技术研究中心数量</td></tr>
<tr><td>1.2.3 国家实验室数量</td></tr>
<tr><td>1.2.4 博士生毕业人数</td><td>人力储备</td></tr>
<tr><td rowspan="6">1.3
创新技术实现能力</td><td>1.3.1 发明专利受理量</td><td rowspan="4">创新直接产出，代表同行和专业认可</td></tr>
<tr><td>1.3.2 专利申请授权量</td></tr>
<tr><td>1.3.3 发明专利申请授权量</td></tr>
<tr><td>1.3.4 国内中文期刊科技论文数</td></tr>
<tr><td>1.3.5 技术市场成交合同数</td><td rowspan="2">创新产出的社会和市场认可</td></tr>
<tr><td>1.3.6 技术市场成交合同金额</td></tr>
<tr><td rowspan="4">1.4
创新价值实现能力</td><td>1.4.1 高技术产业规模以上企业增加值</td><td>工业产业表现</td></tr>
<tr><td>1.4.2 高技术产品出口额</td><td>国际市场表现</td></tr>
<tr><td>1.4.3 农业劳动生产率</td><td rowspan="2">一产和三产表现</td></tr>
<tr><td>1.4.4 服务业劳动生产率</td></tr>
</table>

续表

要素	指标名称	解释力
1.5 创新人才实现能力	1.5.1 研究生毕业人数	人才培养数量
	1.5.2 科学家的研究生培养率	人才培养效率
	1.5.3 R&D 经费的研究生培养率	
1.6 创新辐射能力	1.6.1 技术市场成交合同金额占全国比例	技术市场推动创新成果流通与辐射
	1.6.2 高技术产业规模以上企业增加值占全国比例	
	1.6.3 规模以上工业企业增加值中高技术产业份额	产业聚集推动辐射周边
1.7 持续创新能力	1.7.1 发明专利授权量增长率（三年平均）	创新发展的持续性和稳定性
	1.7.2 发明专利受理量增长率（三年平均）	
	1.7.3 专利申请授权量增长率（三年平均）	
	1.7.4 技术市场成交合同金额增长率（三年平均）	
	1.7.5 R&D 经费占 GDP 的比重	创新推动与经济增长的互动
	1.7.6 地方财政科技拨款比重	
	1.7.7 科技经费支出占 GDP 的比重	
	1.7.8 高技术产业规模以上企业增加值率	
1.8 创新网络能力	1.8.1 万名从业人员中科技活动人员	网络交流能力
	1.8.2 万名从业人员中 R&D 人员	
	1.8.3 科学家工程师人均科技经费支出	网络支配能力
	1.8.4 R&D 人员人均 R&D 经费支出	
	1.8.5 科技活动人员人均高技术产业规模以上企业增加值	市场活动能力
	1.8.6 科技活动人员人均技术市场成交合同金额	

5.1.2.3 首都科技发展战略研究院的指标体系

2011 年 8 月，中国科技部、中国科学院、中国工程院和北京市人民政府共同发起设立首都科技发展战略研究院，围绕“把北京建设成为国家创新中心”的目标，搭建首都科技创新战略研究平台，为进一步统筹首都科技资源，率先实现创新驱动的发展格局，促进首都科学发展提供战略决策支撑。

首都科技发展战略研究院的首都科技创新发展指数研究旨在通过科技创新发展指数研究，连续、动态地跟踪和度量北京科技创新发展的情况，分析影响首都科技创新发展的主要因素，科学、客观、公正地评价首都科技创新发展的成效，进而探索和完善具有“首都特色”的科技创新发展指数。按照科学性和兼容性原则、系统优化和可操作性原则、可比性与一致性原则、政策性和导向性原则，首都科技创新发展指数建立了3个层级指标体系。其中，一级指标共4个，包括创新资源、创新环境、创新服务、创新绩效，二级指标共14个，主要包括创新人才、研发经费、政策环境、人文环境、生活环境、创业孵化、金融服务、科技成果、经济产出、结构优化、绿色发展等方面，三级指标共62个。

首都科技创新发展指数的特点是注重创新环境的作用，强调了政策环境、人文环境、生活环境、国际交流的作用；重视创新服务的作用，强调技术市场、孵化器和风险投资的作用；重视绿色发展的作用，强调能耗、水耗、污水处理、垃圾处理的作用（见表5.5）。

表5.5 首都科技创新发展指数体系

一级指标	二级指标	三级指标
创新资源	创新人才	万名人口中本科以上学历人数
		万名就业人口中从事R&D人员数量
		企业R&D人员数占其从业人员比重
		高校、科研机构R&D人员数
		高端人才引进数量
	研发经费	R&D经费内部支出相当于地区生产总值比例
		地方财政科技投入占地方财政支出比重
		企业R&D投入占企业主营业务收入比重
		企业R&D人员平均R&D经费
		高校、科研机构R&D人员平均R&D经费
		企业对高校和科研机构科技经费投入额

续表

一级指标	二级指标	三级指标
创新环境	政策环境	政策采购新技术新产品支出
		税收减免对技术创新的影响
		法院专利行政案件结案量
	人文环境	全市公民科学素养达标率
		人均公共图书馆藏书拥有量
		人均科普专项经费
		人均教育事业费支出
	生活环境	每千人拥有医院床位数
		每百名学生拥有专任教师数
		城市人均公园绿地面积
		城市轨道交通里程数
	国际交流	举办大型国际会议和展览数量
		外商投资企业实际使用外资金额数
		外国专家来京人次
		国外驻京非企业经济组织数量
创新服务	科研条件	互联网普及率
		大型科学仪器（设备）原值
		国家级科技创新平台数量
		产业技术创新战略联盟数
	技术市场	科技交流与推广服务业基本单位数
		知识产权服务业基本单位数
		技术合同成交额与地区生产总值比例
	创业孵化	孵化器在孵企业数量
		孵化面积
	金融服务	VC 基金管理资本总额
		中关村国家自主创新示范区上市企业数

续表

一级指标	二级指标	三级指标
创新绩效	科研成果	每万名 R&D 人员发表科技论文数
		每万名 R&D 人员出版科技著作数
		国外主要检索工具收录科技论文数
		每亿元 R&D 经费 PCT 专利数
		每亿元 R&D 经费发明专利授权量
		每万人发明专利拥有量
		每亿元 R&D 经费技术合同成交额
		每亿元 R&D 经费技术出口额
		技术标准制、修订数量
	经济产出	人均地区生产总值
		每亿元 R&D 投入地区生产总值
		地区生产总值增长率
		工业产业利税率
	结构优化	高新技术企业数
		企业中有科技活动企业数量
		以研发功能为主的外资法人企业数量
		第三产业增加值占地区生产总值比例
		高技术产业增加值占工业增加值比重
		生产性服务业增加值占地区生产总值比重
		企业新产品销售收入占主营业务收入比重
		高新技术产品出口占地区出口的比重
	绿色发展	万元地区生产总值水耗
		万元地区生产总值能耗
		城市污水处理率
		生活垃圾无害化处理率

5.1.3 区域创新评价指标体系评述

目前关于区域创新能力评价指标体系的研究比较成熟，各研究团队提出的指标体系各有特点，有些已经连续多年发布，具有一定的权威性。硅谷指数的特点是不仅包含创新能力的评价，还有对一个区域住房、交通、环境的评价，因此并非单纯衡量创新能力的指标，更像衡量一个地区的经济社会发展能力的指标。创新型联盟记分牌指标相对较少，易于计算和比较，但主要是基于创新效率的比较，原因在于欧盟内部国家经济规模差异大，为了便于比较经济规模差异悬殊的国家，因此选用的多为效率指标。

国内的区域创新评价指标中，中国科技发展战略研究小组的指标比较全面，不仅从知识创造、知识获取、企业创新能力、技术创新环境与管理、创新的经济效益五个方面进行测度，而且这五个方面内部还进一步分为创新实力、效率和潜力指标。但由于选取的指标比较多，指标体系运用相对比较复杂，计算和比较难度略大。中国人民大学的区域自主创新能力评价指标体系涵盖创新资源能力、创新攻关能力、创新技术实现能力、创新价值实现能力、创新人才实现能力、创新辐射能力、持续创新能力和创新网络能力 8 个二级指标，总共 39 个最终评价指标。评价指标较少，易于计算和比较，但该指标没有区分创新能力和效率，不便深入研究和评价区域创新系统。首都科技发展战略研究院的首都科技创新发展指数涵盖创新资源、创新环境、创新服务、创新绩效 4 个方面，共 62 个指标，基本上较好地描述了北京创新体系情况，但是没有明确地区分创新能力和创新效率，而且有些指标统计数据在其他地区难以获得，不利于与其他区域做横向比较。

5.2 北京市创新能力和创新效率指标体系构建

本节的目的是希望能够将北京市创新系统按照创新能力和创新效率两个方面进行区分，分别构建能够准确描述创新能力和创新效率的指标体系。创新能力是指一个区域绝对意义上的创新水平，而创新效率是指创新各类资源的投入产出效率。因此，创新能力和创新效率是从两个不同的角度衡量一个地区的创新系统，一个创新能力很强的地区不一定具有很高的创新效率。经济规模有限的区域，总体创新能力可能较弱，但其创新效率，特别是在某些领域的创新效率可能很高。

5.2.1 构建指标体系的原则

5.2.1.1 关注于创新系统能力和效率本身

我们构建的创新能力和创新效率指标希望能从这两个方面对创新系统本身进行准确的衡量。一个地区的创新系统是非常复杂的，包括企业、高校、研究机构、中介组织、政府等行为主体，各行为主体之间还进行复杂的相互联系和相互作用。因此一个地区的创新能力可以从许多方面去衡量，比如很多创新指标体系都提出了一个地区的政策环境、生态环境等指标。我们认为这些创新环境指标是影响一个地区的创新能力和创新效率的因素，而非创新能力和效率本身的度量。如果不做严格的区分，将会混淆对于创新能力和效率的准确衡量，进而难以剥离创新政策环境对一个地区创新能力和效率的影响。

5.2.1.2 关注创新系统的能力和效率的多维化

一个地区的创新系统是非常复杂的，其中各行为主体之间的非线性联系进一步加剧了创新系统的复杂性。由于其复杂性，目前的统计指标都是从某个侧面对创新系统进行测度。因此对于创新系统能力和效率必须从多个维度去衡量。

5.2.1.3 关注指标体系的可比性

一个指标体系首先要能够进行纵向比较，即能够动态地衡量一个地区创新能力和效率的变动情况。其次还应该允许进行横向比较，与其他地区，特别是经济社会发展水平相似的地区进行比较。

5.2.1.4 易于理解和计算

指标体系要易于理解和计算，因此一个指标体系不宜过于复杂。一是过于复杂的指标体系其解释和理解难度较大。二是复杂的指标该体系包含变量多，误差不容易保证，特别是含有较多定性变量的指标体系不仅实施难度大，还扩大了测量误差。现有的统计体系并不完善，只能对某些指标提供连续可比的测度，从数据的计量尺度看，定量数据蕴含的信息丰富，测度误差小，而定性数据蕴含信息少，测度误差较大，因此如果定性数据较多，则难以保证指标体系的测量误差。三是过多的指标体系不宜做横向比较，对现有的统计指标来说，各个地区的统计口径存在一定的差异，各个省（区、市）权威的《统计年鉴》中相当一部分指标不具有可比性，有的指标统计口径差异很大，过多的指标体系会导致各地区统计口径不一致的指标增多，加剧横向比较的困难。

5.2.2 北京市技术创新能力和效率指标的选取

为衡量北京技术创新能力和效率，结合其他学者的研究成果，本章从知识创造、知识产权创造、企业创新、创新合作四个方面去衡量北京市创新能力和创新效率。许多研究将创新资源投入，如人力资源投入和R&D经费投入也算入创新能力评价中，但我们认为创新能力应该仅从创新的产出角度去衡量，而在创新效率衡量中才应考虑单位投入的产出情况。因此，我们在创新能力评价中未考虑创新资源投入情况。此外，我们的研究与其他研究的另一个主要区别在于，我们更详细地考察了知识产权创造能力和效率。其他研究只考虑了专利（包括发明、实用新型和外观设计），但我们认为知识产权除了专利，还包括集成电路布图设计权、植物新品种权、软件著作权，因为是否拥有上述产权是申请高技术企业的必备条件，因此我们在衡量知识产权创造能力和效率中将包括上述指标。

5.2.2.1　北京市创新能力评价指标体系

在参考前人研究结果的基础上，我们设计的北京市创新能力评价指标体系如表5.6所示。为了保证数据的权威性，我们的数据主要来自《中国科技统计年鉴》《中国工业经济统计年鉴》《中国高技术产业统计年鉴》《中国科技论文统计结果》《中国版权年鉴》中的统计数据。此外，指标体系中关于风险投资和IPO的数据来自中国风险投资研究院发布的《中国风险投资年鉴》，尽管该年鉴是非官方数据，但目前尚无风险投资官方统计记录，而且，该年鉴目前已经出版多期（每年1期），具有一定的影响力，因此我们采纳该年鉴的数据。

表5.6中指标权重的确定使用的是专家打分法。尽管专家打分法具有一定的主观性，但我们选择的是5个对于科技创新、区域创新能力评价非常熟悉的专家，主观权重具有一定的权威性和合理性。在指标权重的确定中，这也是最常用的方法。

表5.6　北京市创新能力评价指标体系

一级指标	二级指标	三级指标	数据来源
科研知识创新能力 0.2	国内知识创新 0.1	国内论文数/篇 0.05	《中国科技论文统计结果》
		国内论文被引用次数/次 0.05	《中国科技论文统计结果》
	国际知识创新 0.1	SCI收录论文数/篇 0.05	《中国科技论文统计结果》
		国际论文被引用次数/次 0.05	《中国科技论文统计结果》
知识产权创造能力 0.3	知识产权 0.3	专利申请数/件 0.05	《中国科技统计年鉴》
		专利授权量/件 0.05	《中国科技统计年鉴》
		有效专利数量/件 0.05	《中国科技统计年鉴》
		集成电路申请量/件 0.05	《中国科技统计年鉴》
		植物新品种的申请量/件 0.05	《中国科技统计年鉴》

续表

一级指标	二级指标	三级指标	数据来源
企业创新能力 0.3	规上工业企业创新 0.15	规上工业企业新产品销售收入/亿元 0.04	《中国科技统计年鉴》
		规上工业企业出口金额/亿元 0.035	《中国工业统计年鉴》
		规上工业企业专利申请量/件 0.04	《中国科技统计年鉴》
		规上工业企业有效专利数量/件 0.035	《中国科技统计年鉴》
	高技术产业创新 0.15	高科技产业利润总额/亿元 0.04	《中国高技术产业统计年鉴》
		高技术企业新产品销售收入/亿元 0.02	《中国科技统计年鉴》
		高技术出口金额/亿元 0.02	《中国高技术产业统计年鉴》
		高技术产业专利申请量/件 0.03	《中国科技统计年鉴》
		高技术企业有效专利数量/件 0.02	《中国科技统计年鉴》
		软件和信息技术服务业业务收入/亿元 0.02	《中国版权年鉴》
经济技术合作 0.2	技术交易 0.05	技术市场成交金额/亿元 0.05	《中国科技统计年鉴》
	R&D 合作 0.05	R&D 经费外部支出额/亿元 0.05	《中国科技统计年鉴》
	技术引进 0.05	高技术产业引进技术、消化吸收、购买国内技术经费支出/亿元 0.05	《中国科技统计年鉴》
	融资 0.05	风险投资规模/亿元 0.05	《中国风险投资年鉴》

注：数字表示权重。

5.2.2.2 北京市创新效率评价指标体系

我们设计的北京市创新效率评价指标体系见表 5.7。创新效率是指创新投入与创新产出之比，但是限于目前的统计数据，对于很多创新产出指标我们很难找到对应的创新投入指标，比如集成电路布图设计权申请量、植物新品种权申请量、软件著作权登记量所对应的创新投入数据，因此我们是用北京市占全国比重来测度这些指标的创新效率。类似的数据还有国家产业化项目额、风险投资规模、IPO 规模等数据。技术合同成交额也难以找到对应的投入指标，这里我们用每亿元 GDP 的技术成交额来近似度量其效率。表 5.7 中的指标权重也是使用的专家打分法。

表 5.7 北京市创新效率评价指标体系

一级指标	二级指标	三级指标
科研知识创新效率 0.2	国内知识创造 0.1	每位研究人员发表国内论文数/篇/人 0.05
		每位研究人员国内论文被引用次数/次/人 0.05
	国际知识创造 0.1	每位研究人员 SCI 收录论文数/篇/人 0.05
		每位研究人员国际论文被引用次数/次/人 0.05
知识产权创造效率 0.3	知识产权 0.3	每亿元 R&D 经费专利申请数/件/亿元 0.05
		发明专利申请量占总专利申请量比重/% 0.05
		发明专利授权量占总专利授权量比重/% 0.05
		规上企业有效发明专利数量占总有效专利数量/% 0.05
		集成电路布图设计专有权申请量占全国比重/% 0.05
		植物新品种申请量占全国比重/% 0.05
企业创新效率 0.3	规上企业 0.15	规上企业新产品销售收入占营业收入比例/% 0.04
		规上企业出口金额占规上企业营业收入比例/% 0.035
		规上企业申请专利占总专利比重/% 0.04
		规上企业有效专利数量占总有效专利比重/% 0.035
	高技术产业 0.15	高科技产业利润额占营业收入比例/% 0.04
		高科技产业销售收入占营业收入比例/% 0.02
		高科技产业出口额占营业收入比例/% 0.02
		高技术产业发明专利占全国比重/% 0.03
		高技术产业有效发明专利占全国比重/% 0.02
		软件和信息技术服务业业务收入占全国比重/% 0.02
创新合作效率 0.2	技术交易 0.05	每亿元 GDP 技术市场成交额/亿元 0.05
	R&D 合作 0.05	R&D 经费外部支出额占总 R&D 支出比重/% 0.05
	技术引进 0.05	高技术产业引进技术、消化吸收、购买国内技术经费支出占营业收入比例/% 0.05
	融资 0.05	风险投资规模占全国风险投资比重/% 0.05

注：数字表示权重。

5.2.3 北京市创新能力和效率的测度

5.2.3.1 数据处理方法

5.2.3.1.1 规范化处理

表5.6和表5.7中的指标许多是具有量纲的，在计算加权指数时需要做规范化处理。我们这里选择的计算方法是：

$$\tilde{x}_{ij}=\frac{x_{ij}-x_{i,\min}}{x_{i,\max}-x_{i,\min}}\times 100 \tag{5.1}$$

其中，x_{ij}表示第 i 个指标第 j 个地区处理前的原始数据，而 $\tilde{x}_{ij}$表示处理后的数据，$x_{i,\max}$和 $x_{i,\min}$分别表示所有地区指标 i 中的最大值和最小值。经过规范化处理的数据是一种无量纲的效用值，其取值范围是［0，100］，100 表示最大，0 表示最小。

5.2.3.1.2 计算加权效用值

创新能力和创新效率都可以分为知识创造、知识产权、企业创新、经济技术合作四个方面，利用上面的效用值，根据表5.6和表5.7中的指标权重，我们可以计算得到这四个方面的效用值，具体计算方法是：

$$z_{kj} = \sum_{i=1}^{n_k} f_{kj}\tilde{x}_{ij}(k = 1,2,3,4) \tag{5.2}$$

其中，k 表示四个一级指标，i 表示二级指标，j 表示地区，f_{kj}表示第 k 个一级指标中第 i 个二级指标的权重，并有 $\sum_{i=1}^{n_k} f_{kj} = 1$，$z_{kj}$表示第 j 个地区在第 i 个一级指标上的加权效用值。总效用值则是四个一级指标效用值的加权均值。

5.2.3.2 北京市创新能力和效率评价

利用上述方法，通过收集 2013 年和 2022 年的数据，我们最终得到表5.8和表5.9所示的全国 10 个主要创新地区的创新能力评价结果。

如表 5.8 所示，2013 年，江苏、广东、北京、浙江和上海居全国前五位。其中北京创新能力效用值为 57.4，但与第二位的广东效率值 58.6 之间的差距非常小。北京在科研知识创新能力上遥遥领先于全国其他地区，效用值是 100，意味着在科研知识创新能力的四个指标中，北京市都是居全国首位。北京的弱项在于企业创新能力，其效用值仅为 17.1，排在全国第六位。通过对数据的详细观察，我们发现北京市无论是规上企业创新能力还是高科技企业创新能力都与广东和江苏具有明显的差距。正是受累于企业创新能力偏弱，北京创新能力在全国屈居于江苏和广东之后，位列第三。

如表 5.9 所示，2022 年，广东、北京、江苏、浙江和山东居全国前五位。其中北京创新能力效用值为 49.3，与第一位的广东效用值 74.3 之间的差距比较大。北京在科研知识创新能力上相较于十年前，仍然是居全国首位的。而弱项除了企业创新能力，还有知识产权创造能力，两者效用值分别仅为 23.1 和 32.5，分别排在全国第四位和第五位，而第一位的广东省其相应的效用值分别为 98.3 和 87.8，差距极大。正因如此，北京市的创新能力和广东的差距与十年前相比变大了。

表 5.8 2013 年国内主要创新地区创新能力评价表

地区	创新能力		科研知识创新能力		知识产权创造能力		企业创新能力		经济技术合作能力	
	效用值	位次	效用值	位次	效用值	位次	效用值	位次	效用值	位次
江苏	62.8	1	40.7	2	76.2	1	75.7	2	45.3	3
广东	58.6	2	19.9	4	60.8	2	96.8	1	36.9	4
北京	57.4	3	100.0	1	54.0	3	17.1	6	80.2	1
浙江	33.3	4	10.2	5	51.9	4	34.2	3	27.2	6
上海	31.6	5	35.3	3	29.8	5	20.8	5	47.0	2
山东	23.2	6	6.0	8	23.9	6	30.4	4	28.7	5
四川	9.0	7	1.6	10	14.9	7	10.0	7	6.2	8

续表

地区	创新能力		科研知识创新能力		知识产权创造能力		企业创新能力		经济技术合作能力	
	效用值	位次	效用值	位次	效用值	位次	效用值	位次	效用值	位次
湖北	6.3	8	9.5	6	3.9	8	5.7	9	7.6	7
辽宁	4.7	9	1.9	9	3.3	9	7.7	8	4.9	10
陕西	3.4	10	7.3	7	2.6	10	0.4	10	5.0	9

注：国内和国外科技论文数据、规上企业主营业务收入、规上企业新产品销售收入和出口金额、风险投资规模和IPO规模是2012年数据，软件著作权和软件业务收入是2011年数据，其余数据均为2013年数据。

表5.9　2022年国内主要创新地区创新能力评价表

地区	创新能力		科研知识创新能力		知识产权创造能力		企业创新能力		经济技术合作能力	
	效用值	位次	效用值	位次	效用值	位次	效用值	位次	效用值	位次
北京	49.3	2	100.0	1	32.5	5	23.1	4	63.0	2
上海	22.5	6	31.2	3	17.5	6	9.4	6	41.0	3
广东	74.3	1	26.2	4	87.8	1	98.3	1	66.2	1
江苏	48.8	3	51.2	2	62.0	2	54.5	2	18.3	4
浙江	27.8	4	10.9	8	38.2	4	35.4	3	17.6	5
山东	23.0	5	12.8	7	38.6	3	21.0	5	13.0	6
四川	7.9	8	10.0	9	10.8	8	6.0	8	4.3	9
辽宁	2.0	10	0	10	4.9	9	0.9	9	1.4	10
陕西	5.3	9	16.6	6	0.9	10	0.9	10	7.4	8
湖北	11.9	7	17.0	5	15.2	7	8.0	7	7.7	7

注：专利申请数、专利授权数、有效专利数、植物新品种申请量、规上工业企业专利申请量、规上工业企业有效专利数、高技术产业、软件和信息技术服务业业务收入、技术市场成交金额是2021年数据，其余数据均为2022年数据。

国内主要创新地区创新效率见表5.10和表5.11。

如表5.10所示，2013年，国内创新效率前五位的地区分别是北京、上海、广东、江苏和浙江。北京创新效率效用值为74.1，居全国首位，其中知识创造效率、知识产权创造效率、创新合作效率都居全国首位，企业创新效率相对略低一些，效率值为 60.0，居全国第三位，与第一位的广东效率值 83.2 相比，还有一定的差距。

如表 5.11 所示，2022 年，国内创新效率前五位的地区分别是北京、广东、上海、江苏和浙江。北京创新效率效用值为 62.1，仍居全国首位，但相较于十年前，企业创新效率 43.1 与第一位的广东效率值 80.5 相比，差距在加大。

表 5.10　2013 年国内主要创新地区创新效率评价表

地区	创新效率		科研知识创新效率		知识产权创造效率		企业创新效率		创新合作效率	
	效用值	位次	效用值	位次	效用值	位次	效用值	位次	效用值	位次
北京	74.1	1	99.3	1	63.8	1	60.0	3	85.6	1
上海	45.4	2	51.5	2	30.6	5	45.2	5	61.5	2
广东	43.9	3	8.0	9	42.8	3	83.2	1	18.7	6
江苏	43.2	4	31.1	4	49.2	2	58.2	4	27.4	3
浙江	42.5	5	30.0	5	31.9	4	72.6	2	25.5	4
山东	22.1	6	4.9	10	28.9	6	33.2	7	20.6	5
四川	21.9	7	19.9	8	17.2	8	27.1	6	15.0	7
辽宁	17.7	8	24.3	6	19.7	7	19.1	8	6.1	10
陕西	17.2	9	40.5	3	14.2	9	10.0	10	9.1	8
湖北	16.5	10	24.3	7	11.9	10	22.0	9	7.3	9

注：国内和国外科技论文数据、规上企业主营业务收入、规上企业新产品销售收入和出口金额、风险投资规模和 IPO 规模是 2012 年数据，软件著作权和软件业务收入是2011 年数据，其余数据均为 2013 年数据。

表 5.11　2022 年国内主要创新地区创新效率评价表

地区	创新效率		科研知识创新效率		知识产权创造效率		企业创新效率		创新合作效率	
	效用值	位次	效用值	位次	效用值	位次	效用值	位次	效用值	位次
北京	62.1	1	100.0	1	51.4	2	43.1	4	68.6	1
上海	31.5	3	56.9	3	23.2	6	20.2	7	35.4	3
广东	52.2	2	0	10	57.1	1	80.5	1	54.6	2
江苏	31.1	4	12.4	7	40.0	3	49.2	3	9.6	6

续表

地区	创新效率		科研知识创新效率		知识产权创造效率		企业创新效率		创新合作效率	
	效用值	位次	效用值	位次	效用值	位次	效用值	位次	效用值	位次
浙江	27.7	5	1.9	9	30.2	4	55.5	2	8.2	7
山东	22.8	7	5.8	8	30.0	5	29.8	5	18.9	4
四川	12.8	10	32.2	6	13.9	9	4.7	10	4.1	10
辽宁	18.5	9	45.0	4	12.8	10	16.0	8	4.4	9
陕西	26.2	6	79.4	2	18.8	8	7.7	9	11.8	5
湖北	21.3	8	34.6	5	21.8	7	21.3	6	6.9	8

注：专利申请数、专利授权数、有效专利数、植物新品种申请量、规上工业企业专利申请量、规上工业企业有效专利数、高技术产业、软件和信息技术服务业业务收入、技术市场成交金额是2021年数据，其余数据均为2022年数据。

总的来说，北京市无论是创新能力还是创新效率，在全国都是居于领先地位。近年来，北京市通过积极实施“五子”联动战略，坚持以“三城一区”为主平台建设国际科技创新中心，推动产业结构进一步向高端化、智能化、绿色化转型，为新时期构建首都现代产业体系奠定了基础。王松等（2022）讨论了不同地区产业集群的特征及适合各地区产业集群的创新路径，得出北京的创新型产业集群是唯一的全面型集群。但是，无论创新能力还是创新效率，企业创新方面都是北京地区的明显短板。刘杨和王海芸（2017）认为企业的原始创新能力和成果转化能力并不协调，主导产业选择既要考虑产业的原始创新能力，也要考虑产业创新成果的转化能力。2018年，北京发布引进人才新政《北京市引进人才管理办法》，重点引进对本市科技创新贡献突出的人才，到2019年其研发从业人员为46.42万人，位于全国第一。在技术转化成果方面，北京的技术成交情况均居于首位，技术转化成果丰硕，创新效率优势明显。从表5.10和表5.11中的数据也不难得出，北京的科研知识创新效率方面遥遥领先于国内其他地区，知识产权和创新合作上北京则居全国领先地位。

6　中国研发投入效率的国际比较

研发创新不仅能提高经济产出效率、优化产业结构、推进产业升级，破除当下我国产业发展所面临的瓶颈问题，还能使我国彻底摆脱粗放型经济增长方式，引领经济增长方式成功转型。从数据上看，2022年，中国共投入研发经费30782.9亿元，比上年增加2826.6亿元，增长10.1%；研发经费投入强度（与国内生产总值之比）为2.54%，比上年提高0.11个百分点①。截至2022年，中国研发人员全时当量超过600万人·年，稳居世界第一；SCI收录的我国科技论文数快速增长，自2021年起成为世界第一；发明专利授权量达79.8万件，稳居世界第一。全国技术合同交易额年均增长超过40%，达到4.78万亿元。全国高新技术产业总产值持续快速增长，达到约17.5万亿元②。综上所述，中国目前已经成为科研大国和创新大国。但上述数据都是国内数据，而要衡量我国在国际范围内的创新能力和创新效率需要进行国际横向比较。本章主要通过在美国的发明专利来横向比较中国的创新能力和创新效率。

---

① 国家统计局.2023年全国科技经费投入统计公报[EB/OL].(2023-09-18)[2025-03-02].https://www.stats.gov.cn/sj/zxfb/202309/t20230918_1942920.html.

② 经济日报.国家高新区生产总值10年增长1.8倍[EB/OL].(2022-09-18)[2025-03-02].https://www.gov.cn/xinwen/2022-09/18/content_5710480.html.

6.1 相关文献综述

国外学者从20世纪60年代起，开始研究研发投入的绩效，他们通过定量分析产业（企业）研发投入的经济绩效来判断研发投入有没有达到最大效益。国外学者关于研发投入绩效评价指标体系的相关研究，主要是以基本的研发投入产出指标为基础，以主观指标为辅，并追踪评估研发项目。Schmidt - Ehmcke and Zloczysti（2011）以研发资金投入和人力资本投入为投入指标，专利申请为产出指标，将传统的非参数前沿方法与超效率和规模回归特性的测试结合起来，使用bootstrap程序得出对17个经合组织国家稳健的效率估计。Chen等（2011）用DEA方法，以全职研究人员、技术人员和研发支出为投入指标，以专利、RLF（专利、特许使用费和许可费）、期刊论文为产出指标，在研究总体研发效率的同时开发了新的方法评估多种创新产出的个体研发效率。Börje Johansson等（2015）在考察了控制产业构成、制度因素和研发强度后，分析了就业统一化的专利强度差异是否仍然存在。

国内学者大多也是构建类似的投入指标和产出指标来研究研发绩效。罗亚非、王海峰、范小阳（2010）运用超效率DEA方法对不同国家研发创新活动进行效率评价，将研发资金投入和科学家工程师全时当量作为投入指标，将三方专利数量、高质量科技论文数、高技术产品出口额以及高技术产业工业增加值作为产出指标。徐磊、周帆（2015）采用SFA模型和DEA模型对我国各地区研发效率进行测度，以研发经费支出、研发人员全时当量体为投入指标，以专利申请授权量为产出指标。吴丹、胡晶（2018）基于现有科技创新评价现状，采用因子分析法，系统筛选国家科技创新规模影响因素后再构建DEA - Malmquist指数模型，比较得出全球10个国家科技创新能力水平，除日本出现一定波动外，其余 9 国整体呈小幅递增态势。程时雄（2019）通过运用世界主要 36 个国家层面的面板数据，构造了两种研发效率评价指标体系，分析得出中国通过不断加大研发投入取得了研发效率的显著增长，但是在质量上仍存在提升空间。陈凯华等（2020）提出国家创新发展绩效格局二维分析方法，并选择 40 个国家创新发展指数和创新能力指数及其子指数排名进行实证研究，得出中国为第Ⅳ类非常规创新追赶型国家，即创新发展指数排名与创新能力指数排名之间存在严重偏离。易继承、张璐（2021）将人力投入、资金投入作为创新投入，将专利申请授权数、论文发表数量、高科技产品出口额作为创新产出，利用三阶段 DEA 模型测度 27 个代表性国家的创新效率。朱承亮（2023）采用 Bootstrap – DEA 方法分析我国科技创新效率在国际上的位势及存在差距，将 R&D 经费支出额、R&D 人员全时当量作为科技创新投入指标，选取科技期刊文章数量、专利申请量、高科技产品出口额作为科技创新产出指标，研究发现创新型国家科技创新效率内部分化显著。

综上所述，现有文献大都以研发资金投入和人力资本投入为研发投入指标，根据文献所研究的侧重点的不同对应于不同的产出指标建立模型进行研发产出的效率分析。在新时代背景下，我国研发投入日益增长，逐渐居于世界前列，本书主要采用美国专利数量和科技论文数量作为产出指标，更为全面和清晰地对比我国与其他国家在研发投入效率上的差距以及我国研发投入效率在国际上的位势。

6.2 专利数据来源

本书使用授权专利数量作为研发产出的度量。为了进行横向比较，专利数来源于智慧芽网站，使用的是中国机构或个人在美国获得的发明型授权专利信息，一方面由美国受理的专利引文数据十分健全、检索方便、数据库资源丰富，著录比较规范，适合计量分析；另一方面可以间接体现中国发明专利的质量特征（万小丽，2010）。

本书在进行国际横向比较时，使用的是发明型专利。发明型专利是一个国家创新能力的最集中表现，赵彦云（2011）的研究表明，1997年之后，我国发明专利对于经济增长的促进作用要强于外观专利和实用新型专利。此外，美国的专利数据库中不含实用新型专利的信息，只含有发明专利、植物专利和外观专利三种类型。在美国专利数据构成中，外观专利所占比重很低，且外观专利缺少足够的科学技术水平，不能够反映一国的研发产出能力，因此本书没有考虑外观专利。没有使用植物专利的原因是美国在20世纪80年代最高法院通过生物体具有专利权的法案，其他国家则不然，因此缺乏国际比较的基础①。

本书使用的是获得授权的发明专利。之所以使用授权的专利，而非申请的专利，一是因为专利申请并非都能获得授权，此外，从专利质量考虑，申请如果没有获得授权，难以衡量其专利质量。本书用授权发明专利的被引用量来衡量专利的质量。专利的被引用量是指某项专利被后续专利引用的次数，专利被引用量可以看作被引用专利作为基础技术的影响力，对本领域后续技术创新的贡献。二是被引用专利作为现有技术的法律功能，对后续专利的权利限制。由于专利权人可能由多个国家的机构或个人持有，为了简化分析，我们将第一专利权人是中国的机构或个人的专利认定为中国专利。此外，我们剔除掉了港澳台地区的专利数据，集中分析中国大陆地区专利数量和质量以及研发效率。

我们在专利国际横向比较时选取了西方工业七国、金砖四国②以及

① 中国不能申请植物专利，但是可以向中国农业部门申请植物新品种权。

② 2011年，南非正式加入金砖国家，金砖国家扩大为五国，但由于本节收集的数据时间跨度较大，故未采集南非的数据。

韩国。选择这些国家是为了对比中国与主要创新大国（指西方工业七国和韩国，近几年，韩国在美国的专利授权量仅次于日本，增长很快）、金砖四国的专利数量、质量以及研发效率。没有选择美国作为对比对象的原因是授权专利都是上述国家在美国获得的，有相近的准入门槛，便于比较，而美国企业或个人在国内参与申请和获得专利授权的情况客观上区别于国外企业或个人，因此不能用作横向比较。

6.3 各国的授权发明专利概况

6.3.1 发明专利授权总量及国际比较

如图6.1所示，中国在美国授权发明专利总件数自2010年到2023年逐年稳定增长，到2022年将近25000件，较2010年的3276件增长了约6.6倍，反映出我国在美国发明授权专利件数快速增长，科研产出的绝对数量取得了重大进展。

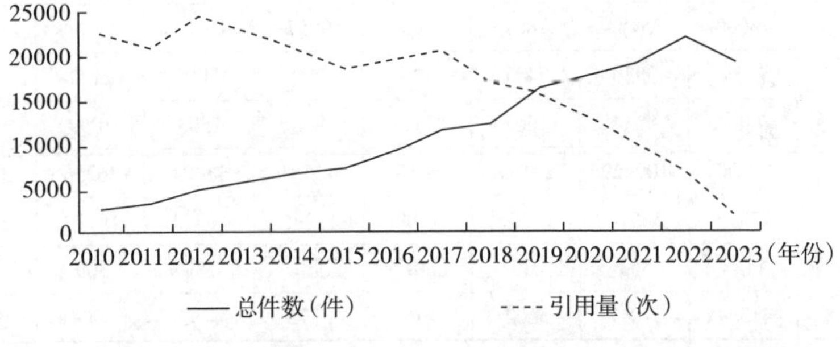

图6.1　2010—2023年中国在美国发明授权专利引用量和件数

资料来源：美国国家专利局网站，经整理得到。

同其他国家相比，中国在发明专利授权量上与发达国家的差距逐渐缩小。2023年中国发明专利授权量为19611件，同期的日本、韩国的发明专利授权量则分别为34391件和20390件，而2010年中国发明专利授权量为2521件，同期的日本、韩国的发明专利授权量则分别为

42454件和11345件，可以看出，差距在逐年缩小。

在总引用量方面，中国专利的引用量在2012年后有较大幅度的下降。如图6.1所示，在2010年后专利数量快速上升，但由于引用有一定迟滞，所以反而开始下降。国际横向比较可以发现，2020年中国的总引用量为13245次，同期的英国、法国、德国、日本、韩国分别为5602次、2714次、7807次、27169次、17057次，这说明中国专利质量上有很大提升，已经接近发达国家水平，但和日本、韩国差距仍然较为明显，我国专利在质量上还有一定提升空间（见表6.1）。

表6.1 各国在美国发明专利授权和引用情况

国家	发明专利总引用量（次）				发明专利总件数（件）			
	2010年	2015年	2020年	2023年	2010年	2015年	2020年	2023年
巴西	645	323	76	1	72	127	142	99
加拿大	7175	2174	434	22	464	413	407	313
中国	22828	18926	13245	1613	2521	7172	17971	19611
法国	28155	14067	2714	214	3225	4574	4624	3337
德国	78000	35783	7807	509	9257	10705	11104	8225
印度	2156	3830	2447	236	289	1115	2172	2429
意大利	7484	5254	1607	117	908	1503	1859	1636
日本	273782	109429	27169	2158	42454	48304	46256	34391
韩国	77992	50514	17057	1709	11345	16573	19793	20390
俄罗斯	1143	563	213	18	117	189	309	193
英国	41354	21017	5602	418	3372	4495	5304	4324

资料来源：智慧芽网站，https：//analytics. zhihuiya. com/search/input/simple。

6.3.2 发明专利授权量的重点行业分布及其国际比较

根据Levin等（1987）对专利的行业划分，以及美国第四版行业划分说明，我们发现，发达国家和金砖四国的专利主要集中在化学品与化工产品，计算机、电子和光学仪器制造品，电气设备，机械设备制造，计算机程序咨询相关活动，信息服务这6大行业上。以2023年为例，中国在美国发明授权专利主要集中在计算机、电子和光学仪器制造品和电气设备行业上，两个行业的专利比例都超过专利授权的一半。此外，在计算机程序咨询相关活动和信息服务行业上初步发展。在机械设备制造行业，中国专利引用量的10%截取均值为0.98次，高于同期德国的0.66次、日本的0.70次和韩国的0.76次，但总发明专利数量和总引用量则仍落后于上述三个国家。在信息服务行业上，中国发明专利引用量的10%截取均值为1.00次，高于日本和德国，低于韩国，且总专利授权量远远落后于日本（见表6.2）。

表6.2 2023年各国在美国发明授权专利主要行业分布情况

国别	比较内容	化学品与化工产品	计算机、电子和光学仪器制造品	电气设备	机械设备制造	计算机程序咨询相关活动	信息服务
韩国	平均被引用次数	0.77	0.95	0.93	0.76	0.78	1.46
	专利数量	2292	9459	11775	1575	162	117
	专利比例	11.58%	47.79%	59.49%	7.96%	0.82%	0.59%
日本	平均被引用次数	0.54	0.61	0.61	0.70	0.67	0.58
	专利数量	6016	20970	23019	4586	150	336
	专利比例	13.01%	45.33%	49.76%	9.91%	0.32%	0.73%
德国	平均被引用次数	0.56	0.63	0.64	0.66	0.42	0.54
	专利数量	1313	3275	3433	2688	93	79
	专利比例	11.82%	29.49%	30.92%	24.21%	0.84%	0.71%
中国	平均被引用次数	0.71	0.74	0.77	0.98	0.53	1.00
	专利数量	1691	9316	9718	1099	128	146
	专利比例	9.41%	51.84%	54.08%	6.12%	0.71%	0.81%

注：由于专利引用量偏态极为明显，我们使用的是比较稳健的10%截取均值来衡量平均被引次数。

资料来源：智慧芽网站，https://analytics.zhihuiya.com/search/input/simple。

通过横向国际比较在美国获得的发明专利授权量和引用量，以及专利的产业分布，我们发现中国在专利重点分布行业趋近发达国家，但在总引用量和总件数方面与发达国家仍存在差距。从数据上看，我国的科技创新效率、科创企业发展仍存在不平衡与不充分的问题。在专利的绝对数量上，我国在电气设备和机械设备制造行业具有优势地位，但在计算机、电子和光学仪器制造品和化学品与化工产品领域，我国仍有发展空间。

6.4 研发投入效率的国际比较

本节将通过构建计量模型横向比较中国和其他国家在研发投入的专利数量和专利质量效率上的差异。

6.4.1 数据、计量模型和估计结果

6.4.1.1 数据说明

关于专利数据来源的说明见 6.2 节。关于研发投入数据，本节将研究经费支出额（按现价美元计算）和研究人员全时当量（人·年）作为投入指标，所有投入指标由 OECD 数据库整理所得。研发人员全时当量是现在国际通用的用于比较科技人力投入的指标，指研发人员按实际从事研发活动的时间所计算出的工作量，单位为“人·年”。另外，由于研发投入的滞后效应，本书使用科技创新产出前五年的投入数据平均值作为科技创新投入，即第 t 年的数据为第 t ~ 5 年投入数据的平均值。

我们在分析研发效率时，也考虑了高科技产品出口额的影响。各国企业出口高科技产品都面临同样的关税和非关税壁垒，其他条件不变时，一国出口的高科技产品越多，对发明专利授权就会越重视，就越倾向于申请专利保护本国产品的知识产权。因此各国的高科技产品出口量是影响各国在美国专利授权量和专利质量的一个因素，该数据通过世界银行整理得到。

在分析研发效率时，我们选取了2010—2020年的各国专利信息，时间跨度相对较大，能够较好地反映研发投入效率。

6.4.1.2 计量模型

我们分别考虑如下的计量模型：

$$\log Count_{it} = \alpha_0 + \alpha_1 \log EX_{it} + \alpha_2 \log (Person_{it} \times R\&D_{it}) + \alpha_3 D_i \times \log (Person_{it} \times R\&D_{it}) + v_{it} \quad (6.1)$$

$$\log REF_{it} = \beta_0 + \beta_1 \log EX_{it} + \beta_2 \log (Person_{it} \times R\&D_{it}) + \beta_3 D_i \times \log (Person_{it} \times R\&D_{it}) + \beta_t t + u_{it} \quad (6.2)$$

其中log表示对数据取对数，变量*Count*和*REF*分别表示发明专利授权量和被引用量，*EX*表示各国的高科技产品出口额，*Person*和*R&D*分别表示各国研究经费支出额和研究人员全时当量，i表示国别，t表示时间（即2010—2020年共10个时间节点），D是虚拟变量，1表示西方发达国家（包括韩国），0表示金砖四国。

之所以使用对数形式，是为了减轻因变量的数据偏斜程度，以及降低可能出现异方差的概率。在模型中使用交互项$Person_{it} \times R\&D_{it}$是因为如果分别考虑*Person*和*R&D*的影响，则会导致变量之间出现严重的多重共线性，因此本书用$Person_{it} \times R\&D_{it}$表示总研发投入情况。因为研发资金投入和人员投入对于研发活动都是缺一不可的，因此可以用其交互项来表示总研发投入情况。

在本书中，我们关注的重点是科研投入的研发效率，即关注的是$Person_{it} \times R\&D_{it}$前面的系数。不过为了准确衡量该系数，在式（6.1）和式（6.2）中都引入了出口量*EX*，因为如前文所述，出口量会影响到各国在美国申请专利的数量和质量，所以模型引入出口量作为控制变量。此外，我们在式（6.2）中增加了时间趋势变量作为解释变量，因为引用量会随着时间的延长逐渐增加，同样情况下，时间越长，被引用次数就越多，因此在式（6.2）中引入时间趋势变量作为控制变量。

EX 表示高科技产品出口量，预期影响为正，因为如前文所述，各国的高科技产品出口量越大，则授权量会越高，专利的引用量就会越高。

$Person_{it} \times R\&D_{it}$体现了研发投入的整体水平，预期影响为正，即一国的科研投入越多，研发产出就会越多，其他条件不变时，授权专利数量和引用量就会越高。有的学者使用研发资金投入存量来表示研发资金投入。但是由于 OECD 数据库针对上述 12 个国家缺乏足够的历史数据，我们只能使用流量数据。

$D \times \log(Person_{it} \times R\&D_{it})$ 是虚拟变量与科研投入的交互项，其前的系数就表示西方发达国家与金砖四国在研发投入效率上的差异。由于西方发达国家在许多领域一直处于技术前沿，技术优势明显，因此预期系数为正。

6.4.1.3 模型估计结果

模型估计结果见表6.3，无论是专利授权量还是专利引用量的回归模型中，拟合优度都达到 0.85 以上，说明所构建的模型较好地解释了专利授权量和引用量的变异，且在两个回归模型中的回归系数均显著，符号也与预期相符。

表 6.3 模型估计结果

解释变量	log（*REF*）	log（*Count*）
Log（*EX*）	0.356** （0.079）	0.421** （0.090）
Log（$Person \times R\&D_{it}$）	0.539** （0.059）	0.547** （0.067）
D × Log（$Person \times R\&D_{it}$）	0.085** （0.006）	0.079** （0.007）

续表

解释变量	log（*REF*）	log（*Count*）
t	−0.214 ** （0.018）	
F − *statistic*	250.6 **	241.18 **
R^2（$\overline{R}^2$）	0.896（0.893）	0.8608（0.8572）
n	121	121

注：**表示在5%显著性水平上是统计显著的；括号内是系数的标准误。

专利引用量回归模型的残差图如图6.2所示。图中横坐标表示各国专利引用量回归模型的残差2010年、2015年、2020年的时间刻度，纵坐标分别表示单倍标准差、双倍标准差和三倍标准差。可以看出，加拿大的残差在合理范围内，2010年和2015年的残差是2倍标准差范围内，2020年残差虽然超过2倍标准差，但是残差为负，表明估计值高于实际值，即模型高估了授权专利的引用量，高估了研发投入转化效率；印度2010年和2015年的残差在2倍标准差范围内，而2020年的残差略高于2倍标准误，残差为正，模型略低估了授权专利引用量，即低估了研发投入转化效率。其他国家不同时段的残差都分布在2倍标准误以内，因此，我们可以把专利引用量模型中相应的系数看成是整体金砖国家和发达工业国的平均弹性。

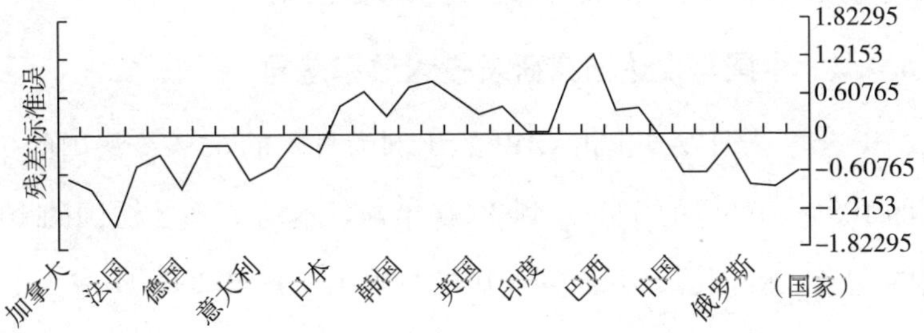

图6.2　专利引用量回归模型残差图

β_1的估计值为0.356，表示在其他条件不变的情况下，高科技产品出口量每增长1%能够使引用量平均增长0.356%。引用量反映的是专利的质量，专利是保护自己产品的最有效工具之一。α_1 的估计值为0.421，表示高科技产品出口量每增长1%能够使引用量平均增长0.421%。对国际市场出口高科技产品的依赖性会激发企业改进生产技术，使之符合国际的技术、安全等标准，以及用技术优势在国际上占据稳定的市场份额，会让企业更重视在国际上的专利质量和专利数量。

β_2 的估计值为0.539，表示在其他条件不变的情况下，金砖国家研发投入每增加1%，会提高引用量0.539%；α_2 的估计值为0.547，表示在其他条件不变的情况下，金砖国家研发投入每增长1%，会促进专利数量增长0.547%。显然1单位研发投入的专利数量效率要高于专利质量效率，反映出专利质量效率提高更加艰难。

β_3 的估计值为0.085，表示发达国家研发投入的专利质量效率要高于金砖国家0.085个百分点，即发达国家研发投入每增长1%，会带来专利引用量增长0.624%，高于金砖国家0.085个百分点。α_3 的估计值为0.079，表明发达国家研发投入的专利数量效率要比金砖国家高0.079个百分点，即发达国家研发投入每增长1%，会带来专利数量增长0.626%，高于金砖国家0.079个百分点。表明发达国家研发投入的专利数量效率和专利质量效率都要高于金砖国家。

6.4.2 中国与发达国家研发投入效率差异

2010年中国研发支出占GDP的比例为日本的55%、法国的78%、英国的105%、韩国的52%；到2020年为日本的74%、法国的106%、英国的82%、韩国的50%；对美国的货物出口量自2009年成为上述国家中的第一大对美出口国；科研人员的数量从2010年起就跃居上述国家的第一位，远高于日本、德国等主要发达国家。因此，中国在国际范围内的研发投入已经达到一个相当高的水平，且在以专利数量和质量衡量的研发产出上已超过大多数发达国家，虽与日本、韩国存在一定的差距，但差距在逐步缩小。

2023 年中国对美国出口额为 5002.91 亿美元，虽然仍处于较高的水平，但对比往年已有所下降。商务部研究院发现 2022 年美国对全球出口的增长速度比美国对中国的出口增长速度高 16 个百分点。中国对美国的出口增速对比世界仍较为缓慢。除了中美关系的原因之外，短期内我国无法实现贸易结构的升级迅速提高对美国出口额。如图 6.3 所示，我国对美国出口额虽然总体在增长，但数据波动不大，增长速度明显放缓。

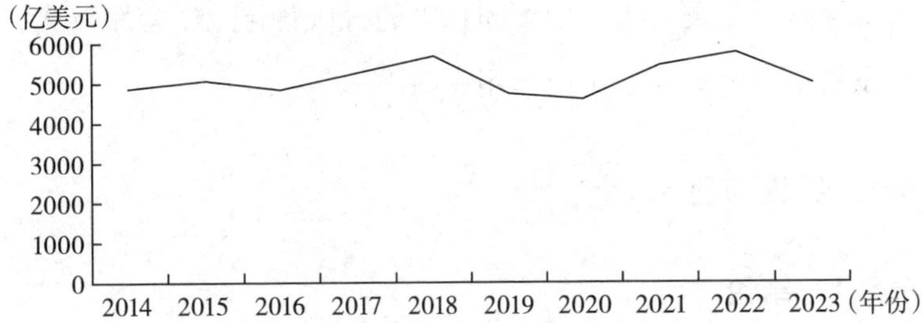

图 6.3　2023 年中国对美国货物出口额

资料来源：联合国商品贸易统计数据库 UN Comtrade，https：//comtradeplus.un.org/。

2010 年中国研究人员全时当量为 121 万人 · 年，2015 年增长至 162 万人 · 年，增长 34%，2020 年则达到 211 万人 · 年，增长率保持相对稳定。我国 2020 年的研究人员全时当量远远高于日本的 68.9 万人 · 年。目前我们研究人员全时当量已经在全球居首位，由于基数很大，研究人员全时当量难以迅速增长。一方面，研究人员的培养是一个漫长的过程，短期内数值难以有明显的变化；另一方面，国内存在高端人才流失的问题，引进国外人才面临的诸多阻碍延缓了科研人员质与量的提高。因此无法通过大幅增加研究人员全时当量来提高科研投入的专利产出量。

理论上科研资金的大量投入可以通过增加科教文卫的财政支出来实

现，以促进科研产出的增加。2020 年中国的研发资金投入为 5837 亿美元，已经远远超过大多数发达国家，可以说我国的研发资金投入已经位于世界前列。根据模型估计结果，β_2 的系数为 0.539，要想让中国总引用量再增加 1 倍，则 $Person_{it} \times R\&D_{it}$ 要增加 5.39 倍，这已经远远超过了日本 2020 年的研发投入[①]。即使总引用量增加 1 倍，也不及日本 2020 年的总引用量 27169 次。若在引用量上追平日本，中国需要增加 6 倍的研发资金投入，在我国研发投入经费支出已经很大的情况下，这显然是不现实的。此外，科研资金大量涌入会带来科研资源的使用效率低下、科研人员腐败等问题。由于中国同日本的科研转化效率差距巨大，通过增加研发资金提高研发产出的作用有限。

6.5 结论与建议

6.5.1 结论

本章基于各国的科研投入产出数据构建回归模型测度包括中国在内共 12 国的研发投入效率，并对我国科技发展趋势进行重点分析。目前，我国研发人员稳居世界第一，研发资金投入也居世界前列。截至 2023 年底，我国国内专利授权量达到 401.5 万件，成为世界上首个国内有效专利数量突破 400 万件的国家。在国际专利授权方面，我国也有巨大突破，逐步超过了大多数发达国家，但与科技领先国家如日本、韩国相比，仍有较大提升空间。

在控制了其他变量后，我们发现造成这种情况的根本原因在于我国研发投入的效率低，而非绝对投入量的不足。但在赶超发达国家的过程中，短期内依靠科研投入的快速增长难以解决我国同发达国家的科研投

① 在保持科研人员和出口量不变的情况下，正如前文所述，出口量和科研人员投入基本很难进一步增加了。

入转化效率相差巨大的问题，同时也会面临科研人员投入增长瓶颈的问题。

6.5.2 建议

尽管我国的综合科技竞争力已经在世界上名列前茅，但相对于韩国和日本来说还存在较大的差距。目前，我国科学技术发展的首要任务是从模仿到实现科学技术的自主创新，因此必须全面系统地研究科学技术的战略性和前瞻性，改革研发投入的机制。

6.5.2.1 构建以效率为核心的科技发展管理机制

搭建科技资源配置导航平台，识别行业技术动态与产业发展需求，系统科学支持合理布局科学研究方向，提升科技投入整体效能；进一步优化科研经费管理与配置，着力解决科研经费交叉重复和浪费等问题，确保经费真正有效地用于科研本身。注重科技成果的实质贡献和实际价值，要围绕科技成果在学科领域的贡献、解决社会发展问题的潜力、支撑国家发展需求的能力等方面建立科技成果评价机制。

6.5.2.2 加大产学研结合力度以提高创新效率

要充分利用创新的价值链溢出效应，通过强化产学研结合力度来将创新价值链的每一个环节都连接起来，让知识创新、科研创新与产品创新能够建立起一个良性的沟通渠道，从而产生循环的创新价值链溢出效应。各地区应当根据自身的优势条件，加快创新活动的科研成果转化、产品应用测试、合作载体对接及信息服务沟通等。高校的知识创新推动、研究机构的技术科研带动、企业的技术需求拉动，政府的创新政策引导都会提升产学研的整体效果及效率水平。加强高校、科研机构、企业及政府之间的有效交流与合作，引导科研人员做有价值且高水平面向国际的科学研究互动与连接，提升产学研的强度、深度及可持续性，进而使产学研的合作层次不断提升，相互作用模式更加灵活。

6.5.2.3 加强科技型企业对技术创新的重视

通过对开展技术创新活动的企业进行适当的补贴和减免税收等政策，激励高技术企业从事科技研发、成果转化等技术创新活动，积极宣传创新型产品在国际市场上的优势，鼓励企业和国家重点科研机构合作。通过专利让渡，也就是国家研究机构与企业合作完成的研究，国家将其研究成果的专利权以一定的优惠条件（包括无偿）让渡给企业，给企业带来科技生产动力。

7　构建市场导向型的区域创新生态系统
——以京津冀为例

随着全球信息技术革命和产业变革的日益深化，从区域视角考察基于市场导向机制的创新生态系统的发展，对我国顺应全球技术创新变革的新要求，以区域战略力量加快培育新质生产力具有重要意义。京津冀地区是我国科技资源最富集的区域之一，也是我国自主创新和原始创新的主要策源地之一。构建市场导向型的区域生态系统，是京津冀地区成为中国式现代化建设先行区和示范区的关键，也是区域核心城市——北京建设国际科技创新中心、加快推进新质生产力发展高地建设的重要依托。

7.1　区域创新生态系统概念及特征

7.1.1　区域创新生态系统的概念

区域创新生态系统是创新生态系统概念在区域层面的延伸，是国家创新体系的重要组成部分，也是促进区域经济增长的关键动力之一。借助生物学生态系统相关概念类比区域创新运行体制，通过总结硅谷创新经验，美国总统科技顾问委员会首次提出区域创新生态系统的概念。该组织认为，区域创新生态系统是指在特定创新环境下，不同创新主体

（包括政府、大学、企业、基金会以及所有创新组织）通过相互合作实现知识产出和技术开发，进而形成紧密的生态化系统。Rong 等（2008）将区域创新生态系统定义为“一个由产业组织、政府、机构和客户等利益相关者组成的区域创新社区”，认为区域创新系统主要是由地理上相互分工与关联的生产企业、科研院所、教育部门以及金融机构等构成的区域性组织体系。王凯和邹晓东（2016）指出，区域创新生态系统是区域创新主体为促进物质、能量、信息流动，与创新环境之间形成的具有生态系统特征的关系网络。在区域协调机制和创新文化氛围影响下，企业、高校和科研机构与政府、中介机构和金融机构基于共同价值主张，通过与创新环境之间的物质、知识和信息交换，实现价值共创的具有共生竞合、动态演化特征的自组织系统（张振刚等，2020；杨博旭等，2023）。

从创新的结构上看，区域创新系统由创新主体子系统（如企业、研究机构、高等院校）、创新基础子系统（包括技术标准、数据库、信息网络、科技设施等）、创新资源子系统（涵盖人才、知识、专利、信息、资金等）和创新环境子系统（包括政策法规、管理体制、市场和服务等）构成。从创新的动态过程上看，区域创新系统包括研究与开发子系统、创新引导子系统（包括创新计划与战略）、创新运行与调控子系统（包括制度、规则和政策）以及创新支撑与服务子系统。从创新对象上看，区域创新系统包括技术创新系统、制度创新系统、组织创新系统和管理创新系统。这些子系统相互作用、相互支持，共同构成了区域创新系统，推动着区域创新的持续发展和进步。

7.1.2 区域创新生态系统的特征

区域创新生态系统作为创新生态系统中的重要组成部分，因其强调地理边界和地域范围，使之区别于产业和国家创新生态系统。首先，区域创新生态系统是一个动态复杂的系统。复杂多元的开放特性使得区域创新生态系统各子系统之间的互动、联系非常复杂。区域创新系统的良性运作依赖于各主体之间的相互合作、相互协调，通过政策及政府战略的指导，实现系统整体创新效应。其次，区域创新系统承担的功能具有独特性。区域创新系统与国家创新系统所处的层次不同，其功能也有所不同。在国家创新系统中，政府根据国家发展目标组织重大创新计划和项目，通过为创新活动提供良好的制度、政策、法律和基础设施来促进产学研合作，并推广创新成果。而区域创新系统则承担着将技术创新内化为区域经济增长的自变量的责任，促进区域内产业结构合理化，推动区域内产业升级，以及促进区域经济高质量增长的任务。再次，区域创新系统因区域条件而异。由于受所在区域条件的限制会出现某种创新资源的相对缺乏、创新基础设施不完备、创新环境有待于完善的情况。这些条件都决定了区域创新系统必须有所侧重，应根据各自的自然条件、社会历史条件、经济发展水平和技术积累水平等形成自己的特征。最后，区域创新生态系统具有较强的自组织性。数字经济和数字技术的发展强化了创新系统主体的联结性和可替代性，突破地理边界的区域创新链条和创新网络在虚拟空间上的聚集在一定程度上呈现出自组织性。

7.2 国外区域创新生态系统发展经验借鉴

全球范围内，美国、日本、芬兰和德国等国家在区域创新系统方面都积累了丰富的经验，为其他国家和地区提供了有益的启示。这些国家共同的成功要素包括政府在推动创新方面的积极角色、产学研合作、支持中小企业以及创新生态系统的建设。

美国在风险投资和创业生态系统方面积累了丰富的经验，通过丰富的天使投资和风险投资等科技金融推动科技创新及创新成果转化。

诞生于20世纪50年代的“硅谷”是世界上第一个高新科技园区，也是科技金融最为活跃的地区。该园区的风险投资支持了众多知名科技公司的发展，如谷歌、苹果等，造就硅谷成为诸多著名高新技术企业的集散地。

日本在产学官合作和科技园区建设方面有着卓越的实践。在科技资源的配置中，日本政府扮演着关键的协调者角色，通过连接各创新体系部门并灵活调度，确保科技资源在产业、学术和政府之间得以有序流通。例如以产业著名的东京湾区已从“世界最大工业带”发展成为知识型湾区。在可持续发展的顶层设计、确保资源流通性的区域协调政策、培育本地人才和吸引国际人才的战略等方面，东京湾区为初创企业提供了成长的土壤，并引导其根据市场的需求进行创新。

德国以其强大的产业—学术合作著称。德国采用“双元制”产学研培养模式，通过高校和企业的紧密合作，以理论知识为基础，强调应用实践，将人才培养贯穿整个教学过程。学校或科研机构与企业建立紧密联系，通过协同合作，在实践中有效确保人才高质量培养。例如巴伐利亚州慕尼黑的“生命科学网络”（BioM），为企业提供了与研究机构和医院紧密合作的平台，推动了生命科学领域的不断创新。

芬兰区域创新政策强调促进就业与经济发展中心、技术研究中心、大学、职业院校、地区企业和科技园区等不同利害关系人的组织间协作与互动，以推动科技领域的发展。创新企业在市场竞争中掌握各种可能的创新机会，不断整合各种内部与外部网络资源以提升自身的能力与竞争力，但同时也必须面对破坏式创新出现的冲击。一些知名的芬兰产学研合作园区包括科特卡（Kotka）科技园、埃斯波创新花园（Espoo Innovation Garden）等，为创新企业和研究机构提供丰富的共享资源、交流机会和支持服务，以推动科技创新和产业发展。

许多其他国家也都积极提升区域创新能力，并设立了各种创新园区以促进产业发展和科技创新。如瑞典以其注重可持续发展的创新实践而闻名，斯德哥尔摩的“可持续城市创新”项目就在城市规划中融入了环保和可持续发展的理念，推动了绿色技术和城市可持续性创新。这些国家的区域创新系统成功经验的关键在于形成了产业与学术的深度合作、中小企业的积极支持、创新生态系统的有机构建以及政府在推动创新方面的积极参与。

7.3　京津冀区域创新生态系统运行现状及存在的问题

7.3.1　京津冀区域创新生态系统运行现状

7.3.1.1　京津冀区域创新政策

2024年是京津冀协同发展战略上升为国家战略的十周年。多年来，京津冀协同创新共同体建设不断加快，协同创新逐步深化，在科技成果转化、联合技术攻关、创新平台共建共享、协同创新机制构建等方面取得了显著成效。围绕京津冀协同发展战略实施，三地政府联合出台多项政策推动区域协同创新，如表7.1所示。这些政策文件为京津冀区域协同创新提供了政策支持和方向指引，通过破除区域间的行政壁垒，增强区域创新要素流动活力；推动区域间产业协作，建立以产业链为基础的协同创新体系；搭建京津冀科技成果转化服务平台，完善科技成果转化服务体系，贯通科技成果转化链条；加强高等学校联盟建设，深化职业院校合作，完善以创新人才流动与使用为核心的创新体制机制；协同推进营商环境一体化建设，建立健全跨区域矛盾纠纷多元化解机制，加强知识产权司法保护协作。京津冀三地同步立法推进协同创新共同体建设措施，为进一步提升区域协同创新能力，提供法治保障。

表 7.1　京津冀主要区域创新政策列表

时间	政策文件	政策内容
2015 年 4 月	《京津冀协同发展规划纲要》	京津冀协同创新共同体建设拉开帷幕
2021 年 10 月	《关于共同推进京津冀基础研究的合作协议（2021—2025 年）》	针对区域创新共同面临的热点、难点问题和产业共性关键技术需求，实施基础研究合作专项，加快研究成果的对接应用，促进成果共享与转化落地
2023 年 5 月	《京津冀产业协同发展实施方案》	推动区域协同机制更加健全，产业协同发展水平显著提升，培育形成一批竞争力强的先进制造业集群和优势产业链，促进京津冀高质量发展
2023 年 8 月	《人才工作协同发展合作框架协议》	推进京津冀区域政策协调、促进交流互鉴，实现人才政策、资源和信息互通共享
2023 年 9 月	《京津冀营商环境建设 2023 年工作要点》	推进京津冀营商环境一体化发展，共同营造一流营商环境，助力京津冀协同创新共同体建设
2023 年 10 月	《京津冀教育协同发展行动计划（2023—2025 年）》	大力提升京津冀区域教育领域协同发展水平，共享教育资源
2023 年 11 月	《关于推进京津冀协同创新共同体建设的决定》	京津冀协同立法激发创新与发展活力，为进一步提升区域协同创新能力，提供了法治保障

这些政策体现了京津冀区域在协同创新方面的战略布局和具体措施，旨在通过政策引导和机制创新，注重建立完善的科技创新生态系统，使各级政府、产业界、学术界和金融机构等各方参与协作，共同形成一个相互依存、互补发展的创新生态系统。京津冀区域创新生态系统注重发挥北京对于协同创新的核心作用，特别强调雄安新区在协同创新共同体建设中的重要作用。仅 2021 年，北京与津冀地区签订了 5434 项技术合同，成交额达 350.4 亿元；中关村企业在津冀地区设立了 9032 家分支机构；三地在京津冀基础研究合作专项上的累计投入约为 5000 万元，资助项目超过 100 项。通过布局国家级创新平台，支持产业协同

创新大平台、企业类研发机构、产业技术创新联盟等产业创新机构的发展，吸引优质创新要素汇聚，提升区域整体创新能力。同时强化区域协同创新和产业协作，推动京津冀产业转型升级，注重建设形成以企业为核心、市场为动力的区域产业协同创新体系。顺应新一轮科技和产业革命趋势的必然要求，京津冀区域以北京非首都功能疏解和国际科技创新中心建设为抓手，三地政府不断深化政策链、产业链和创新链的融合，加速了京津冀协同创新共同体的建设，有力地推动了京津冀高技术产业一体化发展。十年来，北京流向天津、河北技术合同的总成交额由 2013 年的 71.2 亿元增长至 2023 年的 748.7 亿元，年均增长率 26.5%。其中，北京输出天津、河北技术合同成交额从 2014 年的 38.8 亿元和 32.4 亿元分别上升到现在的 82.1 亿元和 274.8 亿元。“京津研发、河北转化”协同创新发展模式已经初步形成。[①] 京津冀区域正协力打造我国自主创新的重要源头和原始创新的主要策源地，引领全国高质量发展的动力源。

7.3.1.2 京津冀区域创新科技园区

区域协同创新是创新资源和要素实现有效汇聚的过程，科技园区的跨区域配置是区域创新生态系统运行的主要载体。科技园区区域共建是突破创新主体间的各种壁垒，充分释放人才、资本、信息、技术等创新要素活力并实现深度合作的主要模式，也是更好协调创新主体利益关系、提高协同创新成效的主要路径。随着产业链、创新链、供应链的协同融合，以科技合作园区为载体，“共建共管”的模式已成为京津冀区域创新生态系统重要的运行机制。

北京中关村科技园区是中国高新技术产业的重要聚集区，是促进京

① 新华网．京津冀科技创新服务平台地图上线[EB/OL].(2024-04-29)[2025-03-28]. https://baijiahao.baidu.com/s?id=1797626943405833711&wfr=spider&for=pc.

津冀协同创新持续深化的重要动力。作为京津冀产业转移和科技创新成果的重点承接平台和中关村共建园区，天津滨海—中关村科技园、中关村科技园区丰台园保定满城分园、雄安新区中关村科技园等园区的建立，进一步促进了三地之间的产业活动和创新活跃度，为京津冀区域创新和产业升级提供了有力支撑。

天津滨海—中关村科技园在京津两市的大力支持下，逐步实现双方共建、共管、共运营。该园区重点为北京来津的高成长性科技型企业赋能，着力打造“科技＋金融＋转化＋服务业”的创新高地，发展“类中关村”创新创业生态。截至2023年底，天津滨海—中关村科技园累计注册企业近5000家，累计为1009家北京来津企业提供科技创新服务。2024年初刚启用的天津滨海—中关村协同创新服务中心，依托京津冀三地优势科创服务资源，促进中关村科技服务标准、品牌等在京津冀三地延伸，努力打造“京津冀协同创新共同体”中关村科创集成服务品牌。

中关村科技园区丰台园保定满城分园作为北京中关村在京外设立的首个创新中心，持续构建“类中关村”创新生态系统。截至2023年底，园区已基本形成新一代信息技术、生物医药、新能源及智能电网三大产业微集群，培育国家级高新技术企业85家、科技型中小企业300余家、专精特新企业11家、规上企业19家，为京津冀区域协同创新提供了经验样本。

雄安新区中关村科技园自2023年8月开园运营以来，已对接国内外科技创新企业累计超过5500家，聚集113家科创企业和近500位高层次人才。园区建立“科创服务全覆盖”，包括企业投融资、政策申报、金融服务、科技创新、知识产权等多个领域的一站式集成服务中心，为京津冀地区的协同发展和科技创新提供有力支撑。

目前，北京正在推进国际科技创新中心建设，希冀聚集世界范围内的一流创新要素，提升原始创新能力，建设引领科技创新和产业变革的世界创新策源地。天津更加注重新兴产业技术创新能力的提升，充分发挥先进制造技术的创新优势，构建产业技术创新联盟。河北旨在通过承接北京科技创新成果的产业转化，参与战略性新兴产业分工协作。科技园区合作网络推动京津冀区域创新生态系统不断满足京津冀各方科技创新的重大需求，进一步拓展了协同创新的深度、广度。京津冀国家高新区联盟于2024年4月发布的首份区域创新地图“京津冀科技创新服务平台地图”显示，京津冀范围内五大类创新资源平台共享水平不断提高，已建成61个成果转化平台、86个创业孵化平台、66个产业创新平台、54个科技服务平台、70个产业空间载体，总计337个。此外，北京大学首都发展研究院发布的《京津冀协同创新指数2023》显示，2013—2022年京津冀协同创新指数从100增长到297.6，年均增速为12.9%，京冀、津冀间创新指数的相对差距在逐渐缩小①。

7.3.2 京津冀区域创新生态系统存在的问题

产业和市场需求以及未来市场需求对科技创新供给的影响重视不够，研发机构技术创新成果转化和产业化水平较低，区域创新资源和要素配置不均衡，以及企业创新主体作用发挥受限等问题，在一定程度上制约着区域创新能力的提升，表明以市场为导向的京津冀区域创新生态系统还存在很大提升空间。

7.3.2.1 科技创新能力空间分布不均衡

由于历史原因和地理位置的差异，北京在经济发展、科技创新和人

① 北京日报．北京大学首都发展研究院发布最新研究成果：京津冀协同创新指数年均增速12.9%[EB/OL].(2024-01-14)[2025-03-28]. https://www.ncsti.gov.cn/kjdt/xwjj/202401/t20240114_147091.html.

才聚集等方面处于领先地位，而河北、天津等地的发展相对滞后。如图 7.1 所示，2004—2022 年京津冀三地人均 GDP 的绝对差距呈不断扩大的趋势。京津冀地区尽管在科技教育资源密集度和 R&D 经费投入强度方面全国领先，但优质创新要素资源主要集中在北京，这导致京津冀区域在科技创新能力方面仍存在发展不均衡的问题。

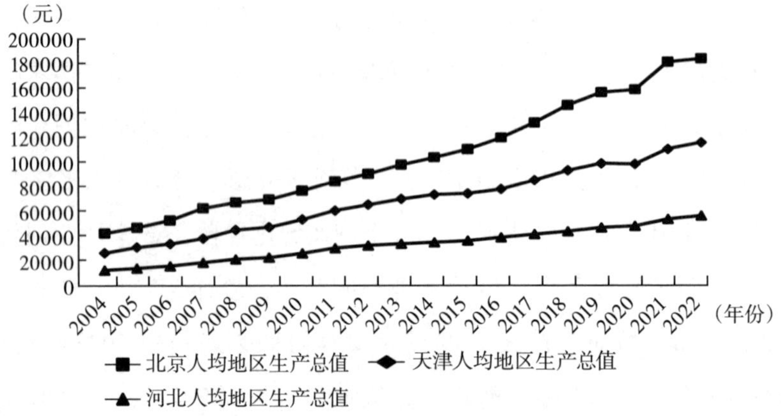

图 7.1　京津冀 2004—2022 年人均 GDP

北京是我国科技基础最为雄厚、创新资源最为集聚的地区，在教育、科技、人才方面具有独特优势。北京国际科技创新中心建设成就显著，北京科技创新呈现高集聚、高强度、高产出的特点。2023 年北京基础研究经费占 GDP 比重 16% 左右，接近创新先进国家水平。北京新认定国家高新技术企业 1.08 万家，累计认定在有效期内的国家高新技术企业 2.83 万家。截至 2023 年底，北京共认定市级专精特新企业 7180 家，其中国家级专精特新“小巨人”企业 795 家、独角兽企业 114 家。从发明专利数量来看，2023 年北京拥有有效发明专利 57.4 万件，其中发明专利授权量 10.8 万件。2023 年北京申请人通过《专利合作条约》途径提交的国际专利申请量达 11438 件，每万人高价值发明专利拥有量

136.95 件①。相对而言，河北和天津的基础研发环节对区域创新产出的促进效果相对有限，科技创新活力尚待进一步有效激活。

7.3.2.2 创新链与产业链对接不够紧密

区域创新链与产业链对接程度不够紧密。京津冀区域在创新链与产业链对接方面存在一些挑战，限制了市场导向下创新成果的产业化和经济效益的实现。首先，北京的创新资源对津冀的辐射不足，导致成果在京津冀本地转化有限，这主要是因为创新链的延伸缺乏区域产业链的支撑。北京的产业优势在5G、AI、工业物联网、边缘计算等新技术领域，而天津市和河北省的产业优势集中在先进制造业和传统工业领域。这种产业优势的差异导致创新链与产业链对接不够紧密。其次，区域创新平台合作点多但面散，尚未形成有竞争力的创新集群。京津冀区域内部在创新投入、创新产出、创新环境等方面差距较大，这表明区域创新整体上还缺乏有效的整合和协同，影响了创新链与产业链的有效对接。最后，三地在产业链的上下游协同上缺乏顶层设计，北京的产业疏解与津冀的承接需求匹配度不高，存在错位，无法有效带动技术的转移和扩散。这表明在区域协同创新和产业协作方面，京津冀还有较大的提升空间。

7.3.2.3 企业创新主体作用发挥不充分

京津冀区域创新中企业创新活跃度得到明显提升，科技企业培育速度也明显加快。2023年1—11月，全市大中型重点企业中，79.6%的企业开展了研发活动，比上年同期提高1.3个百分点，共投入研发费用3501.1亿元，同比增长4.6%。汽车制造、计算机、通信和其他电子设

① 北京国际科技创新中心．数说2023北京国际科技创新中心建设稳步推进［EB/OL］．搜狐网．(2024-01-21)［2025-03-28］．https://www.sohu.com/a/753395937_121106842.

备制造、智能网联汽车等领域的企业研发费用保持较快增长。截至2023年末，北京培育和认定的专精特新企业7180家，拥有国家级专精特新“小巨人”企业795家，北京拥有独角兽企业114家，较2022年末增加12家。但是企业创新主体地位还不够突出，企业创新能力还不够强，尤其是进入新的发展阶段面对新的国内国际发展形势，部分企业技术创新意愿并不高，大企业牵头构建创新联盟、参与技术标准制定的比例较低，科技创新成果在三地的转化率增长缓慢。根据国务院发展研究中心的数据，北京的科技成果主要流向长三角和珠三角地区，2021年北京输入津冀技术合同成交额在北京输入省外的比例虽然较2014年提高了3.2个百分点，但仍不足10%①。这表明京津冀区域内的企业在承接和转化科技成果方面的能力有待提升，企业在创新决策和创新过程中的参与度不足，导致创新活动与市场需求匹配性不高，创新成果吸纳和转化能力不强。企业在技术创新中发挥的作用还有待进一步提升。

7.3.2.4 科技成果转化和产业化相对薄弱

尽管京津冀区域拥有一流的科研机构，但科研成果的应用和转化仍然相对滞后，科研与产业之间的衔接亟须加强。首先，创新供给与产业需求存在错位。北京的创新成果供给与河北的产业需求之间存在错位，导致河北需要的产业科技北京储备不足。这种创新能力的差距，使得京津冀在科技成果转化和产业化方面难以形成有效的协同效应。北京的发明专利授权量远高于天津和河北，在一定程度上拉大了产业梯度和产业发展间落差。其次，创新成果转化缺乏相匹配的专业化服务。京津冀区域内技术转移服务机构发育不足，无法满足创新成果落地转化的需

---

① 李伟．京津冀协同发展十年的成效及未来[EB/OL]．中国经济时报．(2024-02-28)[2025-03-29]．https://www.drc.gov.cn/DocView.aspx?chnid=379&leafid=1338&docid=2907577.

要。区域内的科技中介服务机构和知识产权保护机构主要集聚在创新资源供给方（北京），较少布局在创新资源需求方（天津和河北），制约了创新成果转化和技术落地。一些企业对于科研成果的应用和创新意识不足，对新技术、新产品的接受和投入持谨慎态度，致使科研成果难以在企业中得到广泛应用。同时，一些科研机构研究方向与实际产业需求脱节，缺乏与企业的深度合作，导致科研成果与产业需求之间的匹配不足，成果难以有效转化为实际生产力，进而影响区域发展的整体均衡。

7.4 京津冀区域创新生态系统耦合协调状态测度与评价

构建耦合协调的创新生态系统是促进京津冀区域经济发展和实现协同创新可持续的关键。评估该区域创新生态系统的耦合协调状态，有助于了解系统运行是否处于高效状态，以及各子系统之间的有序度和系统间的耦合能力，揭示制约区域创新生态系统高质量运行的问题所在。为测定京津冀区域创新生态系统的协调耦合状态，本章选取创新投入、创新环境及创新产出三个一级指标，选取企业 R&D 经费支出、财政科技投入、高技术企业个数等 13 个二级指标，如表 7.2 所示。

表 7.2　京津冀区域协同创新评估指标体系

一级指标	二级指标	单位
创新投入	R&D 经费支出	万元
	R&D 人员数	人
	财政科技投入	万元
创新环境	普通高等学校毕业生数	人
	高新技术企业个数	个
	互联网宽带接入用户数	万户
	人均 GDP	元
	外商直接投资合同项目数	个

续表

一级指标	二级指标	单位
创新产出	发明专利授权量	项
	发表科技论文	篇
	国内专利申请授权量	项
	技术市场成交额	亿元
	规模以上工业企业新产品销售收入	万元

资料来源：国家统计局、《中国科技统计年鉴》（2004—2022）、各省份统计年鉴。

为探讨京津冀区域创新生态系统的耦合协调关系，借鉴物理学相关研究构建如下耦合度和耦合协调度公式：

$$C = 3\left[\frac{u_1 u_2 u_3}{(u_1 + u_2 + u_3)^3}\right]^{\frac{1}{3}} \tag{7.1}$$

$$T = a u_1 + b u_2 + c u_3 \tag{7.2}$$

$$D = \sqrt{C \times T} \tag{7.3}$$

其中，C 是区域创新生态系统耦合度。U_1、U_2 和 U_3 分别代表京津冀区域创新投入、创新环境和创新产出三个子系统的总和评级指标值；C 为创新生态系统的耦合度，在区间[0,1] 内取值，取值为 1 时表示系统间耦合良好，相互影响、相互作用紧密。由于子系统水平同时较低的情形下也会产生较高的耦合度，因此引入 T 代表协调度，a、b 和 c 分别表示区域创新子系统权重。借鉴相关研究，本书认为创新环境承担着更为重要的作用，因此权重 a、b、c 分别赋值为 0.3、0.4 和 0.3。D 为耦合协调度的取值范围在区间［0，1］，值越大说明系统间的协调互动程度越高，反之则说明协调互动程度低。借鉴相关研究，建立耦合度及耦合协调度如表 7.3 所示的等级划分标准。

表 7.3 耦合度及耦合协调度等级划分标准

耦合度	耦合强度	耦合协调度	耦合协调水平
$0 \leqslant C \leqslant 0.2$	极低耦合	$0 \leqslant D \leqslant 0.2$	严重失调衰退
$0.2 \leqslant C \leqslant 0.4$	轻度耦合	$0.2 \leqslant D \leqslant 0.4$	中轻度失调衰退
$0.4 \leqslant C \leqslant 0.6$	中度耦合	$0.4 \leqslant D \leqslant 0.5$	濒临失调衰退
		$0.5 \leqslant D \leqslant 0.6$	勉强协调发展
$0.6 \leqslant C \leqslant 0.8$	良好耦合	$0.6 \leqslant D \leqslant 0.8$	良性协调发展
$0.8 \leqslant C \leqslant 1$	高度耦合	$0.8 \leqslant D \leqslant 1$	优质协调发展

采用熵权 TOPSIS 法对京津冀的区域创新生态系统进行综合评价，得出的具体评价结果及排序如表 7.4 所示。2004—2022 年京津冀区域创新生态系统的耦合度呈现不断攀升的趋势，但是整体水平仍处于轻度耦合状态，表明区域创新投入、创新环境和创新产出三个子系统之间具有较低的相互制约和相互影响作用，创新投入产出的联系紧密度不高。其中，北京市和河北省 2022 年耦合度达到 0.42，处于中度耦合状态。北京市具有较优的创新环境和坚实的基础，区域创新生态系统耦合度平均为 0.31，优于天津市和河北省创新生态系统的耦合度。这表明在京津冀区域创新生态系统中，北京一枝独秀，区际之间创新系统的关联程度较低，天津市内部区域创新环境、创新投入与创新产出的相互联系、相互作用的水平不高。

表 7.4 2004—2022 年京津冀区域创新生态系统耦合度

年份	北京	天津	河北	京津冀
2004	0.15	0.02	0.02	0.06
2005	0.18	0.10	0.05	0.11
2006	0.20	0.13	0.07	0.13
2007	0.23	0.15	0.08	0.15
2008	0.25	0.17	0.10	0.17
2009	0.26	0.18	0.11	0.18
2010	0.28	0.20	0.14	0.21

续表

年份	北京	天津	河北	京津冀
2011	0. 29	0. 21	0. 17	0. 22
2012	0. 30	0. 22	0. 19	0. 24
2013	0. 31	0. 24	0. 21	0. 25
2014	0. 33	0. 24	0. 23	0. 27
2015	0. 34	0. 26	0. 25	0. 28
2016	0. 34	0. 27	0. 26	0. 29
2017	0. 36	0. 26	0. 28	0. 30
2018	0. 38	0. 27	0. 31	0. 32
2019	0. 39	0. 27	0. 33	0. 33
2020	0. 39	0. 28	0. 37	0. 35
2021	0. 41	0. 30	0. 41	0. 37
2022	0. 42	0. 30	0. 42	0. 38
均值	0. 31	0. 21	0. 21	0. 24

如表 7. 5 和图 7. 2 所示，2004—2022 年北京市区域创新生态系统耦合协调度水平同样呈现出不断上升的态势。2022 年京津冀区域创新生态系统的耦合协调度达到 0. 51，处于勉强协调发展水平。北京市内部创新生态系统的耦合协调情况整体最优，持续高于区域平均水平，到 2022 年已达到 0. 64，处于良性协调发展状态；而天津市内部创新生态系统的耦合协调度水平最低，河北省居中。北京市与河北省的创新生态系统耦合协调差距逐年缩小，而天津创新生态系统的耦合协调度自 2016 年达到最高值 0. 28 之后始终在低位徘徊。这表明未来京津冀区域以及各省（区、市）内部的创新生态子系统之间的互相协作、协同创新的水平仍有较大的提升空间。

表 7. 5　2004—2022 年京津冀区域创新生态系统耦合协调度

年份	北京	天津	河北	京津冀
2004	0. 14	0. 05	0. 07	0. 09

续表

年份	北京	天津	河北	京津冀
2005	0. 17	0. 07	0. 09	0. 11
2006	0. 18	0. 08	0. 11	0. 12
2007	0. 20	0. 10	0. 13	0. 14
2008	0. 22	0. 12	0. 15	0. 16
2009	0. 22	0. 14	0. 17	0. 18
2010	0. 26	0. 17	0. 18	0. 20
2011	0. 27	0. 16	0. 21	0. 21
2012	0. 29	0. 20	0. 25	0. 25
2013	0. 32	0. 23	0. 28	0. 27
2014	0. 35	0. 25	0. 30	0. 30
2015	0. 37	0. 28	0. 32	0. 32
2016	0. 38	0. 28	0. 34	0. 33
2017	0. 43	0. 23	0. 35	0. 34
2018	0. 47	0. 24	0. 37	0. 36
2019	0. 50	0. 23	0. 41	0. 38
2020	0. 53	0. 24	0. 47	0. 41
2021	0. 60	0. 27	0. 54	0. 47
2022	0. 64	0. 27	0. 61	0. 51
均值	0. 34	0. 19	0. 28	0. 27

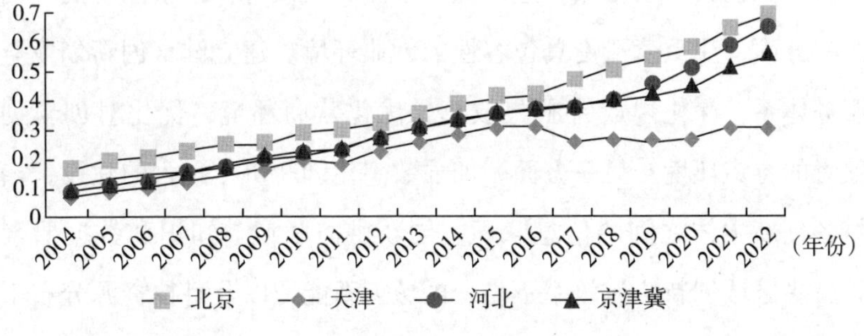

图 7. 2　2004—2022 年京津冀区域创新生态系统耦合协调度趋势

7.5 完善京津冀区域创新生态系统的主要策略

京津冀协同创新当前正处于差异互利共生向均衡互利共生演化的阶段，面对新时代的机遇挑战，需要进一步巩固京津冀区域协同创新基础，加快建设更加开放的区域创新生态系统。为此，京津冀区域需要积极营造开放协同的区域创新环境，不断健全知识产权创造、运用、保护和服务制度，吸引全球创新资源聚集，以新兴战略产业和未来产业的市场需求为指引，不断化解制约京津冀区域创新生态系统高质量运行的掣肘，提升京津冀区域创新生态各子系统的协调耦合度，持续推动京津冀区域协同创新的提质升级。

7.5.1 促进科技创新能力区域均衡发展

由于京津冀地区在创新资源分配上存在不平衡和创新能力的差异，各地方政府需要加大对创新活动的支持力度，创造一个更加有利于创新的环境。目前科技部主导下的京津冀协同创新“1+3”联动工作机制和以中关村创新园区为龙头的园区链建设，为区域科技创新资源的整合、共享和优化配置奠定了一定的基础。未来还需进一步推动区域创新环境协同和创新活动协作，进而优化京津冀区域科技创新能力的均衡配置。一方面，注重营造更具包容性的创业环境。建立健全创新创业全方位服务体系，深化“放管服”改革，优化营商环境，优化对创新创业失败者的容错环境。另一方面，加强数字化创新协作平台的建设，增强区域各创新主体之间的信息联通、创新供需联通、知识和数据要素联通，解决区域创新协作效率不高、区域创新能力以及科技资源分布不均衡的问题。在欧洲区域创新系统研究区的建设过程中，为了促进创新主体的跨地区、跨部门合作，欧盟规定由政府资助的创新项目的申请者必须来自两个或更多的不同地区和不同部门。欧盟科研资金会优先考虑资助那些跨越不同地区和部门的合作项目。可借鉴欧盟区域协同创新的具体做法，建立跨区域、跨行业和跨部门的协同攻关机制，强化北京创新优势的空间溢出效应，加大区域协同科技创新投入，特别是加大天津市和河北省的创新投入，进一步提升天津市和河北省的创新能力，缩小京津冀三地间创新发展水平的差距。

7.5.2　推动区域创新链与产业链深度融合

京津冀协同创新需要实现区域创新链与产业链的深度融合，促进区域创新供给和需求的精准匹配，提升区域创新与产业创新的协同效率。首先，促进以产业协同为基础的创新供需对接机制。为深度融入新发展格局，京津冀联合出台了《京津冀产业转移指南》，旨在明确区域布局产业系统规划以及京津冀不同省市的产业发展定位。这为京津冀形成由协同发展纲要、产业转移与承接清单、实施细则以及实施举措构成的协同创新政策矩阵奠定了坚实的制度基础，也为整合和实现知识、技术、资金以及人才等创新要素的区域优化配置提供了政策依据。其次，丰富区域协同创新平台载体的建设。建立重大项目协同攻关平台支持创新主体的跨区域联合研发；推进产学研平台建设为产业创新提供有力支撑；建立产业链协同培育平台，不断优化区域产业链协同布局的整体支持体系；完善区域产业链和创新链融合发展的投融资服务平台，汇聚正式和非正式金融科技资源，为京津冀跨区域培育先进产业链和产业集群提供全周期、全方位的科创服务。最后，加大区域数字新基建投资力度，数字化赋能区域创新生态系统。依托信息技术和人工智能迅速发展的契机，数字化赋能跨区域产业链、跨区域创新平台以及跨区域产学研协作平台等，实现跨区域创新生态系统的数字化转型升级。

7.5.3 充分发挥企业区域创新主体的作用

企业是科技创新供求关系的主体，也是推动科技创新能力区域发展均衡的主要动力。确立和充分发挥企业区域创新的主体地位和作用，有助于克服创新动力不足和创新成果转化效率偏低的问题，促进我国实现高水平科技自立自强。首先，建立企业主导的产学研创新协作联盟，充分发挥国企在国家科技创新决策中的主体作用。目前京津冀已有的协同创新联盟多以北京的科研机构为核心成立，未来应调动国企和大型民企在科技攻关、区域协同创新中的核心引领作用。增加重点产业和龙头企业的基础研究投入强度，培育壮大领军创新企业，重视企业家精神，营造企业创新人才良好发展环境，促进创新人才向企业集聚。支持科技领军企业牵头组建创新联合体，营造科技型中小微企业成长的良好环境。其次，重视与国内外高水平创新型企业的交流合作。加大政策支持力度，鼓励京津冀与国内外企业间开展技术合作和研发活动。创新的成功在于“知识三角”的有效协同合作。为了实现这种协同，欧盟于2008年成立了欧洲创新与技术研究院（EIT），旨在整合欧盟各国的高等教育机构、创新企业和科研机构，推动公私合作，培养具备创新和创业能力的人才，促进从创意到产品、从研究到市场、从学生到企业家的紧密联系。欧洲创新与技术研究院设有多个“知识与创新共同体”，由来自大学、研究机构以及企业界的优秀团队和利益相关者组成，每个共同体必须包括至少三个不同成员国的伙伴机构，其中至少包含一个高等教育机构、一个研究机构和一家私营企业。该机构的建立推动了创新主体之间跨国、跨部门合作的有益探索。支持企业与高校、科研院所组建联合攻关联盟，探索建立企业项目上升为国家项目的新机制，有助于促进产业链、创新链以及创新要素流动链条的深度融合。

7.5.4 健全科技成果区域培育和转化体系

针对北京科技创新成果更多流向长三角地区，京津冀区域“就近转化”效果并不显著的问题，需要健全京津冀区域科技成果培育和转化体系予以破解。首先，强化京津冀中心城市与腹地城市之间的创新供求精准对接机制。结合自身比较优势，依据京津冀产业链图谱重点培育各省区优势新兴产业，形成跨区域产业链和产业集群。促进跨区域系统创新平台效应的发挥，提升科技创新和产业创新的深度融合，畅通科技研发成果的区域转化通道。其次，共建科技成果转化服务平台。进一步推动京津冀地区联合共建的跨区域概念验证、中试熟化等科技成果转化服务平台的建设，为科技成果在区域内加速转化提供研发设计、检验检测认证等专业服务。健全区域科技成果评价体系，提升科技成果在京津冀区域内的转化效率和比重。最后，加大科技成果转化职业经纪人的培养力度。通过产学研共同育人，培养科技成果转化职业经纪人，大力发展京津冀技术转移转化服务机构，为科技创新成果转化提供全生命周期管理服务，尤其实现科创成果的市场对接和转化落地。

区域创新生态系统是不同参与者基于共同价值主张进行地理空间或者虚拟空间集聚，从而实现创新过程的协同和创新生态系统的动态演进。数字经济背景下，实现区域创新生态系统的数字化转型升级是顺应技术进步和产业革命的必然趋势。利用数字技术赋能科技创新主体以及创新平台运行的契机，构建基于战略性新兴产业和未来产业发展需求的市场导向型创新系统，有助于充分发挥京津冀创新资源的差异化禀赋以实现高质量的区域协同创新。

参考文献

[1] 熊彼特. 经济发展理论[M]. 何畏,等译. 北京:商务印书馆,1990.

[2] 柳卸林. 技术创新经济学[M]. 北京:清华大学出版社,1993.

[3] 傅家骥. 技术创新经济学[M]. 北京:清华大学出版社,1998.

[4] POLANYI, M. Personal knowledge[M]. London:Routledge,1958.

[5] 熊彼特. 资本主义、社会主义和民主[M]. 吴良健,译. 北京:商务印书馆,1999.

[6] 布鲁兰德,莫利. 创新的演变[A]// 法格博格,莫利,纳尔逊. 牛津创新手册[M]. 柳卸林,郑刚,蔺雷,李纪珍,译. 北京:知识产权出版社,2009.

[7] 弗里曼,苏特. 工业创新经济学[M]. 华宏勋,华宏慈,等译. 北京:北京大学出版社,2004.

[8] ROSENBERG N,BIRDZELL L E. How the West grew rich[M]. New York: Basic Books,1986.

[9] ROTHWELL R. Ssuccessful industrial innovation: critical factors for the 1990s[J]. R&D management, 1992,22(3):221 - 239.

[10] KLINE S J,ROSENBERG N. An overview of innovation[A]// LANDAU R, ROSENBERG N. The positive sum strategy: harnessing technology for economic growth[M]. Washington, D. C.: National Academy Press, 1986:

275 - 304.

[11] FREEMAN C. Technology policy and economic performance: lessons from Japan[M]. London:Pinter, 1987.

[12] EDQUIST C. Systems of innovation: technologies, institutions and Organizations[M]. London:Pinter,1997.

[13] 埃德奎斯特. 创新系统:观点与挑战[A]//法格博格,莫利,纳尔逊. 牛津创新手册[M]. 柳卸林,郑刚,蔺雷,李纪珍,译,北京:知识产权出版社,2009.

[14] LUNDVALL B A. National systems of innovation: towards a theory of innovation and interactive learning[M]. London:Pinter,1992.

[15] SOETE LUC, BART V,et al. Systems of innovation[A]//BRONWYN H H, NATHAN R. Handbook of the economics of innovation(Volume2)[M]. North Holland: Amsterdam, 2010,1159 - 1180.

[16] CANTWELL J. The globalization of technology: what remins of the Product Cycle Model[J]. Cambridge journal of economics, 1995(19):155 - 174.

[17] 纳如拉. 全球化与技术:相互依赖、创新系统与产业政策[M]. 冷民,何希志,译. 北京:知识产权出版社,2010.

[18] 王俊. 政府R&D资助与企业R&D的投入产出效率比较[J]. 数量经济技术经济研究,2011(6):93 - 106,146.

[19] 张杰,周晓艳,李勇. 要素市场扭曲抑制了中国企业R&D? [J]. 经济研究, 2011(8):78 - 91.

[20] METCALFE S. Systems failure and the case of innovation policy[A]//LLENERA P, MATT M, AVADIKYA M. Innovation policy in a knowledge - based economy: theory and practice[M]. Berlin: Springer - Verlag, 2005: 47 - 74.

[21] 李洁. 美国国家创新体系:政策、管理与政府功能创新[J]. 世界

经济与政治论坛,2006(6):55-60.

[22] 杨振,申恩威. 美国支持中小企业创新对我国创新的启示[J]. 现代管理科学,2016,285(12):70-72.

[23] 黄传慧,郑彦宁,吴春玉. 美国科技成果转化机制研究[J]. 湖南社会科学,2011(10):81-84.

[24] 高京,王德成,李海斌,等. 科技成果转化为技术标准发展现状与典型路径[J]. 科技管理研究,2020,40(8):185-190.

[25] 苏英,吴灼亮,曲婉. 美国创新政策发展趋势及其启示[C]. 中国科学学与科技政策研究会,首届中国科技政策与管理学术研讨论文集. 北京:中国科学技术出版社,2005.

[26] 陈娟. 美国创新体制的经验与借鉴[J]. 生产力研究,2013(8):126-129,136.

[27] 李哲,杨晶,朱丽楠. 美国国家创新体系的演化历程、特点及启示[J]. 全球科技经济瞭望,2020,35(12):7-11.

[28] 王春法. 技术创新政策:理论基础与工具选择:美国和日本的比较研究[M]. 北京:经济科学出版社,1998.

[29] 储德银. 鼓励自主创新的财税政策研究[J]. 技术经济,2006,25(5):81-84,91.

[30] 秦小莉. 美国大学科技成果转化机制研究[D]. 武汉:武汉理工大学,2005.

[31] 朱鹏举,郭铭鹤. 美国大学科研成果转化中的中介参与及其界面管理[J]. 中国高校科技,2021,395(7):87-92.

[32] CONNELL. Using government procurement to help grow new science and technology companies: lessons from the US Small Business Innovation Research (SBIR) Programme[J]. Innovation, 2009, 11(1): 127-134.

[33] SEOKBEOM, KAZUYUKI M. How institutional arrangements in the na-

tional innovation system affect industrial competitiveness: A study of japan and the U. S. with multiagent simulation[J]. Technological forecasting & social change, 2016(115): 221 -235.

[34] SUPYAN V. R&D in the USA: funding, structure and results [J]. Journal of the new economic association, new economic association, 2019,41(1): 201 -207.

[35] FASI M A. An overview on patenting trends and technology commercialization practices in the university technology transfer offices in USA and China [J]. World patent information, 2022:68.

[36] TONG X, FRAME J D. Measuring national technological performance with patent claims data [J]. Research policy,1992(23):133 -141.

[37] 杨国华．中美知识产权问题概观[M]．北京:知识产权出版社，2008:26.

[38] 黄宇蓝．中美知识产权保护三十年[M]．南宁:广西人民出版社，2013:31.

[39] 王罗汉．瑞士创新体系的特点与思考[J]．全球科技经济瞭望，2020,35(9):44 -50.

[40] 郭曼．瑞士创新生态系统的核心特征及对我国创新体系建设的启示[J]．全球科技经济瞭望,2019,34(8):28 -33.

[41] 耿燕,张郁,张业倩．全球创新指数视角下的瑞士创新能力研究[J]．科技与创新,2019,130(10):15 -16,19.

[42] 周艳,赵黎明．典型国家的创新体系比较研究[J]．天津大学学报(社会科学版),2020,22(6):497 -503.

[43] 骆毅．瑞士职业教育政策分析及其启示[J]．青岛职业技术学院学报,2019,32(5):64 -69.

[44] RUPIETTA CHRISTIAN MEUER J, BACKES G U. How do apprentices

moderate the influence of organizational innovation on the technological innovation process? [J]. Empirical research in vocational education and training, 2021, 13 (1):1 –25.

[45] Tschanz Raphaël Switzerland Innovation, Monbijoustrasse 15, CH –3011 Bern, Switzerland et al. "No Innovation Without Cooperation"—how switzerland innovation promotes cooperation between industry, research and startups[J]. Chimia, 2020, 74(10) : 755 –757.

[46] Krienbuehl Lukas Co – Head of Communications, Innosuisse – the Swiss Innovation Agency, Einsteinstrasse, 2, CH –3003 Bern, Switzerland. How innosuisse is supporting entrepreneurs to launch and grow their startup business [J]. Chimia, 2020, 74(10) : 758 –760.

[47] SPYROS A, FLORIAN SELIGER, M W. Knowledge spillovers, competition and innovation success[J]. Oxford bulletin of economics and statistics, 2020, 82(5) : 1017 –1041.

[48] ARVANITIS S, DONZÉ L, SYDOW N. Impact of Swiss technology policy on firm innovation performance: an evaluation based on a matching approach[J]. Science and public policy, 2010, 37(1) : 63 –78.

[49] LAUBER F S. Innovate with the CTI national thematic networks[J]. Chimia, 2014, 68(12) : 879 –881.

[50] WATANABE C, HONDA Y. Inducing power of japanese technological innovation—mechanism of Japan's industrial science and technology policy [J]. Japan and the world economy, 1992, 3(4): 361 –390.

[51] KITAGAWA F. Regionalization of innovation policies: the case of Japan[J]. European planning studies, 2005, 13(4): 601 –618.

[52] KONDO M. Regional innovation policy and venturing clusters in Japan [J]. Asian journal of technology innovation, 2006, 14(2): 167 –181.

[53] KITAGAWA F. The regionalization of science and innovation governance in Japan? [J]. Regional studies, 2007, 41(8): 1099 – 1114.

[54] OTA M, HAZAMA Y, SAMSON D. Japanese innovation processes [J]. International journal of operations & production management, 2013,33(3): 275 – 295.

[55] PARK T, KIM J. An exploratory study on innovation policy in Eight Asian Countries[J]. Journal of science and technology policy management, 2022, 13(2): 273 – 303.

[56] 樊增强. 日本、欧盟中小企业技术创新支持政策的比较分析及其对我国的启示与借鉴[J]. 现代日本经济,2005(1):41 – 45.

[57] 吴富伟. 日本、韩国关于中小企业技术创新的政策比较及对我国的借鉴[J]. 商场现代化,2005(29):122.

[58] 刘彦. 日本以企业为创新主体的产学研制度研究[J]. 科学学与科学技术管理,2007,305(2):36 – 42.

[59] 陈劲,张学文. 日本型产学官合作创新研究:历史、模式、战略与制度的多元化视角[J]. 科学学研究, 2008(4):880 – 886,792.

[60] 余翔,周莹. 日本创新政策演变的系统特性及其启示[J]. 科技管理研究,2009,29(8):66 – 68,72.

[61] 霍宇同,徐治立,田德录. 新世纪日本创新政策演进趋势及其对中国的启示[J]. 科学管理研究,2014,32(4):108 – 112.

[62] 董楠楠,钟昌标. 美国和日本支持国内企业创新政策的比较与启示[J]. 经济社会体制比较,2015,179(3):198 – 207.

[63] 平力群. 日本科技创新政策形成机制的制度安排[J]. 日本学刊, 2016(5):106 – 127.

[64] 白景美,宋春艳,王树恩. 试析战后日本技术创新政策演变的特点及启示[J]. 科学管理研究, 2007,157(2): 117 – 120.

［65］邱丹逸，袁永．日本科技创新战略与政策分析及其对我国的启示［J］．科技管理研究，2018，38（12）：59－66.

［66］刘兰剑，应海涛，张田．战后日本科技创新能力演变及其构建机制研究［J］．科学学与科学技术管理，2018，39（3）：16－33.

［67］刘大炜，冷民．21 世纪初日本开放式创新政策演变［J］．中国科技论坛，2022，319（11）：174－181.

［68］赖肖尔．日本人［M］．上海：上海译文出版社，1980：32－33.

［69］本尼迪克特．菊与刀［M］．晏榕，译．北京：光明日报出版社，2010.

［70］柏林科学技术研究院．文化 VS 技术创新：德美日创新经济的文化比较与策略建议［M］．吴金希，张小方，朱晓萌，刘倬，译．北京：知识产权出版社，2006：76.

［71］LEMOLA T. Characteristics of technology policy in Finland［C］//Synnve Vuori，Vuorinen P. Explaining technical change in a small country：the finnish national innovation system. Physica－Verlag HD，1994：184－200.

［72］GEORGHIOU L，SMITH K，TOIVANEN O，et al. Evaluation of the finnish innovation support system［J］. Publications，2003（5）：2003.

［73］SUORSA K. Regionality，innovation policy and peripheral regions in Finland，Sweden and Norway［J］. Fennia－international journal of geography，2007，185（1）：15－29.

［74］SOTARAUTA M. Policy learning and the "Cluster－flavoured Innovation Policy" in Finland［J］. Environment and planning C：government and policy，2012，30（5）：780－795.

［75］ARO J，HEISKALA R. The finnish innovation system and innovation policy［J］. 2015.

［76］TAKALO T，TOIVANEN O. Economics of finnish innovation policy

[J]. Report for the Finland's Economic Policy Council, 2018:1 - 67.

[77] LAASONEN V, KOLEHMAINEN J, SOTARAUTA M. The complexity of contemporary innovation policy and Its governance in Finland[J]. Innovation: the european journal of social science research, 2022, 35(4): 547 - 568.

[78] 程桂云. 芬兰国家创新系统解析[J]. 学术论坛,2006(7): 144 - 146.

[79] 张文霞,李正风. 芬兰从资源型国家到创新型国家的历程[J]. 科学对社会的影响,2006(1):5 - 10.

[80] 李春景,杜祖基. 芬兰科技政策演进与科技竞争力发展研究[J]. 科学学与科学技术管理,2006(12):37 - 41,70.

[81] 江沿. 从韩国、芬兰经验看自主创新中的政府作为[J]. 经济纵横, 2007(15):64 - 67.

[82] 胡勇,李占卫. 政府在建设创新推动型经济中的作用:芬兰的经验与启示[J]. 改革与战略, 2007,163(3):17 - 20.

[83] 赵杨,胡昌平. 芬兰国家创新系统中的信息资源配置机制及其启示[J]. 图书馆论坛,2010,30(2):35 - 38.

[84] 程郁,王协昆. 创新系统的治理与协调机制:芬兰的经验与启示[J]. 研究与发展管理,2010,22(6): 112 - 120.

[85] 权衡,孙亮,黎晓寅. 国家创新体系建设:经验与启示:印度、爱尔兰、芬兰、以色列比较研究[J]. 学习与实践,2010(4):15 - 23,142.

[86] 王子丹,袁永. 北欧主要国家创新战略与政策研究[J]. 科技管理研究,2018,38(11):26 - 30.

[87] 林娴岚,王海燕. 芬兰国家创新体系的特征与启示[J]. 中国国情国力,2014,261(10):70 - 72.

[88] 陈培诚,陈晟颖. 芬兰国家创新体系的演进与对浙江科技发展的启示[J]. 科技中国,2022,297(6):29 - 34.

[89] 刘悦,张嵎喆. 芬兰促进自主创新的特点和基本经验[J]. 中国经贸导刊,2015(13):47-50.

[90] 檀慧玲. 高等教育在芬兰国家创新体系中的角色及启示[J]. 比较教育研究,2010,32(5):77-80.

[91] 宋丹,刘晏如,高树仁. 芬兰教育体系的公平之维:历程、经验与启示[J]. 大连理工大学学报(社会科学版),2020,41(6):14-23.

[92] 王海燕,梁洪力. 德国创新体系的特征与启示[J]. 中国国情国力,2014(4):68-70.

[93] 陈强,霍丹. 德国创新驱动发展的路径及特征分析[J]. 德国研究,2013(4):86-100.

[94] 刘华. 科技成果市场化的机制研究:以德国科技成果转化为例[D]. 北京:对外经济贸易大学,2005.

[95] 史世伟. 德国国家创新体系与德国制造业的竞争优势[J]. 德国研究,2009,24(1):4-8.

[96] 梁洪力,王海燕. 创新体系德国经济的"稳定器"[J]. 中国对外贸易,2013(5):42-44.

[97] 杨佩昌. 你所不了解的德国人:为什么德国民富国强[M]. 北京:新华出版社,2010:43.

[98] 扈明丽. 德国社会与文化概论[M]. 武汉:武汉理工大学出版社,2009:197.

[99] 莫金莲,李广民. 现代德国大众文化[M]. 北京:中国经济出版社,2000.

[100] OECD. OECD中国创新政策研究报告[M]. 薛澜,柳卸林,穆荣平,等译,北京:科学出版社,2011.

[101] 谈毅. 我国创新政策绩效评价研究[M]. 上海:上海交通大学出版社,2013.

[102] 聂颖. 中国支持科技创新的财政政策研究[M]. 北京:中国社会科学出版社,2013.

[103] 崔维军,郑伟. 中国与主要创新经济体创新能力的国际比较:基于欧盟创新指数的分析[J]. 中国软科学,2012(2):42 - 51.

[104] 阮芳,何大勇,李赟铎,等. 重估中国创新体系[J]. 21世纪商业评论,2022(Z1).

[105] 彭花,贺正楚,张雪琳. 企业家精神和工匠精神对企业创新绩效的影响[J]. 中国软科学,2022(3).

[106] 吴苡婷. 中国科技创新治理需要建立新的知识体系[N]. 上海科技报, 2022 - 12 - 07(6).

[107] 哈妮丽,刘卫东. 对中关村打造具有全球影响力的科技创新中心的思考[M]//赵弘. 北京经济发展报告(2011—2012). 北京:社会科学文献出版社,2012:239 - 250.

[108] 唐晓密. 加快中关村创新驱动发展的思考[M]//杨松. 北京经济发展报告(2013—2014). 北京:社会科学文献出版社,2014:269 - 277.

[109] 首都科技发展战略研究院. 首都科技创新发展报告 2012 [M]. 北京:科学出版社,2012:114.

[110] 北京市工商联课题组. 北京科技型中小企业创新政策环境及优化的对策研究[M]//缪青. 北京社会发展报告(2013—2014). 北京:社会科学文献出版社,2014:60 - 73.

[111] 王瑞敏,滕青,卢斐斐. 影响高校专利转化的因素分析和对策研究[J]. 科研管理,2013,34(3):137 - 144.

[112] 李伟. 浅谈我国技术中介机构的发展[J]. 科学观察,2012(4):88 - 90.

[113] 李明亮,丛巍,傅正华,等. 北京技术交易产业研究[J]. 科学管理研究,2014,32(4):60 - 63.

[114] 曾湘泉,袁罡,胡奇. 北京建设世界高端人才聚集之都政策体系研究[M]//于淼. 北京人才发展报告(2011—2012). 北京:社会科学文献出版社,2013:199 – 213.

[115] "中关村人才特区政策创新研究"课题组. 中关村人才特区政策创新研究报告[M]//于淼. 北京人才发展报告(2011—2012). 北京:社会科学文献出版社,2013:190 – 198.

[116] 鄢圣文. 国外人才引进政策的主要做法与经验借鉴[J]. 中国证券期货,2012(9):246 – 247.

[117] 李昕. 以创新驱动现代化产业体系建设[J]. 北京观察,2023(10):13.

[118] 王松,聂菁菁. 区域产业集群创新效率与路径:基于模糊集定性比较分析[J]. 科技管理研究,2022,42(4):163 – 172.

[119] 刘杨,王海芸. 基于企业技术创新效率的主导产业选择研究:以北京为例[J]. 科学学研究,2017,35(1):139 – 145.

[120] 周子钰,柳炳祥,付振康. 基于组合权重的地区生产总值万亿元级城市创新能力比较研究[J]. 科技管理研究,2022,42(17):9 – 15.

[121] 卢方元,靳丹丹. 我国 R&D 投入对经济增长的影响:基于面板数据的实证分析[J]. 中国工业经济,2011(3):149 – 157.

[122] JENS S – E ,PETRA Z. Industries at the world technology frontier: measuring R&D efficiency in a non – parametric dea framework [J]. Centre for economic policy research,2011(9).

[123] CHEN C – P, YANG C – H,HU J – L. An international comparison of R&D efficiency of multiple innovative outputs: the role of the national innovation system[J]. Innovation: Management, Policy & Practice,2011(12): 341 – 360.

[124] BÖRJE J HANS L, MAXIM S. European R&D efficiency [J]. Economics of innovation and new technology, 2015,24(1 – 2):140 – 158.

[125] 王海峰,罗亚非,范小阳. 基于超效率 DEA 和 Malmquist 指数的研发创新评价国际比较[J]. 科学学与科学技术管理,2010,31(4):42-49.

[126] 徐磊,周帆. 我国区域研发投入产出有效性研究[J]. 云南财经大学学报, 2015, 31 (1): 92-98.

[127] 吴丹,胡晶. 国家科技创新能力时空差异性评价:中国与全球十国对比分析[J]. 科技进步与对策,2018,35(20):128-136.

[128] 程时雄,董籽珍. 中国与世界主要国家研发效率的测度与比较[J]. 统计与信息论坛,2019,34(3):31-42.

[129] 陈凯华,温馨,张超. 国家科技竞争力测度、演进与国际比较[J]. 中国科学院院刊,2024,39(1):163-175.

[130] 易继承,张璐. 基于三阶段 DEA 模型的创新型国家创新效率测度[J]. 统计与决策,2021,37(8):81-85.

[131] 朱承亮. 国家科技创新效率测算与国际比较[J]. 中国软科学,2023(1):1-12.

[132] 赵彦云,刘思明. 中国专利对经济增长方式影响的实证研究:1988—2008 年[J]. 数量经济技术经济研究, 2011, 28 (4): 34-48,81.

[133] KIM BOWON, HEUGSHIK O. An effective R&D performance measurement system: survey of Korean R&D Researchers[J]. The international journal of management science,2002(30):19-31.

[134] LEVIN R C, KLEVORICK A K, NELSON R R, et al. Appropriating the returns from industrial research and development [J]. Brookings papers on economic activity,1987(3):781-831.

[135] PCAST Sustaining the NATION'S innovation ecosystem, information technology manufacturing and competitiveness[R]. Washington D. C.: Executive office of the president,2004.

[136] RONG K, LIN Y, YU J, et al. Exploring regional innovation a ecosys-

tems: an empirical study in China[J]. Industry and innovation, 2021, 28(5): 545 - 569.

[137] 王凯,邹晓东. 由国家创新系统到区域创新生态系统:产学协同创新研究的新视域[J]. 自然辩证法研究, 2016, 32(9):5.

[138] 张振刚,尚希磊. 旧金山湾区创新生态系统构建对粤港澳大湾区建设的启示[J]. 科技管理研究, 2020, 40(5):5.

[139] 杨博旭,柳卸林,吉晓慧. 区域创新生态系统:知识基础与理论框架[J]. 科技进步与对策, 2023, 40(13):152 - 160.

[140] 龚荒,聂锐. 区域创新体系的构建原则、组织结构与推进措施[J]. 软科学,2002(6):22 - 25.

[141]黄鲁成. 关于区域创新系统研究内容的探讨[J]. 科研管理,2000(2):43 - 48.

[142] CONNELL. Using government procurement to help grow new science and technology companies: lessons from the US Small Business Innovation Research (SBIR) Programme[J]. Innovation, 2009, 11(1): 127 - 134.

[143] 方芳. 发达国家大学科技园建设经验及启示[J]. 中国高校科技,2017(7):61 - 62.

[144] SEOKBEOM K, KAZUYUKI M. How institutional arrangements in the national innovation system affect industrial competitiveness: a study of Japan and the U. S. with multiagent simulation[J]. Technological forecasting & social change, 2016(115): 221 - 235.

[145] SUPYAN V. R&D in the USA: funding, structure and results[J]. Journal of the new economic association, new economic association, 2019, 41(1):201 - 207.

[146] 倪君. 京津冀区域协同创新水平评估[J]. 科技和产业,2023,23(16):26 - 30.

[147] 陆小莉．京津冀产业转型升级的效果评价与路径研究[D]．北京:首都经济贸易大学,2021.

[148]王灵珅．论区域经济发展中高校的公共经济服务作用[J]．广州大学学报(社会科学版),2011,10(6):49-52.

[149]柳浩．京津冀区域创新能力评价及空间关联研究[D]．保定:河北大学,2021.

[150] 张贵,孙建华．京津冀协同创新共同体的生成机理、评价及对策:基于生态视角的区域创新新解释[J]．城市问题,2024(2):18-27.

[151] 孙艳艳,苗润莲,李梅,等．京津冀创新生态系统资源整合模式、路径和机制研究[J]．中国科技论坛,2020(6):112-122.

[152] 栗志慧,刘洁．数字化背景下京津冀城市群区域创新生态系统评价研究[J]．中国软科学,2024(S01):191-202.

[153]王凯,邹晓东．由国家创新系统到区域创新生态系统:产学协同创新研究的新视域[J]．自然辩证法研究,2016,32(9):97-101.